Meyer Friedman und Ray H. Rosenman

Der A-Typ
und
der B-Typ

Deutsch von Jürgen Abel

Rowohlt

Die Originalausgabe erschien unter dem Titel
Type A Behavior and Your Heart
im Verlag Alfred A. Knopf, Inc., New York, 1974

Schutzumschlag- und Einbandentwurf
von Werner Rebhuhn

Der Verlag dankt Herrn Dr. med. J. Panny, Hamburg, dafür,
daß er die Fachterminologie
und die Schilderung medizinischer Sachverhalte
in der Übersetzung kontrolliert hat.

1. Auflage August 1975
© Rowohlt Verlag GmbH, Reinbek bei Hamburg, 1975
Type A Behavior and Your Heart
Copyright © 1974 by Meyer Friedman
Alle deutschen Rechte vorbehalten
Gesamtherstellung Clausen & Bosse, Leck/Schleswig
Printed in Germany
ISBN 3 498 02030 7

Wir widmen dieses Buch Mrs. Philip H. Little aus San Francisco,
einer Dame, die wir noch nicht persönlich kennengelernt haben.
Sie schrieb uns im Januar 1962 folgenden Brief:

Sehr geehrte Herren,
anbei finden Sie einen Scheck über 100 Dollar, der für Ihre For-
schungsarbeit bestimmt ist. Ich habe mir kein nützlicheres und
würdigeres Weihnachtsgeschenk für mich vorstellen können als
eine Spende für die Herzgefäßforschung – eine Spende zur Erin-
nerung an meinen geliebten Mann Philip, dem es im September
1960 nicht vergönnt war, seinen zweiten Herzanfall zu überleben.
Es tut mir leid, daß ich nicht viel mehr spenden kann, um dazu
beizutragen, anderen Menschen dieses Schicksal zu ersparen – ich
bin nur eine Büroangestellte, und dies ist das Geld für meine
Überstunden im Weihnachtsgeschäft.

Mit herzlichen Grüßen,
Helen F. Little

Seit damals hat uns Mrs. Little jedes Jahr nach Weihnachten
eine neue Spende geschickt.

Inhalt

Vorwort

Warum wir dieses Buch
geschrieben haben

Nachdem wir die koronaren Herzkrankheiten über dreißig Jahre im Behandlungszimmer, am Krankenhausbett und im Labor studiert hatten, gewannen wir die Überzeugung, daß der durchschnittliche Amerikaner oder Europäer selbst etwas unternehmen muß, um sich zu schützen. Nur so kann man verhindern, daß immer mehr Menschen an dieser Krankheit dahinsiechen oder sterben. Die Ärzte allein können es unmöglich schaffen.

Obwohl man den Laien mit einer Fülle von Informationen über das richtige Essen, das nötige Maß an körperlicher Betätigung und die Gefahren des Rauchens überschwemmt hat, enthielt man ihm leider die wichtigste Information vor: die Tatsachen, die unserer Ansicht nach die Hauptursache für den vorzeitigen Ausbruch koronarer Herzkrankheiten sind. Es handelt sich um das spezifische Verhaltensmuster, das wir A-Typ-Verhalten genannt haben. *Menschen, die kein A-Typ-Verhaltensmuster aufweisen, werden fast nie vor dem 70. Lebensjahr koronarkrank, ganz gleich, wie fett sie essen, wie viele Zigaretten sie rauchen und wie wenig Bewegung sie haben. Wenn sie jedoch dieses Verhaltensmuster aufweisen, bricht die koronare Herzkrankheit oft schon in den Dreißigern oder Vierzigern aus.* Die Verbreitung des A-Typ-Verhaltens erklärt, weshalb der Herztod, dem früher hauptsächlich ältere Menschen zum Opfer fielen, heute auch immer mehr jüngere Leute dahinrafft. Dafür haben wir viele Beweise gefunden.

In diesem Buch wird das A-Typ-Verhalten zum erstenmal definiert und beschrieben. Außerdem zeigen wir zum erstenmal, wie man es durch gezielte Bemühungen drastisch ändern – und sogar ganz abbauen – kann. Wenn viele Menschen das Buch lesen und die darin enthaltenen Ratschläge beherzigen, werden in den nächsten Jahrzehnten Tausende dem vorzeitigen Koronartod entgehen. Das ist jedenfalls unsere feste Überzeugung, und deshalb haben wir dieses Buch geschrieben.

San Francisco
August 1973
M. F. & R. H. R.

Kapitel 1

Herzkrankheiten –
ein Thema für Sie?

«Ich zerbreche mir neuerdings nicht mehr den Kopf darüber, was ich tun und was ich lassen soll, damit ich keinen Herzinfarkt bekomme. Ich war von all den widersprüchlichen Theorien so verwirrt, daß ich bereits anfing, die Symptome zu entwickeln.» Das schrieb kürzlich Jack Smith, Kolumnist bei der *Times*, der größten Tageszeitung von Los Angeles.

Mr. Smith ärgert sich mit Recht und spricht sicher zahlreichen Amerikanern – und Europäern – aus der Seele. «Rauchen Sie nicht», «Essen Sie auf keinen Fall tierische Fette», «Sie können essen, was Sie wollen», «Trinken Sie kein weiches Wasser», «Sie dürfen jedes Wasser trinken, das Ihnen schmeckt, es muß nur bakterienfrei sein», «Achten Sie auf Ihr Gewicht», «Zwischen Übergewicht und Herzkrankheiten besteht kein Zusammenhang», «Machen Sie regelmäßig einen kleinen Dauerlauf», «Auf keinen Fall Dauerlauf», «Bloß kein Cholesterin», «Hüten Sie sich vor Zucker und Stärke», «Um Gottes willen keinen Whisky», «Sexuelle Enthaltsamkeit» – all diese zum Teil recht widersprüchlichen Empfehlungen sind irgendwann einmal von Medizinern und Forschern ausgesprochen worden. Ist es da ein Wunder, wenn viele Leute glauben, wir Ärzte wüßten selbst nicht genau, wovon wir reden?

Sehen Sie das Problem einmal folgendermaßen: Koronare Arterienleiden und Herzkrankheiten beruhen offenbar auf verschiedenen, zusammenwirkenden Faktoren. Den Wissenschaftlern ist es bisher gelungen, eine Reihe dieser Faktoren zu identifizieren, aber sie sind sich noch nicht darüber einig, welche genaue Rolle jeder einzelne Faktor in dem Stück «Koronare Herzkrankheiten» spielt. Eigentlich sollte die Gesamtheit dieser Faktoren 100 Prozent aller Koronarfälle erklären. Das ist aber offensichtlich nicht der Fall. Mindestens bei der Hälfte der Menschen, die einen Herzinfarkt bekommen, kann man *keinen* der gesicherten und mutmaßlichen auslösenden Faktoren – Rauchen, Eßgewohnheiten, mangelnde körperliche Betätigung, Vorläuferkrankheiten etc. – nachweisen. Nach unserer Schätzung ließen sich (bestenfalls) rund 30 Prozent aller Herzanfälle durch medizinische Maßnahmen gegen *alle* diese Faktoren verhüten, und das wäre ein ziemlich trauriges Ergebnis.

Es muß also noch eine andere Ursache geben, und das ist zweifellos der Faktor, den wir entdeckt und A-Typ-Verhaltensmuster genannt haben. Es handelt sich dabei um einen bestimmten Komplex von Persönlichkeitsmerkmalen, zu denen ein anomaler Leistungstrieb, Rivalitätsdenken, Aggressivität, Ungeduld und das quälende Gefühl ständigen Zeitdrucks gehören. Menschen, die diese Verhaltensstruktur aufweisen, sind offenbar in einen chronischen, unaufhörlichen und oft ergebnislosen Kampf verwickelt – gegen sich selbst, gegen andere, gegen die Verhältnisse, gegen die Zeit, manchmal gegen das Leben selbst. Oft haben sie auch eine latent feindselige Grundhaltung, die sie allerdings mit Scheinargumenten rechtfertigen, und sie leiden fast immer an einer tiefwurzelnden inneren Unsicherheit.

Wir werden das A-Typ-Verhalten später noch gründlich untersuchen. Im Moment genügt es, wenn wir darauf hinweisen, daß es – in individuell verschiedenem Ausmaß – unter den Bewohnern der Industrienationen außerordentlich stark verbreitet ist; das gilt besonders für die Bevölkerung der größeren Städte. Beruf und soziale Schicht spielen dabei fast überhaupt keine Rolle. Bei einer Testgruppe von über 2500 Angestellten der amerikanischen Bundesbehörden im Gebiet von San Francisco konnten wir zum Beispiel nachweisen, daß 50 bis 60 Prozent der Versuchspersonen echte A-Typen waren und daß die A-Verhaltensstruktur bei 10 Prozent der Betreffenden besonders stark ausgeprägt war. Die Methoden, die wir bei diesem Test benutzen, werden wir noch beschreiben. Außerdem werden wir zeigen, daß A-Menschen weit mehr Gefahr laufen, vor dem 70. Lebensjahr ein koronares

Arterienleiden und einen Herzanfall zu bekommen, als der Rest der Bevölkerung.

Wenn Sie schon einmal einen Infarkt gehabt haben, sind Sie sich bestimmt schmerzlich bewußt, welch tiefgreifende Folgen eine Herzkrankheit für das tägliche Leben hat. Vielleicht sind Sie aber noch relativ jung, gesund und völlig frei von Herzsymptomen. Gibt es einen Grund, weshalb Sie sich Sorgen machen müssen?

Leider werden Sie voraussichtlich schon vor Ihrem 40. Geburtstag erkennen müssen, daß koronare Arterienleiden und koronare Herzkrankheiten keine Begleiterscheinung des Alters sind. Sie werden nämlich miterleben, wie diese Geißel mindestens einen Menschen aus dem Kreis Ihrer Verwandten oder Freunde ins Grab bringt oder invalide macht. Was uns zu dieser traurigen Prognose berechtigt? Die neueren Statistiken, die keine optimistischeren Voraussagen erlauben.

Diese Statistiken sagen uns allerdings nicht viel über Ihre persönliche Chance, dem Koronartod zu entgehen. Sie zeigen nur, welcher Prozentsatz einer sehr großen Bevölkerungsgruppe innerhalb einer bestimmten Zeit einen Herzanfall erleiden wird; identifizieren können sie die Betreffenden leider nicht. Wenn Sie zufällig bestimmte Angewohnheiten oder Leiden haben (und letztere nicht behandeln ließen), ist das Gefühl der Sicherheit, das Ihnen die Sterbeziffern vermitteln, aber sehr trügerisch. Obgleich die Zahlen auf den ersten Blick darauf schließen lassen, daß Sie eine neunzigprozentige Chance haben, bis zum 60. Lebensjahr keinen Herzinfarkt zu bekommen, werden Sie dem Herztod in Wirklichkeit auf Grund Ihrer Angewohnheiten und Leiden mit fast hundertprozentiger Gewißheit schon vor dem 50. Geburtstag erliegen. Wenn Sie diese Angewohnheiten und Leiden dagegen nicht haben, dürfen Sie damit rechnen, nicht nur den 60., sondern auch noch den 75. Geburtstag feiern zu können, ohne vorher einen Herzinfarkt erlitten zu haben. Daran können auch die düsteren amerikanischen Statistiken nichts ändern, die nur jedem zweiten Bewohner des Landes bis zum 75. Geburtstag ein Leben ohne Herzkrankheit zugestehen.

Selbstverständlich entscheiden nicht irgendwelche Computer

darüber, ob oder wann Sie einen Herzanfall bekommen können. *Sie* tun es. Wir wollen Sie also nicht verängstigen, indem wir ständig auf der Verbreitung der koronaren Herzkrankheiten herumreiten. *Wir* möchten Ihnen zeigen, wie Sie Herzanfälle *verhüten* können. Wir würden jedoch unsere Pflicht versäumen, wenn wir nicht mit allem Nachdruck darauf hinwiesen, daß keine Berufsgruppe oder soziale Schicht ein Monopol auf Herzkrankheiten hat. Es ist ein Damoklesschwert, das über allen möglichen Bewohnern der Industriestaaten schwebt.

Der Koronartod bedroht zum Beispiel nicht nur leitende Angestellte. Klempner, Schlachter, Kerzenmacher – falls es diesen Beruf tatsächlich noch gibt – und Sie selbst sind genauso gefährdet wie Bankiers, Anwälte und sogar Ärzte. Ärzte leiden nämlich etwa ebensohäufig unter Herzkrankheiten wie Fernfahrer und Müllkutscher. Die Verbreitung des Leidens hat also nichts mit der Rasse, der Einkommensstufe, der beruflichen Stellung oder der sozialen Schicht zu tun. Das dürfte nicht nur für die USA, sondern auch für die anderen westlichen Industrienationen gelten. Wir werden immer wieder auf diesen Punkt zurückkommen, weil sich kein Facharbeiter (und kein Ungelernter) der Illusion hingeben darf, immun zu sein. Koronare Herzkrankheiten sind also nicht auf die Wohlhabenden, die Mächtigen oder die Älteren beschränkt – aber sie befielen in der Vergangenheit hauptsächlich Männer.

Diese Situation ändert sich rasch. In den letzten Jahrzehnten hat der Koronartod besonders in Amerika immer mehr Frauen dahingerafft. In den zwanziger Jahren waren koronare Herzkrankheiten bei Frauen unter 60 fast so selten wie die Gicht. Heute überrascht es keinen Arzt mehr, wenn eine Frau unter 50 in seine Praxis kommt, weil sie schwer herzkrank ist.

Wenn wir uns in diesem Buch stärker auf das männliche Geschlecht zu konzentrieren scheinen, tun wir es nur um der Kürze willen. Im Augenblick dürfte folgende Warnung genügen: Wenn eine bestimmte Gruppe von Frauen genau die gleichen Eßgewohnheiten, den gleichen Zigarettenkonsum, das gleiche Ausmaß an körperlicher Betätigung und das gleiche *Verhaltensmuster* hat wie eine bestimmte Gruppe von Männern, werden diese Frauen *später* auch ebensohäufig eine koronare Herzkrankheit bekommen wie die Angehörigen der Männergruppe.

Ihr Alter, Geschlecht und Beruf spielen also keine Rolle – sie müssen in jedem Fall auf der Hut sein. Die Verhütung von Herzkranzleiden ist Ihre Sache, und was wir in den späteren Kapiteln dazu sagen, wird Ihnen bei dieser Aufgabe helfen. Wir hielten es nämlich für angebracht, Sie zunächst über die Anatomie und Funktion des Herzens und seiner Blutversorgung zu informieren und Ihnen zu erklären, was Cholesterin ist und inwiefern es zu Herzkrankheiten beiträgt. Ohne diese Informationen kann man das Problem nicht richtig verstehen. Wenn Sie den folgenden Abschnitt aber überspringen oder, besser, erst später lesen wollen, können Sie es mit gutem Gewissen tun. *Das eigentliche «Herz» dieses Buches – was A-Typ-Verhalten ist, wie es funktioniert und was man dagegen unternehmen muß – beginnt auf Seite 52.*

Kapitel 2

Das gesunde Herz und die gesunden Koronararterien

Wir möchten mit der rechten Hälfte Ihres Herzens beginnen. Sie besteht aus einer Kammer, die das Blut faßt (rechter Vorhof), und einer Kammer, die das Blut pumpt (rechte Herzkammer; siehe Zeichnung 1). Sie empfängt das Blut, das aus den einzelnen Körperteilen zum Herzen zurückkommt. Dieses verbrauchte Blut, das in den sogenannten Venen fließt, hat einen niedrigen Sauerstoffgehalt, weil ihm die einzelnen Körperteile einen Teil dieses lebenswichtigen Gases entzogen haben. Wegen des niedrigen Sauerstoffgehalts sieht dieses Blut eher blau als rot aus.

Die rechte Hälfte Ihres Herzens nimmt das sauerstoffarme, bläuliche, venöse Blut auf und pumpt es durch ein Gefäß, das Lungenarterie heißt (siehe Zeichnung 1), direkt in Ihre Lunge. Dort absorbiert dieses Blut einen guten Teil des Sauerstoffs, der in der Luft enthalten ist, die Sie ständig einatmen. Während das Blut mit diesem Sauerstoff angereichert wird, färbt es sich kirschrot und wird wieder zu Arterienblut, das durch die Lungenvenen unmittelbar in Ihre linke Herzhälfte fließt. (Das sind übrigens die einzigen Venen Ihres Körpers, die Arterienblut weiterleiten.) Der linke Vorhof empfängt das frisch mit Sauerstoff gesättigte Blut und pumpt es dann mit rhythmischen, behutsamen Stößen in das «Kraftwerk» Ihres Körpers, die linke Herzkammer (siehe Zeichnung 1). Diese leistungsfähige und bemerkenswert robuste Pumpe drückt das Blut energisch in die Aorta, Ihre größte Arterie, und von dort aus gelangt es in alle Arterien, die den Körper versorgen.

Dieser Pumpzyklus wird von allen möglichen nervlichen, hormonalen und chemischen Regulatoren gesteuert und überwacht. Ihr Herz muß täglich rund 100000 Zyklen (oder Schläge) schaffen, bei denen es insgesamt etwa 6300 Liter Blut empfängt und sofort wieder ausstößt. Während einer durchschnittlichen Lebensspanne von 75 Jahren muß das Herz also nicht weniger als 2,5 Milliarden Schläge absolvieren und 160 Millionen Liter Blut pumpen! Für diese gigantische, ununterbrochene Arbeit brauchen die

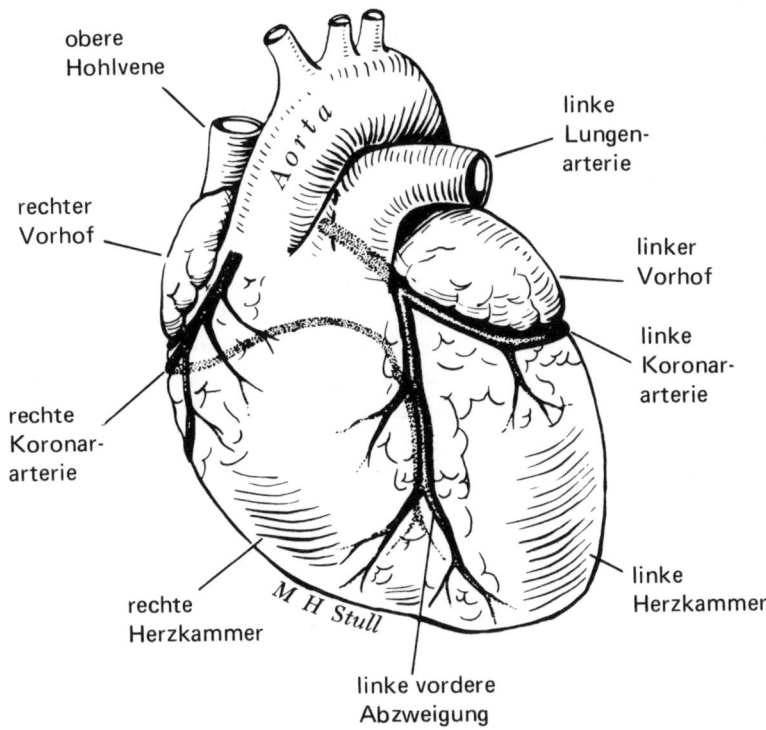

obere Hohlvene

linke Lungenarterie

rechter Vorhof

linker Vorhof

rechte Koronararterie

linke Koronararterie

rechte Herzkammer

linke Herzkammer

linke vordere Abzweigung

Zeichnung 1: Die rechte und linke Koronararterie sind sichtbar. Achten Sie darauf, wie sich die rechte Koronararterie nach der Abzweigung von der Aorta zum rückwärtigen Teil des Herzens windet (durch Schraffur angedeutet), den sie in erster Linie versorgt. Die linke Koronararterie teilt sich dagegen nach Verlassen der Aorta und bildet die linke vordere Abzweigung, die einen großen Teil der vorderen Herzwände ernährt. Nach der Verzweigung läuft die linke Koronararterie ebenfalls zum hinteren Teil des Herzens, um dieses Gebiet mit zusätzlichem Blut zu versorgen.

Herzmuskeln eine ebenso *ununterbrochene* Zufuhr von Nahrung und – vor allem – Sauerstoff. Die anderen Muskeln Ihres Körpers können oft kurze Zeit ohne ausreichende Sauerstoffversorgung auskommen und sogar weiterarbeiten, Ihr Herzmuskel aber nicht. Wenn er keinen Sauerstoff bekommt, stirbt er fast unverzüglich ab. Um das zu verhindern, hat die Natur dafür gesorgt, daß der erste Teil des von der linken Kammer ausgepumpten Arterienblutes sofort wieder zum Herzmuskel gelangt. Die rechte und die linke Koronararterie (siehe Zeichnung 1), also die ersten Gefäße, die von der Aorta abgehen, bringen dieses hellrote Blut zurück, um die Pumpmuskeln Ihrer rechten und linken Herzhälfte zu ernähren.

Die Koronararterien (die das Herz wie ein Kranz – lateinisch *corona* – umgeben und deshalb auch Herzkranzgefäße heißen) unterscheiden sich ziemlich grundlegend von den anderen Arterien Ihres Körpers. Erstens sind die anderen Arterien in Muskelschichten und anderes Stützgewebe eingebettet und werden auf diese Weise besonders geschützt. Die Koronararterien liegen dagegen zum größten Teil auf der Herzoberfläche und werden nur sehr wenig von anderen Geweben gepolstert oder abgeschirmt. Zweitens müssen die Herzkranzgefäße im Gegensatz zu den anderen Arterien ständige Bewegungen aushalten und mitmachen. Wenn Ihr Herz Blut in die Aorta drückt, dehnt es sich bei jedem Pumpstoß aus und zieht sich danach wieder zusammen, und die Koronararterien müssen das gleiche tun. Mit jedem Herzschlag werden sie gebogen, gedreht und auf andere Weise strapaziert, und das nicht nur gelegentlich, sondern über 100000mal am Tag. Wir kennen keine einzige Röhre aus flexiblem Kunststoff, die imstande wäre, diese Beanspruchung mehr als ein paar Jahre, geschweige denn ein ganzes Leben auszuhalten. Natürlich bleiben auch die menschlichen Koronararterien nicht völlig immun gegen diese unablässige rhythmische Gewaltanwendung. Bei über 50 Prozent der Menschen beginnen in den Wandschichten der Herzkranzgefäße schon wenige Monate nach der Geburt winzige Sprünge, Risse und sogar Geschwüre zu entstehen. Diese Defekte bereiten wahrscheinlich die spätere Entwicklung von koronaren Herzkrankheiten vor.

Die rechte Koronararterie läuft zwischen dem rechten Vorhof und der rechten Kammer in einer Furche über die rechte Hälfte Ihres Herzens (siehe Zeichnung 1). Auf ihrem Weg zu den hinteren Herzwänden entläßt sie eine Reihe von Abzweigungen, die die rechte Vorderhälfte des Herzens mit Blut versorgen. Auf der Rückseite des Herzens vereinigt sie sich mit den letzten Ausläufern der gegenüberliegenden linken Koronararterie zu einem Gefäß, das den hinteren Wänden der rechten und linken Herzkammer Blut zuführt.

Die linke Koronararterie teilt sich kurz nach Verlassen der Aorta in zwei größere Zweige. Der eine Zweig läuft in einer flachen Rille zwischen der rechten und linken Kammer an der Vorderseite des Herzens hinab. Wir nennen ihn *linke vordere Abzweigung*. Er ist ungeheuer wichtig, weil er zu den größten Blutlieferanten der wichtigsten Pumpstation des Herzens, der linken Herzkammer, gehört. Der andere Zweig der linken Koronararterie windet sich zur hinteren Seite des Herzens, und zwar abermals in einer flachen Vertiefung, die zwischen dem linken Vorhof und der linken Kammer liegt. Wie bereits gesagt, vereinigen sich seine Endverzweigungen auf der Rückseite des Herzens mit den entsprechenden Ausläufern der rechten Koronararterie, um das erwähnte Stammgefäß zu bilden.

Ihr Herz hat also zwei Hauptkranzgefäße, doch keines von ihnen ist imstande, die Arbeit des anderen mühelos oder schnell zu übernehmen. Wenn Ihre rechte Koronararterie zum Beispiel unvermittelt blockiert oder abgeschnürt würde, könnte die linke Koronararterie nicht unverzüglich einspringen und die Teile des Herzens mit Blut versorgen, die bisher von dem rechten Kranzgefäß ernährt wurden. Die Natur hat es aus unerklärlichen (wahrscheinlich aber sehr guten) Gründen für nötig befunden, das rechte und linke Hauptkranzgefäß nur durch sehr wenige größere Kanäle zu verbinden. Sie hat jedoch einige winzige Querverbindungen zwischen den peripheren oder auslaufenden Verzweigungen der beiden Koronararterien zugelassen. Gegebenenfalls können sich diese relativ kleinen Verbindungen im Laufe der Zeit vergrößern und mehr Blut von einem Koronarkreislauf zum anderen führen. Hunderttausende von Menschen, deren linke oder rechte Koronararterie stark verengt oder gar völlig blockiert ist, leben wahrscheinlich nur deshalb weiter, weil sich diese ursprünglich so winzigen Kanäle zu Blutgefäßen von ausreichender Größe entwickelt haben.

Obgleich die Koronararterien gewissermaßen nur Leitungsrohre sind, die Blut zu Ihrem Herzen führen, gibt es zwischen ihnen und den Wasserleitungen in Ihrer Wohnung zwei grundlegende Unterschiede: Sie bestehen erstens aus lebendem Gewebe und haben zweitens eine komplizierte Struktur. Die Ärzteschaft und die medizinische Forschung haben die Arterien trotzdem jahrhundertelang als untätige und leblose Röhren betrachtet. Erst im letzten Jahrhundert begriff man allmählich, daß eine Arterie ein eigenständiges Organ ist. Sie hat eine glatte Innenschicht, die wir *Intima* nennen (siehe Zeichnung 2). Die Intima setzt sich aus zahllosen flachen, glatten Zellen (Endothelzellen) zusammen, die als eine Art Sieb dienen, das bestimmte Bestandteile des an ihnen entlangfließenden Blutes durchläßt, um die inneren Teile der Arterienwand zu ernähren. Die Endothelzellen lassen beispielsweise Sauerstoff und gewisse Salze und Zucker aus dem Blut sofort passieren, weisen aber rote Blutkörperchen ab und lassen unter normalen Umständen nur sehr wenig cholesterinhaltige Proteide einsickern.

Bei der Geburt besteht die Intima oder Innenwand der Koronararterien nur aus einer Schicht von Endothelzellen. Diese Schicht ist viel zu schwach, um den ständigen Druck des hindurchpulsenden Blutes aushalten zu können, und wird deshalb durch die starken Muskelzellen der mittleren Wandschicht unterstützt. Dieser Teil der Koronararterie heißt *Media* (siehe Zeichnung 2). Aber auch die muskulöse Schicht könnte dem Druck des Blutes, das durch den eigentlichen Arterienkanal, das sogenannte *Lumen* fließt, nicht endlos widerstehen, wenn sie nicht von Millionen winziger elastischer oder gummiähnlicher Fasern durchzogen würde. Wegen dieser Fasern kann sich die Arterie ausdehnen, ohne daß sie allzu große Gefahr läuft, zu reißen oder zu platzen.

Die Koronararterie hat noch eine dritte, äußere Schicht, und zwar die *Adventitia*, die aus einem zähen, faserigen, handschuhähnlichen Gewebe besteht (siehe Zeichnung 2). Dieser «Handschuh» schützt und polstert die muskulöse Schicht, und hier findet man die winzigen Gefäße, die das Blut für die Ernährung der ganzen Arterienwand bringen. Wir können gar nicht genug betonen, daß die Arterie genauso lebt und Sauerstoff und andere im Blut enthaltene Nährstoffe braucht wie unser Gehirn.

Damit haben wir kurz den Aufbau der Koronararterien beschrieben. Sie müssen, wie schon gesagt, dafür sorgen, daß die Muskeln und «rhythmuserzeugenden» Zentren des Herzens kontinuierlich mit Blut beliefert werden. Und manchmal brauchen diese Herzteile eine ganze Menge Blut – einen halben Liter oder mehr pro Minute! Mit jedem Schlag oder jeder Kontraktion erhält das Herz übrigens 5 Prozent des Blutes, das es soeben in die Aorta

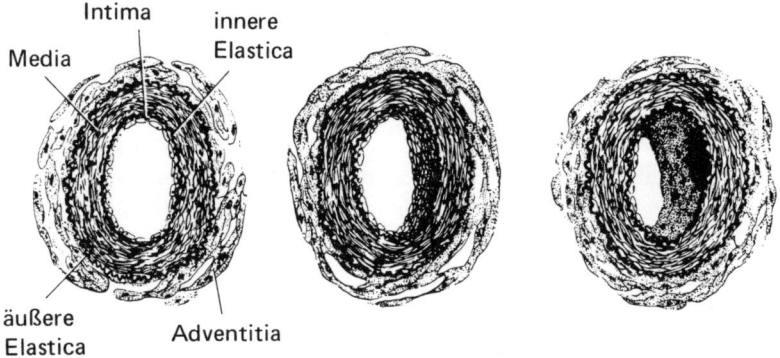

M H Stull

Zeichnung 2: Tausendfach vergrößerter Querschnitt einer gesunden Koronararterie (*links*), einer Koronararterie im frühen Krankheitsstadium (*Mitte*) und einer Koronararterie mit fortgeschrittener arteriosklerotischer Plaquenbildung (*rechts*). Die drei Schichten (Intima, Media und Adventitia) der gesunden Arterie sind bezeichnet. Achten Sie darauf, daß die gesunde Intima oder Innenschicht aus einer einzigen Lage von Zellen besteht. Auf der mittleren Zeichnung hat die Vervielfachung einer Reihe von Innenzellen die rechte Hälfte des Lumens schon teilweise blockiert – das erste Stadium des koronaren Arterienleidens. Auf der rechten Zeichnung hat eine Plaque aus vernarbtem Gewebe die ursprünglichen Innenzellen an dieser Stelle ersetzt. Am Grund des Gebildes hat sich Cholesterin (schwarze Masse) angesammelt. Das Lumen ist stark verengt.

gepumpt hat, über seine Kranzgefäße für den Eigenbedarf zurück.

Die Koronarvenen bringen das Blut (das jetzt einen Großteil seines Sauerstoffgehalts verloren hat, also venös geworden ist) natürlich wieder zum rechten Vorhof. Sie haben aber wenig oder nichts mit koronaren Herzkrankheiten zu tun, und wir können sie deshalb ruhig vergessen.

Ein anderer Aspekt der Anatomie des Herzens verdient jedoch unsere Aufmerksamkeit. Es handelt sich um das hochspezialisierte Gewebe, das wir *Leitsystem* des Herzens nennen. Es besteht zum größten Teil halb aus Muskeln und halb aus Nerven und steuert die regelmäßigen Herzkontraktionen oder Herzschläge. Vor den eigentlichen Kontraktionen verbreitet sich ein kurzer Stromstoß, der von einer Art Miniaturdynamo – nämlich dem Sinusknoten – im rechten Vorhof ausgelöst wird, durch sämtliche Teile des Herzens und veranlaßt die unzähligen einzelnen Muskelfasern, sich gleichzeitig zusammenzuziehen. Diesen Strom benutzen wir übrigens, um die wichtige und manchmal (aber nicht immer) außerordentlich aufschlußreiche Information zu erhalten, die wir *Elektrokardiogramm* (EKG) nennen: Der Elektrokardiograph mißt ihn, verstärkt ihn und setzt ihn auf Spezialpapier in graphische Signale um.

Wenn die kontrahierenden Muskeln des Herzens richtig arbeiten sollen, muß der elektrische Impuls oder Auslöser unbedingt die entscheidende und *einigende* Gewalt über die Pumpstöße behalten. Da die einzelnen Muskeln des Herzens jedoch ihre eigenen Mini-Ströme erzeugen, kommt es manchmal vor, daß einer dieser Nebenströme versucht, den «Leitstrom» abzulösen oder gegen ihn zu «revoltieren». Wenn es der betreffenden Muskelfaser gelingt, unabhängig vom Leitstrom zu kontrahieren, also zu schlagen, kann sie vielleicht auch andere Fasern stimulieren, sich unabhängig zu machen und asynchron zu schlagen. Als Ergebnis dieser Muskelanarchie beginnt das Herz wie ein Sack voller Flöhe zu beben und zu zucken. Es kommt buchstäblich aus dem Takt und kann nicht mehr pumpen.

Wenn die Anarchie sich auf die Vorhöfe beschränkt, heißt sie *Vorhofflattern* oder *Vorhofflimmern*. Sie ist in diesem Fall nicht allzu gefährlich, weil die Vorhöfe hauptsächlich als Behälter für das Blut dienen, das durch den Druck, unter dem es steht, in die benachbarte Herzkammer gedrückt wird. Wenn sie aber in den Herzkammern auftritt, kommt es zunächst zum sogenannten Herzkammerflattern und dann zum Herzkammerflimmern, das unweigerlich zum Tode führt, wenn man es nicht innerhalb von ungefähr 100 Sekunden abstellt. Das Herz verliert umgehend die Fähigkeit, effektiv Blut zu pumpen; das Gehirn bekommt kein frisches Blut mehr und hört *fast sofort* auf zu arbeiten.

In gewissem Sinne besitzen wir also ein Herz, dessen Muskelteile im Verlauf des Evolutionsprozesses widerwillig auf ihr eigenes Kontraktionsvermögen verzichteten und abwarteten, bis sie einen auslösenden Impuls vom zentralen Hauptquartier bekamen. Leider weiß jeder Kardiologe, daß diese «evolutionäre Unterwerfung» nicht endgültig ist. Sonst müßten nicht jedes Jahr zahllose Menschen – allein in den USA über 100 000 – an Herzkammerflimmern sterben.

Kapitel 3

Was sind koronare Arterienleiden?

Mit der Bezeichnung koronare Arterienleiden meinen wir die symptomlos verlaufende Krankheit, die durch die allmähliche Verstopfung und Degenerierung eines oder mehrerer Herzkranzgefäße gekennzeichnet wird (siehe Zeichnung 2).

Wahrscheinlich haben in diesem Augenblick über 100 Millionen Amerikaner – und fast jeder zweite Bewohner der Industriestaaten – ein mehr oder weniger fortgeschrittenes koronares Arterienleiden, weil ihre rechte oder linke Koronararterie an irgendwelchen Stellen bis zu einem gewissen Grad blockiert ist. Die Blockierungen begannen höchstwahrscheinlich schon in den ersten Lebensjahren. Es gibt viele Theorien darüber, wie und weshalb die Verdickungen der Arterienwände, die diese Blockierungen verursachen, in einem so frühen Alter einsetzen, doch niemand weiß genau, was sie verursacht. Unserer Ansicht nach beruhen sie darauf, daß die Arterienwände in den ersten Monaten oder Jahren nach der Geburt winzige Wunden oder Risse davontragen, weil sich die Herzkranzgefäße unablässig dehnen, biegen und zusammenschieben müssen. Die Gefäße versuchen, die Risse durch Bildung neuer Zellen zu heilen oder zu verdecken. Solche Neubildungen von Zellen dienen sicher als «Flicken», und aus ihnen bestehen die Arterienverdickungen, die man schon in früher Kindheit beobachten kann.

Wenn unsere Meinung richtig ist, fängt das koronare Arterienleiden tatsächlich in dem Moment an, in dem sich die Arterie vergeblich bemüht, die durch traumatische Einwirkung entstandene Wunde zu heilen. Es ist äußerst unwahrscheinlich, daß wir je imstande sein werden, diese ersten winzigen Arterienschäden zu verhüten, da sie offenbar zu dem Preis gehören, den jeder Mensch zahlen muß, wenn er den Mutterleib verläßt. Wenn wir die koronaren Herzkrankheiten verhüten wollen, müssen wir uns also darauf konzentrieren, den Heilungsprozeß dieser Wunden zu unterstützen.

Die Zellen, aus denen die relativ winzigen Verdickungen bestehen, setzen sich aus einem Gemisch von neu gewachsenem Endothelgewebe der Intima und Muskelzellen der Mittelschicht der Kranzgefäßwände zusammen. Sehr häufig lagern sich auch Cholesterin und Fette an dem frischen Zellmaterial ab. Außerdem stellen die Zellansammlungen oft ihr Wachstum ein, was dazu führen kann, daß das gesamte Gebilde abgetragen und durch eine winzige Vernarbung oder Plaque ersetzt wird. Dieses Ergebnis ist natürlich am meisten zu begrüßen. Wenn aber eines dieser Gebilde verschwindet oder durch Narbengewebe ersetzt wird, greift der krankhafte Prozeß andere Stellen der betroffenen Arterie an. Auf diese Weise entstehen in der gesamten Kindheit, Jugend und sogar im Erwachsenenalter immer wieder neue Wunden, die immer wieder neu «geheilt» werden müssen.

Statt zu verschwinden, sammeln die Neubildungen von Zellen leider sehr oft übermäßige Mengen von Fett und Cholesterin an. Diese Ansammlungen fördern wiederum das Wachstum der Neubildungen, so daß sich die «Zelltumore» weiter vergrößern und den Hauptkanal, das Lumen des Gefäßes, den das lebenswichtige Blut für die Versorgung des Herzens passieren muß, zunehmend blockieren. Die Vergrößerung und Blockierung können während der Kindheit und im Jugendalter fortdauern, bis von einem bestimmten Grad an nicht mehr die Möglichkeit besteht, daß sich die fettgeladenen (das heißt, von Fetten und Cholesterin durchsetzten), mißgestalteten Arterienzellen einfach auflösen oder durch eine dünne Narbe ersetzt werden. Diese Grenze scheint dann erreicht zu werden, wenn die anomalen Zellmassen von einer anderen Art von Zellen infiltriert werden, wodurch es zur Entstehung von relativ großen und krankhaften Vernarbungen, den sogenannten *Arterienplaques*, kommt.

Eine Arterienplaque oder narbenähnliche Masse an der Gefäßwand verschwindet nie, und man kann bestenfalls hoffen, daß eine solche Wunde oder Läsion kein Eigenleben entwickelt. Die meisten Plaques tun das zum Glück nicht. Sie werden schließlich von einer sehr festen, narbenähnlichen «Mütze» bedeckt, die das Blut, das durch die Arterie fließt, von den darunterliegenden lebenden Zellgebilden isoliert. Allmählich konzentriert sich das überschüssige Cholesterin und Fett auch am Grund der Plaque, ganz nahe bei der weiterhin intakten ursprünglichen Muskelschicht der Arterie.

Mehr als 50 Prozent aller amerikanischen Männer über 21 Jahre haben eine oder mehrere von diesen Plaques (das gilt sicher auch für die männlichen Bewohner der anderen Industriestaaten). Wenn wir unsere Definition zugrunde legen, müssen wir also sagen, daß diese Männer bereits ein koronares Arterienleiden haben. Die meisten Plaques sind jedoch noch klein und blockieren das Lumen der Arterie nicht ernstlich. Deshalb ist auch die Blutversorgung des Herzens durch die Kranzgefäße erst sehr wenig beeinträchtigt. Selbst wenn eine oder mehrere Plaques so groß geworden sind, daß sie die betroffene Koronararterie zu mehr als 50 Prozent blockieren, empfängt das Herz noch genügend Blut. Diese Tatsachen erklären, daß ein koronares Arterienleiden viele Jahrzehnte, sogar die biblische Lebensspanne von 70 Jahren bestehen kann, ohne sich irgendwie bemerkbar zu machen.

Eine koronare Arterienplaque ist zwar ein Ungeheuer, aber auch ein lebendes Gewebe. Auch sie benötigt Blut, um die Zellen zu ernähren, die sie enthält. Dieses Blut wird von neuen, außerordentlich kleinen Gefäßen geliefert, die von den ursprünglich in der äußeren Arterienschicht gelegenen Blutgefäßen in die Plaque hineingewachsen sind. Die neu entstandenen Gefäße sind allerdings nur ein Notbehelf und leisten nicht genug, so daß eine Plaque häufig nicht genug Blut erhält, um ihre Zellen ausreichend ernähren zu können. Außerdem wird die Zellernährung manchmal von der Masse aus Fett und Cholesterin gestört, die in den Plaques vorhanden ist. Wegen dieser beiden schädlichen Faktoren sterben die inneren Zellpartien vieler Plaques ab (werden also *nekrotisch*, um mit dem Mediziner zu sprechen). Bei einer solchen Nekrose wird das Gebiet, das bisher aus Zellen bestand, von einer harten, unelastischen, knochenähnlichen Substanz, der sogenannten Arterienverkalkung, oder von fettgeladenen Abfallstoffen oder von einer Mischung aus beiden Substanzen eingenommen.

Eine «intakte» Plaque aus lebenden Arterien- und Vernarbungszellen ist nur selten lebensgefährlich; ihre Größe spielt dabei keine Rolle. Wenn einzelne Partien einer Plaque jedoch degenerieren und die ehemals lebenden Teile entweder durch Ansammlungen nekrotischer Abfallstoffe oder Kalk – oder durch beides – ersetzt werden, sind spätere Tragödien möglich. Vielleicht blieben die Plaques noch vor einem halben Jahrhundert bis nach dem fünfzigsten oder sechzigsten Lebensjahr intakt. Heute findet man dagegen schon degenerierte Plaques bei Männern und Frauen unter dreißig. 20 bis 30 Prozent aller amerikanischen Männer unter fünfzig dürften bereits eine oder mehr Koronararterien-Plaques haben, die nekrotische Flüssigstoffe, neu entstandene Verkalkungen oder beides enthalten.

Selbst eine nekrotische Plaque braucht sich aber nicht unbedingt bemerkbar zu machen. Man wird sie auch nicht mit Sicherheit auf einem Leistungs-Elektrokardiogramm entdecken. Das EKG registriert nämlich nur den elektrischen Impuls, der alle Fasern des Herzens trifft. Solange die Muskelkomponenten, die aus diesen Fasern bestehen, noch nicht gesättigt sind und genug Sauerstoff erhalten, leiten sie den normalen elektrischen Reiz weiter. Und die Fasern werden auch dann scheinbar intakt und gesund bleiben, wenn sie nur 10 bis 15 Prozent der normalen Blutzufuhr bekommen. Deshalb kann man mit dem EKG nur Plaques diagnostizieren, die den Blutfluß eines Herzkranzgefäßes bereits zu 85 bis 95 Prozent blockiert haben. Um bemerkt zu werden, muß eine Plaque mindestens 90 Prozent des Lumens der Arterie verstopfen, durch die das Blut strömt.

Eine degenerierende Plaque, die ein solches «Untergrunddasein» führt, bleibt allerdings nicht in jedem Fall untätig. Die Partien mit nekrotischen Abfallstoffen werden allmählich größer, und das gleiche gilt für die verkalkten Stellen. Beide Prozesse greifen nur zu oft die feste, narbenähnliche Mütze oder Plaque an und zerfressen sie. Wie wir bereits sagten, hält diese Mütze das Blut, das durch das Arterienlumen fließt, von den gerinnungsfördernden Ansammlungen aus Abfallstoffen oder Kalk fern. Zweifellos entstehen in der Mütze gelegentlich Risse, die dünner sind als das dünnste Haar. Dann greifen die gerinnfähigen Blutbestandteile ein und schließen den «Deichbruch». Vielleicht bilden sich im Laufe weniger Jahre Dutzende von solchen Rissen.

Aber die gerinnfähigen Bestandteile des Blutes, die die Mütze eigentlich abdichten sollen, verwandeln sich schließlich ebenfalls in Plaquesubstanz, vergrößern damit die ursprüngliche Plaque und tragen dazu bei, den Arterienkanal, den das Blut passieren muß, immer mehr zu verstopfen.

Im Gegensatz zu den meisten anderen krankhaften Störungen verläuft das koronare Arterienleiden beim Menschen also viele Jahrzehnte lang unterschwellig, das heißt unmerklich. Der kanadische Internist Sir William Osler, wahrscheinlich der größte Arzt, den die Neue Welt hervorgebracht hat, lieferte in dem Buch, das er 1897 über Herzkrankheiten schrieb*, eine packende und unheimliche Schilderung dieses Krankheitsverlaufs, und wir glauben, daß er es verdient, hier zitiert zu werden:

«Angio-Sklerose [Arteriosklerose oder koronares Arterienleiden], die langsam aber sicher, ‹mit unmerklicher Geschwindigkeit›, dahinschleicht, ist die Nemesis, mit der die Natur Vergeltung für die Übertretung ihrer Gesetze fordert . . . Nirgends müssen wir soviel Tragisches miterleben wie bei vielen von diesen Fällen. Ein Mann, der Tag um Tag früh aufgestanden und spät zur Ruhe gegangen ist, der das Brot der Zurückhaltung gegessen und im wirtschaftlichen, akademischen oder politischen Leben um Erfolg gerungen hat, erreicht nach fünfundzwanzig oder dreißig Jahren unablässiger Mühen den Punkt, an dem er, vielleicht mit berechtigter Genugtuung, sagen kann: ‹Seele, du hast viele Jahre lang viel Gutes angehäuft: nun magst du ausruhen!› Und er weiß noch gar nicht, daß der Sensenmann schon ausgeholt hat. Wie lebenswahr ist Hawthorne im *Haus der Sieben Giebel*! Zu Richter Pyncheon, der nur eine leichte Sehschwäche und heftiges Herzklopfen – mehr nicht – gespürt

---

* William Osler: *Lectures on Angina Pectoris and Allied States.* New York, 1897 (D. Appleton & Co.)

28

hatte und lediglich die Hand auszustrecken brauchte, um das zu greifen, wofür er ‹gekämpft und gerackert und gedroht und geschmeichelt› – zu ihm, der auf dem alten Eichenstuhl seiner Großväter saß und an den krönenden Erfolg seines Lebens dachte, welcher so nahe war, kam der Würgeengel durch die Arterien.»

Wie zu Richter Pyncheons Tagen und später, in Oslers Zeit, ist es noch heute. Wenn dieses Leiden, das man nur allzuoft kaum bemerkt, schließlich unvermittelt zutage tritt, ist die Tragödie fast unvermeidlich. Wir sagen «fast», weil wir wissen, daß sie in Hunderttausenden von Fällen nicht unvermeidlich sein muß. Osler konnte trotz seines klinischen Scharfblicks und seiner wunderschönen Prosa nicht «fast» sagen, denn als er sein Buch schrieb, standen ihm nicht die Fakten, Medikamente und operativen Techniken zur Verfügung, die wir heute kennen.

Kapitel 4

Was sind koronare Herzkrankheiten?

Zum Glück entwickelt sich ein koronares Arterienleiden bei den meisten Menschen nie zu einer koronaren Herzkrankheit. Bei 3 Prozent der erwachsenen Amerikaner – und einem ganz ähnlichen Prozentsatz der Westeuropäer – verschlimmert sich das koronare Arterienleiden jedoch irgendwann nach dem dritten Lebensjahrzehnt in einem solchen Maße, daß die Kranzgefäße nicht mehr imstande sind, genug Blut zu befördern. Aus diesem Grund bekommen die Muskeln des Herzens nicht genügend Sauerstoff und andere Nährsubstanzen, um *alle* ihre Aufgaben bei *jeder* Beanspruchung erfüllen zu können. Wenn die Verengung der Herzkranzgefäße diesen Punkt erreicht, kann man sagen, daß aus dem koronaren *Arterienleiden* eine koronare *Herzkrankheit* geworden ist.

Wie wir schon erklärt haben, beruht dieser Prozeß darauf, daß sich an den Arterienwänden Plaques bilden, die allmählich in die Wände hineinwachsen. Wenn sie zerfallen und platzen, kann das Blut, das durch das Arterienlumen fließt, in unmittelbaren Kontakt mit den wuchernden, gerinnungsfördernden Partikeln kommen, die in den absterbenden Partien der Plaque lauern. Dann entstehen Verklumpungen oder Thromben, die das Gefäßlumen, das bereits von den Plaques mehr oder weniger verengt wurde, sehr oft völlig verstopfen.

Plaques zerfallen allerdings erst, wenn sie relativ groß geworden sind und den Blutfluß schon *teilweise* blockieren. Deshalb kann ein Mensch zwar Herzkranzgefäße mit Dutzenden von winzigen Plaques haben, aber wegen ihrer geringen Größe bleiben diese Plaques meist intakt und führen auch nicht zur Bildung von

Blutklumpen. Ein anderer Mensch hat vielleicht nur wenige Plaques in seinen Koronararterien, aber eine von ihnen wuchert so ungehemmt, daß sie nicht mehr genug Blut bekommt, wie sie für *ihre* Ernährung benötigt. Infolgedessen kann sie absterben und reißen und einen Thrombus verursachen. Beide Menschen haben ein koronares *Arterienleiden* – doch nur der zweite läuft Gefahr, eine koronare *Herzkrankheit* zu bekommen.

Selbst zwei gleichgroße Plaques mit der gleichen Menge von Abfallstoffen brauchen nicht gleichzeitig zu reißen oder im gleichen Ausmaß Thromben zu erzeugen. Wenn die Partien mit den Abfallstoffen bei einer Plaque sehr tief sitzen und von dem Blut, das den Arterienkanal passiert, weit genug entfernt sind, reißt die Plaque vielleicht nie so stark ein, daß das zirkulierende Blut die Schadstoffe erreicht und Klumpen bildet. Aber auch dann, wenn die Plaque so sehr einreißt, daß die abgestorbenen Gebiete mit dem Blut in Berührung kommen, müssen nicht unbedingt gefährliche Thromben entstehen. Dabei spielen die spezifischen Eigenschaften des Blutes eine Rolle.

Sie könnten uns jetzt fragen, weshalb sich die Wissenschaftler nicht mehr darauf konzentrieren, das Reißen der Plaques zu verhüten und die Thrombenbildung zu verhindern. Wir können uns lediglich mit folgendem Argument herausreden: Man hat erst in den letzten Jahren entdeckt, daß es die Plaquesrisse sind, die ein im Grunde harmloses koronares *Arterienleiden* in eine möglicherweise verhängnisvolle koronare *Herzkrankheit* verwandeln.

Die Herzforschung wird ihre Aufmerksamkeit sicher zunehmend auf diesen gefährlichen pathologischen Prozeß richten. Da wir heute nur mit einiger Sicherheit wissen, daß die Größe der Plaques einer der Gründe für ihr Absterben und Reißen ist, werden wir vorerst weiter versuchen, ihre Entstehung und ihr ständiges Wachsen einzudämmen. Außerdem bemühen wir uns natürlich auch, die Thrombenbildung zu verhindern. Seit über zwei Jahrzehnten hat man Koronarpatienten Medikamente verabreicht, die der Blutgerinnung entgegenwirken. Unglücklicherweise scheinen diese Mittel aber nichts gegen die *Form* der Blutverklumpung in den Herzkranzgefäßen auszurichten.

Nur zu oft geschieht es, daß ein schweres Koronararterienleiden (schwer insofern, als es praktisch jeden Moment zu einer koronaren Herzkrankheit führen kann) nicht nur vom Patienten, sondern auch vom Arzt übersehen wird. Der Arzt mag den Betroffenen noch so gründlich untersuchen, er mag noch so viele verschiedene Tests mit seinem Blut, Urin und Stuhl durchführen, noch so viele Röntgenbilder aufnehmen und noch so viele normale Elektrokardiogramme machen – aber das koronare Arterienleiden entdeckt er nicht, kann also noch weniger verhindern, daß es sich innerhalb von wenigen Sekunden, Minuten oder Stunden zu einer lebensgefährlichen koronaren Herzkrankheit entwickelt.

Es gibt nur zwei – relativ neue – Tests, mit denen man ein schweres Koronararterienleiden nachweisen kann. Bei dem ersten, der sogenannten *Koronarographie*, füllt man die Herzkranzgefäße mittels eines durch die Aorta eingeführten Katheters mit einem Kontrastmittel (das keine Röntgenstrahlen durchläßt) und macht dann Röntgenaufnahmen; diese Methode ist manchmal ein bißchen gefährlich und wird aus diesem Grund nur dann benutzt, wenn man den begründeten Verdacht hegt, daß der Patient an einer koronaren Herzkrankheit leidet, und chirurgische Eingriffe erwägt. Bei dem zweiten Test macht man ein Elektrokardiogramm, während der Patient eine einigermaßen anstrengende genormte Tätigkeit ausübt. Dieses Verfahren ist relativ sicher, wenn der Patient vom Arzt oder von einer ausgebildeten Arzthelferin überwacht wird und wenn die notwendige Ausrüstung bereitsteht. Da sich inzwischen die Erkenntnis durchgesetzt hat, daß ein (normales) EKG, das im Ruhezustand aufgenommen wurde, keine große Aussagekraft besitzt, machen immer mehr Ärzte das sogenannte Ergometrie- oder Belastungs-EKG. Wir müssen abwarten, ob die Krankenversicherungen diesen zwangsläufig kostspieligen Test – der nur unter ständiger Überwachung durch eine medizinisch ausgebildete Fachkraft durchgeführt, also nicht «automatisiert» werden kann – in ihren Vorsorgekatalog aufnehmen werden. Außerdem sollte der Patient nur dann ein Belastungs-EKG machen lassen, nachdem er sich vergewissert hat, daß der Arzt über einen sogenannten Defibrillator verfügt. Mehr darüber später.

Wir haben so ausführlich über das schwere Koronararterienleiden gesprochen, weil viele Menschen immer wieder miterleben müssen, wie ein scheinbar gesunder Bekannter oder Freund urplötzlich zusammenbricht und an einem «Herzanfall» stirbt. Ihr Entsetzen und ihre Überraschung sind noch größer, wenn der Betreffende erst wenige Wochen oder sogar Tage vor seinem Tod zur *Routine*untersuchung war und sein Arzt ihm erklärte, er sei «gesund wie ein Fisch im Wasser». Wenn man dreißig Jahre und älter ist, erfährt man bei einer *Routine*untersuchung vielleicht nützliche Dinge über den Blutdruck, den Zustand der Lunge, des Magens etc., doch es wäre beinahe absurd, sich von dieser Prozedur auch Aufschluß über ein eventuell bestehendes schweres Koronararterienleiden zu erhoffen.

In den meisten Fällen stellt man selbst fest, ob man eine koronare Herzkrankheit hat. Früher oder später macht sich das bisher latente Koronarleiden durch verschiedene Symptomkomplexe und Anzeichen bemerkbar. An diesem Punkt ist das koronare *Arterienleiden* zu einer akuten koronaren *Herzkrankheit* geworden. Die Symptome und Anzeichen wollen wir jetzt beschreiben.

Angina pectoris

Angina pectoris heißt in der wörtlichen Übersetzung «Enge der Brust». Brustschmerzen können natürlich von verschiedenen Krankheiten verursacht werden. In den zwei Jahrhunderten, seitdem der englische Arzt William Heberden diese besondere Art von Brustschmerzen zum erstenmal beschrieb und benannte, haben sich die Kardiologen jedoch immer mehr daran gewöhnt, die Bezeichnung nur für den Schmerz zu gebrauchen, der in dem Augenblick entsteht, in dem der Herzmuskel wegen ungenügender Blutzufuhr an Sauerstoffmangel leidet. Diesen Zustand nennt der Mediziner *Ischämie*, und man ist heute allgemein der Ansicht, daß er auf die plötzliche Veränderung eines seit langem vorhandenen Koronararterienleidens zurückgeht. Die Veränderung muß so schwerwiegend sein, daß der Blutfluß in einem oder mehreren Hauptkranzgefäßen ernstlich behindert wird.

Die typischen Anginaschmerzen treten meist dann auf, wenn das Opfer mehr von seinen Herzmuskeln verlangt, als sie ohne

Sauerstoffnot leisten können. Im völligen Ruhezustand können die Herzmuskeln gewöhnlich recht gut pumpen, ohne unter Sauerstoffmangel zu leiden, obgleich die Koronararterien vielleicht schon teilweise blockiert sind. Wenn der Patient aber eine schwere Mahlzeit zu sich nimmt, wenn er läuft oder auch nur einen Hügel hinaufgeht (besonders bei windigem Wetter), muß sein Herz schneller und stärker schlagen. Es muß auch dann schneller und stärker schlagen, wenn der Kranke unter emotionalen Spannungen steht. Das Herz schafft es zwar, aber sein gesteigerter Sauerstoffbedarf kann nicht mehr gedeckt werden. Infolgedessen hungert der Muskel nach Sauerstoff, wird also ischämisch, und es kommt zur Angina pectoris.

In den meisten medizinischen Lehrbüchern steht, daß der typische Anginaschmerz in der Mitte der Brust auftritt, daß er ein stechender, würgender oder zermalmender Schmerz ist und häufig in die linke Schulter und den linken Arm ausstrahlt. Oft bemerkt man den Schmerz aber auch zuerst in der Magengrube, im Nacken oder in den Kinnbacken, in einer Schulter, einem Ellbogen, einem Handgelenk oder nur in einigen Fingern der rechten oder linken Hand. Wenn es sich um einen echten Anginaschmerz handelt, dauert er nur selten mehr als wenige Minuten – ganz gleich, wo er auftritt. Sollte der Kranke allerdings mit seiner Tätigkeit fortfahren oder in seinem emotionalen Zustand verharren, kann der Schmerz länger anhalten.

Viele Laien betrachten Anginasymptome als eine Art Herzanfall. Kardiologen tun das gewöhnlich nicht, weil dem Herzen während oder nach der Attacke kein *bleibender* oder *erheblicher* Schaden zugefügt wird. Für den Herzspezialisten ist Angina pectoris nur ein Signal der «Körpersprache», mit dem das Herz seinem Besitzer mitteilen möchte, daß es nicht genug Sauerstoff bekommt. Deshalb kommt nur selten ein Patient wegen zeitweiliger Anginaschmerzen ins Krankenhaus. Das bedeutet natürlich nicht, daß man die Sache auf sich beruhen lassen darf – ganz im Gegenteil! Anginaschmerzen weisen auf ein chronisches und gefährliches Leiden hin. Es gibt ebensowenig einen «Angina-Anfall, der nichts zu bedeuten hat» wie eine «Schwangerschaft, die nichts zu bedeuten hat».

Myokardinfarkt

Der Myokardinfarkt oder Herzmuskelinfarkt gehört zu den häufigsten und gefährlichsten Komplikationen von schweren Koronararterienleiden. Außerdem ist er eine Komplikation, die ganz schnell und unerwartet auftreten kann. Wenn der Laie Herzanfall sagt, meint er meist diese Katastrophe. Der Myokardinfarkt wird noch heute mit verschiedenen Synonymen bezeichnet: «Herzinfarkt», «akuter Koronarverschluß» und «akute Koronarthrombose». Selbst Kardiologen begnügen sich oft mit der Bezeichnung «Herzinfarkt», wenn sie im Kollegenkreis vom Myokardinfarkt sprechen. Auf Krankenblättern und in medizinischen Aufsätzen würden sie diese Vereinfachung aber nicht benutzen.

Ein Myokardinfarkt ist irgendein Teil des Herzmuskels, der abgestorben oder nekrotisch geworden ist. Er tritt allerdings fast immer an der linken Herzkammer auf. Die betreffende Stelle ist abgestorben, weil sie *zu lange Zeit* ungenügend mit Sauerstoff oder anderen Nährsubstanzen versorgt wurde. In den meisten (aber nicht in allen) Fällen hat sich vorher ein großer, frischer Blutklumpen oder Thrombus über einem Riß oder Spalt in einer degenerierenden Plaque des Herzkranzgefäßes gebildet, das die nekrotische Stelle mit Blut beliefern mußte. Dieser Thrombus blockierte das gesamte Lumen des Gefäßes, und zwar dauernd. Dabei schnitt er die – bereits teilweise verringerte – Blutzufuhr eines bestimmten Teils der linken Herzkammer ganz ab, und das lebende Muskelgewebe starb. Das nekrotische Gebiet ist vielleicht nur ein sehr kleiner (noch nicht einmal erbsengroßer) und einigermaßen unwichtiger Teil der linken Herzkammer, kann aber auch relativ ausgedehnt (größer als eine Olive) sein und in die umgebenden Partien des Herzmuskels übergehen. Je nach Größe und Lage des Infarkts ist es möglich, daß der Kranke stirbt oder mit einer schwerwiegenden, leichten oder nicht erkennbaren Beeinträchtigung der Pumpkraft seines Herzens weiterlebt.

Der Elektrokardiograph kann einen Myokardinfarkt gewöhnlich mit überraschender Genauigkeit lokalisieren; das EKG erlaubt auch allgemeine Rückschlüsse auf die Infarktgröße. Gefahrengrad und Ausmaß der nekrotischen Stelle lassen sich aber auch mit anderen Labormethoden berechnen, was man zum Beispiel dann machen muß, wenn der Infarkt sehr klein ist oder ein Herz angreift, das bereits eine Infarktbildung hinter sich hat.

Es gibt auch Myokardinfarkte, die nicht nur den Herzmuskel, sondern auch einen Teil des Leitsystems schädigen. In diesen Fällen kann es zu den unvermittelt auftretenden und manchmal sehr gefährlichen unregelmäßigen Herzschlägen kommen, die der Mediziner *Arrhythmie* nennt.

Wenn der Patient den akuten Myokardinfarkt überlebt (was mindestens 50 Prozent aller Betroffenen tun), wird das abgestorbene Gebiet des Herzmuskels allmählich durch Narbengewebe ersetzt. Dieses Narbengewebe kann jedoch nicht die Aufgabe der nekrotischen Muskeln übernehmen und sich kontrahieren, um die Pumptätigkeit der linken Herzkammer zu unterstützen. Es ähnelt dem ursprünglichen Herzmuskel genausowenig wie eine Narbe auf Ihrem Gesicht der gesunden Haut, die vorher an ihrer Stelle da war. Wenn die vernarbte Partie sehr klein ist, kann die Herzkammer auf den Arbeitsausfall verzichten, doch wenn sie relativ groß ist, verringert sich die Pumpleistung. In diesem Fall werden die Kontraktionen der linken Kammer unter Umständen schwächer. Je nach dem Grad der Schwächung muß der überlebende Infarktpatient schon bei geringfügigen Anlässen unter Atemnot und Erschöpfungszuständen leiden. Während er vor dem Infarkt zum Beispiel drei anstrengende Tenniseinzel spielen konnte, ist er danach vielleicht nicht mehr fähig, ein einziges Match zu absolvieren. Vielleicht kann er noch nicht einmal zu Fuß zum Tennisplatz gehen!

In den meisten Infarktfällen ist die abgestorbene Muskelpartie aber nicht so groß, und es gibt kaum einen Kranken, der auf die Dauer bettlägerig oder invalide wird, wenn sie durch Narbengewebe ersetzt worden ist. Das gilt besonders für Patienten, bei denen es sich um den ersten Herzinfarkt handelte.

Wer einen Herzinfarkt gehabt hat, wird jedoch aller Voraussicht nach früher sterben als gleichaltrige Personen, die von dieser Krankheit verschont blieben. Dafür gibt es wahrscheinlich mehrere Gründe. Erstens waren seine Herzkranzgefäße schon vorher relativ stark angegriffen, denn nur so konnte es zur Infarktbildung kommen. Und die Tatsache, daß der Kranke den Infarkt überstanden hat, bedeutet nicht, daß sich der Grad seines *grundlegenden* Herzkranzleidens bessert – es können also durchaus weitere Komplikationen auftreten. Zweitens behalten die meisten Patienten, die einen Herzanfall oder Infarkt überstanden haben, *bestimmte Gewohnheiten* bei, die von der Mehrheit ihrer gesunden Freunde vermieden werden. Wir sind überzeugt, daß ein Patient, der einen Herzanfall gehabt hat, ebenso infarktfrei bleiben kann wie seine sogenannten «gesunden» Freunde, wenn er diese Gewohnheiten abstellt, was vielleicht lästig, aber nicht unmöglich ist. Nach dem jetzigen Stand der Dinge werden fünfzig von hundert Patienten, die 1974 ihren ersten Herzanfall hatten, vor dem 1. Januar 1979 ihren zweiten Infarkt erleiden. Und das ist im Grunde eine absurde Tragödie, ließe sie sich doch so leicht vermeiden.

Das andere Risiko, das Infarktüberlebende bedroht, geht von den Muskelfasern aus, die in der Nähe der Narbe liegen und manchmal sogar von winzigen Narbenfäden umsponnen sind. Im Gegensatz zu den Fasern des Herzmuskels, die vom Narbengewebe ersetzt wurden, sterben diese Muskelfasern zwar nicht richtig, aber sie sterben *beinahe*. Ohne ausreichende Zufuhr von Koronarblut, vielleicht auch von den würgenden Narbenfäden gefährdet, vegetieren sie gleichsam dahin und können nur noch mangelhaft arbeiten. Wenn der Blutzufluß entscheidend vermindert ist, scheinen sie manchmal ganz abzusterben, und in anderen Augenblicken, in denen sie *gerade noch genug* Blut bekommen, um ihren Bedarf *einigermaßen* zu decken, wirken sie ganz gesund und sind den Pumpansprüchen anscheinend gewachsen. Bei diesem Konflikt, der bei jeder Verringerung der Blutzufuhr eintritt, verlieren die kämpfenden Muskelfasern jedoch die Fähigkeit, jedem einzelnen Leitimpuls des zentralen Herzschrittmachers zu folgen. Statt dessen senden sie vielleicht ihren eigenen Strom aus und stören dadurch den lebenslangen Leitrhythmus von etwa siebzig Schlägen in der Minute – oder verdrängen ihn sogar. Dann schlägt das Herz unter Umständen einmal oder auch mehrmals «außer der Reihe», also zusätzlich. Manchmal führt die Rebellion aber auch zu allgemeinem Durcheinander, und das Herz beginnt mit einer Geschwindigkeit von 150 bis 200 oder noch mehr Schlägen pro Minute zu rasen (paroxysmale Tachykardie oder Herzjagen). Noch schlimmer, ja tragisch wird es, wenn die einzelnen Muskelfasern unabhängig und in völlig chaotischem Rhythmus kontrahieren (Herzkammerflattern oder – bei extrem hoher Frequenz – Herzkammerflimmern). Als Resultat dieser Arrhythmie wird ein bisher wundervoll synchron pumpendes Herz augenblicklich in eine zuckende und völlig nutzlose Fleischmasse verwandelt.

Ein Herz, das derart aus dem Takt gekommen ist, kann nicht aus eigener Kraft zum normalen Rhythmus zurückkehren. Bis vor einigen Jahren war der Tod in solchen Fällen unvermeidlich. Heute gibt es jedoch ein Gerät, das die elektrische Revolte des Herzens durch entgegengesetzte Stromstöße niederschlagen kann. Wer einmal miterlebt hat, was für eine dramatische Wirkung man mit diesem neuen therapeutischen Hilfsmittel erzielt, vergißt es nie. Die Knöpfe sind eingestellt, die rote Lampe leuchtet auf, sämtliche Ärzte treten einen Schritt von dem sterbenden Patienten zurück, und dann legt einer von ihnen die paddelförmigen Elektroden direkt auf die nackte Brust. «Aufdrehen!» ruft er. Der Stromstoß erfaßt den Körper des Patienten, der augenblicklich wild zu zucken beginnt. Gewöhnlich wird die Muskelrebellion unterdrückt und der natürliche Schrittmacher übernimmt wieder das Kommando. Der Patient öffnet die Augen und beginnt von neuem zu atmen!

Die elektrische «Revolte» kann jedoch stattfinden, wenn der Betreffende gerade fernsieht, in einem Flugzeug, Auto oder Bus sitzt, an seinem Schreibtisch im Büro arbeitet – oder wenn er dauerläuft. Falls kein Defibrillator (so heißt das neue Gerät) in der Nähe ist, kann man den Patienten manchmal noch durch Herzmassage am Leben halten, bis man ihn zur Maschine oder die Maschine zu ihm gebracht hat, aber diese erste Hilfe ist leider meistens erfolglos. Eine weit nützlichere – allerdings längst nicht so dramatische – «erste Hilfe» wäre die medizinische Verhütung der Revolte selbst, und diese prophylaktische Maßnahme werden wir in einem späteren Kapitel besprechen.

Noch ein warnender Hinweis! Ein unregelmäßiger Herzrhythmus kann auch bei koronarkranken Patienten auftreten, die noch nie einen Myokardinfarkt gehabt haben. Außerdem leidet mindestens ein Viertel aller ehemaligen Infarktkranken niemals unter unregelmäßiger Herztätigkeit. Angesichts dieser Tatsachen empfehlen wir jedem Menschen, einen Arzt aufzusuchen, sobald er irgendwelche unregelmäßigen Herzschläge bei sich feststellt. Und wenn der Arzt ihn mit der Versicherung beruhigen will, solche Unregelmäßigkeiten seien völlig belanglos, sollte sich der Ratsuchende eine wirksamere Beruhigung verschaffen und darum bitten, die Unregelmäßigkeit für immer abzustellen.

Stauungsherz

Das «Stauungsherz» ist eine andere Komplikation der koronaren Herzkrankheit, die manchmal bei Patienten mit schwerem koronaren Arterienleiden auftritt. Auch in diesem Fall muß wenigstens eines der drei großen Herzkranzgefäße völlig blockiert sein. Beim Stauungsherz werden die Herzmuskeln allmählich immer schwächer, ziehen sich nicht mehr kräftig genug zusammen und können die Gesamtmenge des zirkulierenden Blutes deshalb nicht mehr ausreichend umwälzen. Wenn die Muskelfasern der linken Herzkammer wegen der ungenügenden Blutzufuhr von den Koronararterien und wegen der vernarbten Partien früherer Infarkte so angegriffen sind, daß sie schlecht zu pumpen beginnen, staut sich in den Lungen Blut an. Die rechte Herzkammer (die nur selten von einer koronaren Herzkrankheit in Mitleidenschaft gezogen wird) fährt jedoch fort, Blut in die Lungen zu pumpen. Das unmittelbare Ergebnis dieses Prozesses ist Atemnot, und wenn er weitergeht, füllen sich die lufthaltigen Zwischenräume der Lunge mit der Flüssigkeit, die aus den erweiterten Blutgefäßen austritt. Diese Erscheinung nennen wir Lungenödem.

Nach dem partiellen Pumpversagen der linken Kammer und der daraus folgenden Anstauung von Blut in den Lungen wird die rechte Kammer manchmal ebenfalls geschwächt, da sie sich ständig bemüht, Blut in die Lungen zu drücken, die schon fast bis zum Platzen mit dem stagnierenden Blut gefüllt sind, das die linke Kammer nicht bewältigen kann. Dann sammelt sich das venöse Blut, das von allen Körperteilen zur rechten Kammer strömt, in den Venen und läßt diese anschwellen; der Druck, unter dem dieses Blut steht, kann die flüssigen Blutbestandteile aus den Venen drücken. In diesem Fall ist es möglich, daß sich die Leber vergrößert, daß die Knöchelpartien und die Beine anschwellen und daß sich die überschüssige Flüssigkeit im Unterleib ansammelt. Um diesen Zustand zu beseitigen, werden Medikamente verabreicht, die das Pumpvermögen der linken Herzkammer wiederherstellen und den Teufelskreis damit durchbrechen sollen. Andere Mittel regen die Nieren an, die überschüssige Flüssigkeit auszuscheiden.

Es gibt viele Menschen, die selbst unter ausgesprochenem (körperlichen oder emotionalen) Stress keine Anzeichen einer koronaren Herzkrankheit entwickeln, obgleich einer der drei Hauptzweige ihrer Herzkranzgefäße völlig blockiert ist (wenn sie also unter einem sogenannten «stummen» Koronarverschluß leiden). Nach unserer Definition kann man trotzdem nicht sagen, daß sie eine koronare *Herzkrankheit* haben, weil weder Symptome noch EKG-Anomalitäten zu beobachten sind.

Es besteht sogar die Möglichkeit, daß *zwei* der drei Hauptkranzgefäße völlig verstopft sind und der Betreffende immer noch keine akuten Herzsymptome aufweist. Wie ist das zu erklären? Es beruht darauf, daß die blockierten Arterien neue Zweige gebildet haben, die die verstopften Partien umgehen. Diese neuen Kranzgefäße, die der Mediziner *Kollateralgefäße* nennt, müssen allerdings einen schweren und komplizierten Weg zurücklegen. Sie befördern nur selten soviel Blut wie die ursprüngliche Arterie. Infolgedessen werden die Partien der Herzmuskeln, die weniger Blut erhalten als vorher, unter Umständen stark benachteiligt, brauchen die Benachteiligung aber nicht sofort durch Symptome zu äußern. Der Besitzer eines solchen Herzens ahnt deshalb nichts von der drohenden Gefahr.

Diesem latenten krankhaften Zustand haben es Hunderttausende zu verdanken, daß sie irgendwann einmal im Büro, in der U-Bahn, im Fußballstadion, im Konzert, an der Kegelbahn oder sogar nachts im Schlaf kollabieren, obgleich sie sich am Morgen noch pudelwohl fühlten und ein kräftiges Frühstück vertilgten.

Was veranlaßt ihr bisher «stummes» *Koronarleiden* dazu, scheinbar völlig unvermittelt in «symptomatische» *Herzkrankheit* umzuschlagen? Manchmal hat sich ein zusätzlicher Blutklumpen oder Thrombus gebildet – vielleicht oberhalb einer früheren Verstopfung, die bisher von Kollateralgefäßen umgangen wurde; dann können die Ersatzgefäße natürlich nicht mehr einspringen. In ebenso vielen Fällen läßt sich jedoch keine erneute Veränderung der Herzkranzgefäße beobachten. Wir müssen deshalb annehmen, daß ein entscheidendes Muskelzentrum des Herzens nicht mehr ausreichend mit Blut versorgt wird, *was nur wenige Sekunden oder Minuten zu dauern braucht.* Leider ist es den Kardiologen noch nicht gelungen, die Gründe für diese Erscheinung restlos zu klären. Entweder stirbt die betreffende Muskelpartie ab und verursacht einen Infarkt, oder sie lehnt sich gegen den Leitstrom des natürlichen Schrittmachers auf und führt dadurch das tödliche Chaos des Herzkammerflimmerns herbei.

Dieses Kapitel war sicher keine sehr erbauliche Lektüre. Das gilt besonders für Leser, die unter einer koronaren Herzkrankheit leiden. Wir haben jedoch beschlossen, die Folgen eines Koronarleidens mit aller Offenheit zu schildern und auch die unangenehmsten Möglichkeiten nicht zu verschweigen. In den späteren Kapiteln unseres Buches werden wir aber auch mit aller Offenheit über die Methoden sprechen, mit denen man diese tragischen Folgen aller Wahrscheinlichkeit nach abwenden oder lange Zeit hinauszögern kann.

Kapitel 5

Cholesterin: Der Hauptverdächtige im Koronarfall

Wenn es den Massenmedien nicht schon gelungen ist, das Cholesterin aus Ihrer Nahrung zu vertreiben, haben sie es wenigstens geschafft, Ihnen dann und wann Schuldgefühle einzuflößen, wenn Sie zum Beispiel ein hartgekochtes Ei verzehren oder reine Sahne in Ihren Kaffee schütten. In den letzten Jahrzehnten haben sich jedenfalls Millionen Menschen mit der Tatsache abgefunden, daß cholesterinreiche Speisen zur Entstehung von Koronarleiden und Herzinfarkten beitragen.

Hunderte von Herzforschern sind heute überzeugt, daß es so gut wie keine koronaren Herzkrankheiten geben würde, wenn uns die Natur nicht mit dem Cholesterin bedacht oder vielmehr geschlagen hätte. Angesichts dieser Überzeugung scheint es uns angebracht, Ihnen hier einige Fakten zu schildern, die mit dieser außergewöhnlichen Substanz verbunden sind.

Was ist Cholesterin und welche Funktionen hat es normalerweise?

Cholesterin ist eine sehr kompliziert gebaute alkoholische Verbindung, die bei Zimmertemperatur wie schmierige, weißgelbe Kristalle aussieht und sich relativ schwer in Wasser löst. In bestimmten Fetten, Äther und einfacheren Alkoholen löst es sich jedoch ziemlich leicht. Wegen der großen Zahl hydrierter Kohlenstoffatome, aus denen Cholesterin besteht, hat es einige oberflächliche Eigenschaften mit einfachen Fetten gemeinsam. Wie die Fette, ist es außerdem eine relativ passive, träge Verbindung, die mit den meisten metallischen Verbindungen kaum oder gar nicht reagiert. Wird es jedoch von verschiedenen Enzymsystemen des Körpers richtig beeinflußt, kann es alle möglichen chemischen Veränderungen durchmachen.

Eine der einfachsten Änderungen, denen das Cholesterin im Körper unterliegen kann, ist die Verwandlung in sogenannten Cholesterin-Ester – bei dieser Modifikation verliert das Cholesterinmolekül seine alkoholische Endgruppe und verbindet sich dafür mit einer Fettsäure.

Cholesterin wurde zum erstenmal im 18. Jahrhundert aus menschlichen Gallensteinen extrahiert. Noch viele Jahrzehnte nach dieser ersten Gewinnung und teilweisen Reinigung gewann man es aus Gallensteinen, daneben aber auch aus einer viel grausigeren Quelle, nämlich «Leichenwachs» – dem öligen Material, das aus verwesenden Menschenkörpern austritt. Erst in der zweiten Hälfte des 19. Jahrhunderts erkannten die Wissenschaftler allmählich, daß Cholesterin ein bißchen wichtiger war als das Zeug, aus dem die meisten Gallensteine bestanden und zu dem die meisten Toten zerfielen. Einige Pathologen erwogen sorgenvoll die Möglichkeit, diese Substanz könne auch in den Arterien der Lebenden vorhanden sein.

Die wahre Bedeutung des Cholesterins entdeckte man aber erst zu Beginn unseres Jahrhunderts. Wissenschaftler stellten fest, daß jede einzelne Zelle des menschlichen und tierischen Körpers Cholesterin enthielt und daß es nicht nur in der Leber, sondern in fast jedem Gewebe und Organ hergestellt wurde. Es bildete einen notwendigen Bestandteil der mikroskopisch dünnen Hülle, die jede Zelle umgibt und schützt, und lieferte Mensch und Tier ein ähnliches stützendes Gerüst wie die Zellulose der Pflanze. Ohne diese Substanz würde also der gesamte Zellaufbau des Körpers zusammenbrechen.

Heute wissen wir, daß die Natur das Cholesterin als ihr wirksamstes Isolationsmaterial benutzt. Die einzelnen elektrochemischen Reaktionen, die in unseren aktiven Hirn- und Nervenzellen stattfinden, werden vor allem durch das Cholesterin voneinander getrennt. Wenn man das Cholesterin aus Ihrem Körper entfernte, würden Ihr Denken, Ihre Bewegungen, Ihr Leben selbst fast augenblicklich aufhören, weil sämtliche elektrochemischen Prozesse, nicht mehr voneinander abgeschirmt, umgehend «kurzschließen» würden.

Neben seiner Funktion als unerläßlicher Zellbaustein und Isolator dient das Cholesterin aber auch noch als Vorstufe Ihrer Geschlechts- und Nebennierenhormone und Ihrer Gallensäuren. Auch aus diesem Grund würde das Leben sofort enden, wenn man dem Körper das Cholesterin entzöge.

Ohne Rücksicht darauf, wie sehr die Massenmedien diese Substanz verteufelt haben, sollten Sie immer daran denken, daß jede Zelle Ihres Körpers das Cholesterin aufgebaut und für einen der oben beschriebenen Zwecke verwendet hat. Viele dieser Prozesse begannen übrigens schon lange vor Ihrer Geburt. Einige setzten in dem Augenblick ein, als der Samen Ihres Vaters das Ovum Ihrer Mutter traf und sich darin einnistete.

Obgleich viele von Ihren Organen und Geweben so eifrig damit beschäftigt sind, das Cholesterin selbst herzustellen, scheinen sie doch jederzeit bereit zu sein, auch noch das Cholesterin aufzunehmen, das im Blut zu ihnen kommt. Und Ihr Blut empfängt das Cholesterin, das in Ihrer Nahrung enthalten ist, offenbar genauso gern wie das Cholesterin, das die Leber aufbaut und ihm liefert. Wir wissen noch nicht, *weshalb* die Organe und Gewebe Ihres Körpers so sehr darauf erpicht sind, Cholesterin aus fremden Quellen anzunehmen, aber wir beginnen wenigstens zu lernen, *wie* sie es annehmen.

Herkunft und Aufgaben des Blutcholesterins

Ihr Blut bezieht das Cholesterin aus vielen Quellen. Da ständig irgendwelche Zellen absterben und ihren Cholesteringehalt freigeben, ergießt sich aus allen Ihren Körpergeweben ein kontinuierlicher kleiner Strom von Cholesterinmolekülen in die Blutbahn. Die zwei Hauptlieferanten sind jedoch Leber und Darm. Diese beiden Organe arbeiten jede Minute Ihres Lebens. Bevor sie das Cholesterin aber auf die Reise durch den Blutkreislauf schicken, müssen sie es «verpacken». Weil reines Cholesterin so schlecht wasserlöslich ist, würde es sich in Ihrem wäßrigen Blut einfach nicht auflösen.

44

Die Leber verpackt das Cholesterin, indem sie es an verschiedene Proteine bindet, die sie selbst herstellt und die recht gut wasserlöslich sind. Diesen Kombinationen von Cholesterin und Protein fügt sie noch unterschiedliche Mengen von reinem Fett und einer fettähnlichen Substanz namens Phosphatid hinzu. Die Zusammensetzungen aus Cholesterin, Protein, Fett und Phosphatid nennt man *Lipoproteide*.

Gewöhnlich verpackt die Leber das Cholesterin zu drei verschiedenen Arten von Lipoproteiden, die wir als *Alpha-*, *Beta-* und *Prä-Beta-*Lipoproteide bezeichnen. Sie unterscheiden sich hauptsächlich in ihrem Gehalt an Protein, Fett und Cholesterin. Die Alpha-Lipoproteide bestehen aus sehr wenig Fett, nicht allzu viel Cholesterin und viel Protein. Infolgedessen lösen sie sich von allen drei Lipoproteiden am besten auf und sind am leichtesten zu befördern. Außerdem setzen sie sich aus relativ kleinen Molekülen zusammen. Die Beta-Lipoproteide enthalten dagegen weit mehr Cholesterin und Fett und vergleichsweise wenig Protein. Sie sind schwerer löslich und bilden größere Moleküle. Die Moleküle des Prä-Beta-Lipoproteids haben einen noch kleineren Protein- und Cholesterinanteil als die Beta-Lipoproteide, sind aber sehr fettreich. Infolgedessen sind sie, was die Moleküle betrifft, die größten, am wenigsten löslichen und labilsten Lipoproteide, die von der Leber in den Blutkreislauf entsandt werden. Einige neuere Studien haben Anzeichen dafür ergeben, daß Prä-Beta-Lipoproteide sich auch unmittelbar im Blut bilden können, und zwar aus dem Cholesterin, das man mit der Nahrung aufnimmt.

Da Sie wahrscheinlich kein Medizinstudent sind, brauchen Sie sich Aufbau und Zusammensetzung dieser drei Lipoproteide nicht zu merken. Das Alpha-Lipoproteid können Sie sogar ganz vergessen, weil man noch nicht einmal den Verdacht hat, daß es beim koronaren Arterienleiden eine Rolle spielt. Sie könnten sich allerdings merken, daß Hunderte von Wissenschaftlern das Beta-Lipoproteid und das darin enthaltene Cholesterin sehr stark der Mittäterschaft beim «Verbrechen» des Koronarleidens verdächtigen. Und im Augenblick betrachtet man auch das Prä-Beta-Lipoproteid mit wachsendem Mißtrauen.

Ihr Darm verpackt das Cholesterin, das er aus der von ihm

verarbeiteten Nahrung absorbiert, ganz anders als die Leber. Wenn er es aufgenommen hat, löst er es in einem winzigen, unter dem Mikroskop jedoch gut sichtbaren Kügelchen aus reinem Fett, fügt dieser Mischung etwas Phosphatid hinzu und versieht das Ganze mit einer hauchdünnen Hülle Protein; dieses Protein hat außerordentlich viel Ähnlichkeit mit dem Alpha-Lipoproteid. Die «Kugel» aus fettgelöstem Cholesterin heißt *Chylomikron*. Schon wenige Minuten nachdem Sie eine fett- und cholesterinhaltige Mahlzeit gegessen haben, dringen unzählige Chylomikronen in Ihren Blutkreislauf. Dieser Prozeß hört erst viele Stunden nach der einen Mahlzeit auf.

Wohin werden sie befördert? Was geschieht mit ihnen? Nun, das Blut trägt sie als feste, fettgeladene Cholesterinkügelchen weiter, und sie halten gewissermaßen ständig Ausschau nach Lecks oder Spalten in den Arterien oder Kapillargefäßen, wohin sie entwischen oder sich festsetzen könnten, werden aber meist unerbittlich vom Blut vorangetrieben. Seltsamerweise ignoriert die Leber diese fetten, cholesterinreichen Bällchen fast völlig und läßt sie relativ unbehelligt ihre zahlreichen Kanäle passieren. Zellen, die in den fettigen Geweben des Körpers liegen, greifen die Chylomikronen jedoch an und entziehen ihnen einen großen Teil des Fettanteils (tasten aber den Cholesterinanteil nicht an). Die so ihres Fetts beraubten Chylomikronen zirkulieren nun als cholesterinreiche Gebilde weiter, und wenn sie die Leber ein zweites Mal erreicht haben, läßt diese sie nicht mehr entkommen. Sie raubt ihnen das gesamte Cholesterin und die kümmerlichen Reste ihres Fett- und Phosphatidgehalts. Sie werden, kurz gesagt, völlig zerstört und absorbiert.

Diesen Tatsachen können Sie entnehmen, daß ein Chylomikron manchmal nur wenige Minuten lebt. Aber noch viele Stunden nach einem fetthaltigen Essen dringen ständig zahllose cholesterin- und fettreiche Kügelchen in Ihren Blutkreislauf. Wenn Sie am Tag drei Mahlzeiten mit Cholesterin und Fett einnehmen, wimmeln in Ihrem Blut höchstwahrscheinlich den größten Teil des Tages Millionen von Chylomikronen herum. Und je mehr Cholesterin Ihre Mahlzeiten enthalten, desto mehr Cholesterin enthalten auch die Millionen von Chylomikronen.

46

Warum sollte man sich aber Sorgen machen, wenn schon die eigene Leber das Blut mit dem Cholesterin schwängert, das sie an Alpha-, Beta- und Prä-Beta-Lipoproteide bindet? Aus einem ganz bestimmten Grund: das in den Chylomikronen enthaltene Cholesterin ist nicht an irgendein lösliches Protein geschmiedet, sondern nur in Fett gebettet oder schwach gelöst. Und wenn einige von diesen Chylomikronen und besonders von den Restgebilden der Chylomikronen (deren Fett fast ganz absorbiert worden ist) das Lumen einer Arterie verlassen und in die Wandschicht eindringen, kann es zwar dem Fettanteil des Chylomikrons – oder des Restgebildes – gelingen, sich zu befreien und wieder ins Blut zurückzukehren, doch der Cholesterinanteil spaltet sich ab und bleibt unbegrenzte Zeit in der Arterienwand.

Wir glauben, daß sich ständig neue Chylomikronen oder Chylomikronen-Restgebilde in den Arterienwänden einnisten. Sie setzen sich vor allem an den Stellen fest, wo die Arterie geschädigt oder verletzt ist, wobei es auf die Größe der Verletzung überhaupt nicht ankommt. Wie wir bereits erklärten, haben Ihre Koronararterien höchstwahrscheinlich – ja, zwangsläufig – schon kurz nach der Geburt winzige Schäden und Verletzungen davongetragen.

Sie müssen wissen, daß wir deutlich zwischen dem Cholesterin, das der Körper produziert, und dem in der Nahrung enthaltenen Cholesterin unterscheiden. Wir nehmen natürlich nicht an, daß die Cholesterinmoleküle, die Ihr Körper herstellt, einen anderen chemischen Aufbau haben, aber wir wissen, daß dieses Körpercholesterin *fest* in einer leicht löslichen Lipoproteidhülle verpackt ist, während das Nahrungscholesterin *lose* in einer fettigen Kugel schwimmt. Wenn Lipoproteid-Cholesterin (das von der Leber gebildet wird) aus dem Blut entwischt und in eine Arterienwand eindringt, wird es nach kurzer Zeit wieder in die Blutbahn zurückkehren. Wenn jedoch einem cholesterinreichen Chylomikron die entsprechende Flucht gelingt, hat es sehr gute Chancen, unbegrenzt lange in der Gefäßwand zu bleiben. Bei Laborversuchen hat man diese Tatsache wiederholt bewiesen, und Sie sollten sich daran erinnern, wenn ein Bekannter oder Arzt Ihnen das nächste Mal erzählt, das Körpercholesterin könnte ebensoviel

Arterienschaden anrichten wie das Nahrungscholesterin. Das ist nicht nur eine einfache Lüge, sondern eine gefährliche Lüge. Wer sich von Schlankheitsbüchern überreden läßt, der unbeschränkte Genuß tierischer Fette sei ein fabelhaftes Mittel, Pfunde loszuwerden, sollte an die potentiellen Gefahren des Cholesterins denken, das in den Chylomikronen enthalten ist. Er wird vielleicht Pfunde verlieren, doch seine Arterien können darunter leiden, und das ist doch wohl ein zu hoher Preis für die «Feinschmecker-Diät».

Wir haben schon darauf hingewiesen, daß Ihre Leber Cholesterin aus dem Blut absorbiert und zu Gallensäuren umformt, obgleich sie – wie übrigens auch die Geschlechts- und Nebennierendrüsen – das Cholesterin zu diesem Zweck mit Leichtigkeit selbst produzieren könnte. Da Ihre Leber dem Blut gleichzeitig neues Cholesterin schenkt und altes nimmt, scheint die Annahme berechtigt, daß sie die verschiedenen Lipoproteide, die ihre Maschen passieren, ständig prüft und darauf achtet, ob sie von der Struktur her für die Reise durch das Blut geeignet sind. Lipoproteide, die bei der Musterung durchfallen, werden sofort zerstört und durch neue ersetzt. Diese strenge Auswahlmethode erklärt vielleicht, weshalb Ihre Leber dem Blutkreislauf nicht nur Cholesterin verschafft, sondern auch raubt.

Die Regulierung des Cholesterinspiegels

Obgleich jedes rote Blutkörperchen eine bestimmte, unveränderliche Menge Cholesterin enthält, schwimmt der größte Teil des Blutcholesterins in der zellfreien, wäßrigen Substanz, die wir Blutserum nennen. Wir messen den Blutgehalt an Cholesterin, den sogenannten Cholesterinspiegel, wenn wir die relativen Schwankungen dieser Substanz bei Versuchstieren oder Menschen verfolgen wollen. Diese Menge wird in Milligramm (Cholesterin) pro 100 Milliliter (Blutserum) ausgedrückt. Wenn ein Mensch zum Beispiel in 100 ml Blutserum 250 mg Cholesterin hat, beträgt sein Blutgehalt an Cholesterin – mit anderen Worten: sein Cholesterinspiegel – 250 mg/100 ml oder 250/100 oder einfach 250.

Warum hat ein Elefant nur einen Cholesterinspiegel von 67 mg/100 ml, während eine Bärenraupe 250 mg/100 ml hat? Wieso beträgt der Blutgehalt an Cholesterin bei einem kleinen Hai nur 25 mg/100 ml, bei einem Lachs aus dem Columbia aber 500 mg/100 ml? Sie könnten auch fragen, weshalb das riesige, aber harmlose Flußpferd nur einen Cholesterinspiegel von 38 mg/100 ml aufweist, während die kleine, aber bösartige Viper 390 mg/100 ml hat? Im Moment haben wir auf all diese Fragen nur eine Antwort: Wir wissen es nicht!

Wir wissen noch nicht einmal, wodurch der *grundlegende* Cholesterinspiegel des Menschen bestimmt wird. Die Wissenschaft streitet sich sogar darüber, wie hoch der grundlegende Cholesterinspiegel des Menschen sein soll. Angesichts der vielen Zeitungsartikel, in denen detailliert beschrieben wird, wie leicht man den Blutgehalt an Cholesterin durch bestimmte Medikamente oder Speisen oder Gewohnheiten ändern kann, überrascht Sie diese Tatsache vielleicht. Obgleich die diesbezüglichen Statistiken noch nicht endgültig sind, besteht nämlich kein Zweifel daran, daß der Cholesterinspiegel bei vielen Menschen durch eine Umstellung der Ernährung, durch Medikamente oder durch die Änderung *bestimmter* Gewohnheiten beeinflußt wird. Der Blutgehalt an Cholesterin wird durch solche Maßnahmen aber nur selten mehr als 20 oder 25 Prozent verringert. Oft wird er noch geringfügiger gesenkt.

Wir kennen einige der Organe, die an der Regulierung Ihres Cholesterinspiegels beteiligt sind. Die Leber spielt bei dieser Arbeit sicher eine wichtige Rolle, denn sie liefert ständig neues Lipoproteid-Cholesterin, wenn der Cholesterinspiegel im Blut zu stark sinkt, und sie absorbiert Cholesterin, wenn es sich im Blut zu sehr konzentriert.

Der Darmtrakt ist ebenfalls imstande, Cholesterin selbst zu produzieren – er braucht dafür also nicht das Cholesterin, das er der Nahrung entnimmt und an das Blut weitergibt. Er ähnelt der Leber auch insofern, als er dem Blut überschüssiges Cholesterin entziehen kann; dieses wird dann zusammen mit den anderen Abfallprodukten des Körpers ausgeschieden. Nach unserem jetzigen Informationsstand dürften Leber und Darm die Hauptinstrumente sein, mit denen der Körper seinen Cholesterinspiegel steuert.

Welches Nervensystem oder Nervenzentrum teilt diesen beiden Organen aber mit, wann sie dem Blut Cholesterin hinzufügen oder entnehmen sollen? Wie wir schon sagten, kann die Wissenschaft diese Frage noch nicht mit Sicherheit beantworten. Wir haben jedoch guten Grund für die Vermutung, daß die Cholesterintätigkeit beider Organe zum Teil durch bestimmte Hormone gesteuert wird. Es ist seit langem bekannt, daß der Cholesterinspiegel fällt, wenn zuviel Schilddrüsenhormon im Blut zirkuliert; unter dem Einfluß dieses Hormonüberschusses entnimmt die Leber dem Blut nämlich riesige Mengen Cholesterin und verwandelt sie schnell in Gallensäure. Wenn das Blut zu wenig Schilddrüsenhormon enthält, steigt der Cholesterinspiegel langsam an, und zwar hauptsächlich deshalb, weil die Leber keine rechte Lust mehr hat, Gallensäure zu bilden, und dem Blut deshalb weniger Cholesterin entzieht.

Wir selbst haben kürzlich festgestellt, daß noch zwei andere Hormone, nämlich das Wachstumshormon der Hypophyse oder Hirnanhangdrüse und das Glucagon (ein Hormon der Bauchspeicheldrüse), bei der Regulierung des Cholesterinspiegels in Ihrem Blut mitspielen. Wahrscheinlich beeinflussen sie ebenfalls die Cholesterintätigkeit von Leber und Darm. Schließlich spricht alles dafür, daß der Cholesterinspiegel auch dann geändert werden kann, wenn der Blutgehalt an verschiedenen anderen Hormonen deutlich schwankt.

Wir vermuten, daß sich der übergeordnete Regulierungsmechanismus des Cholesterinspiegels in einem oder mehreren Gehirnzentren befindet. Von diesen Zentren geht sicher ein ständiger Strom von Nervensignalen aus, die nicht nur Leber und Darmtrakt, sondern auch alle anderen Organe oder Gewebe erreichen, wo der Cholesterin-Stoffwechsel stattfindet. Wahrscheinlich bestimmen diese Signale die normale Geschwindigkeit oder den normalen Rhythmus, in dem Ihrem Blut Cholesterin entzogen oder hinzugefügt wird. Und als Ergänzung dieser Nervenbotschaften steuern die betreffenden Gehirnzentren auch direkt und indirekt die Sekretion der oben erwähnten Hormone. Die Hormone ergänzen wiederum die Nervenbotschaften, die unmittelbar an die Organe geschickt werden, die am Cholesterin-Stoffwechsel beteiligt sind.

Eine schöne Theorie – stimmt sie aber auch? Wir glauben es, und zwar aus mehreren Gründen. Erstens ist kein Organ des Körpers eine isolierte Insel, obgleich man diese Tatsache als Facharzt häufig vergißt. Sich selbst überlassen, ohne Beistand der anderen Organe und ohne Anweisungen «von oben» würde kein Organ unseres Körpers lange überleben. Die Organe müssen aber nicht nur bereit sein, sich gegenseitig zu unterstützen. Sie brauchen selbst für ihre kleinsten und nebensächlichsten Funktionen eindeutige und genaue Anweisungen, und sie können nicht ohne eine Instanz auskommen, die alle Funktionen koordiniert. Diese Anweisungen und koordinierenden Maßnahmen müssen von irgendeiner zentralen Schaltstelle, einem Hauptquartier formuliert werden, das zweifellos im Gehirn sitzt. Falls noch ein anderes Organ oder Gewebe an dieser Befehlsfunktion teilhat, ist es bisher von allen Anatomen und Physiologen übersehen worden.

Es gibt noch einen zweiten Grund, weshalb wir unsere Theorie von der Gehirnsteuerung des Cholesterinspiegels für richtig halten. Vor einigen Jahren wiesen wir bei Versuchsratten folgendes Phänomen nach: Wenn wir mehrere Stellen im emotionalen Zentrum des Rattenhirns durch Stromstöße verletzten, stieg der Cholesterinspiegel des Tieres sofort um das Doppelte, Dreifache oder sogar Fünffache. Und wie wir vermutet hatten, ging die Leber dieser Versuchstiere, angeregt durch ungewöhnliche Nervensignale, ganz anders mit dem Cholesterin um als die Leber von Ratten, die nicht elektrisch stimuliert worden waren.

Sie dürfen also ruhig davon ausgehen, daß Ihr *grundlegender* oder «normaler» Blutgehalt an Cholesterin von bestimmten Gehirnzentren durch direkte Botschaften (also Nervensignale) und durch indirekte Beeinflussung (also Hormone) reguliert wird. Wenn Sie aber bestimmte Speisen gegessen und bestimmten Angewohnheiten gefrönt haben und damit fortfahren, kann Ihr Blutgehalt an Cholesterin über den normalen Pegel steigen – und tut es gewöhnlich auch. Wie hoch Ihr normaler Cholesterinspiegel sein sollte? Leider ist sich die Wissenschaft, wie wir schon sagten, in diesem Punkt nicht einig. Unserer Ansicht nach müßte der *normale* Grundpegel bei einem erwachsenen Mann und bei einer erwachsenen Frau zwischen 150 und 175 mg/100 ml liegen – wir haben nämlich unter Berücksichtigung *aller* Eßgewohnheiten, Trinkgewohnheiten und Verhaltensmerkmale festgestellt, daß es beim Cholesterinspiegel keine geschlechtsbedingten Unterschiede gibt.

Zugegeben, nur wenige von uns haben einen so niedrigen Blutgehalt an Cholesterin. Bei erwachsenen Amerikanern und Amerikanerinnen liegt der Cholesterinspiegel im Durchschnitt zwischen 225 und 250 mg/100 ml. Die meisten Epidemiologen (Forschungsmediziner, die die Häufigkeit und Verteilung verschiedener Krankheiten in einer gegebenen Population untersuchen) sind der Meinung, daß ein Cholesterinspiegel von 275 mg/100 ml und darüber anomal hoch ist. Wir glauben, daß sie vor allem deshalb zu diesem Schluß kamen, weil der durchschnittliche Blutgehalt an Cholesterin wohl bei allen größeren amerikanischen Bevölkerungsgruppen unter diesem Wert liegt. Die Natur fühlt sich natürlich kein bißchen an solche menschlichen Regeln gebunden. Wir vermuten, daß sie jeden Cholesterinwert über 175 mg/100 ml als abnorm hoch betrachtet. Damit wollen wir natürlich sagen, daß die meisten amerikanischen – und sicher auch ein erheblicher Prozentsatz der europäischen – Männer und Frauen auf Grund ihrer Eßgewohnheiten und Verhaltensmerkmale einen zu hohen Cholesterinspiegel haben.

Eben diesen «hypercholesterinämischen» Zustand (mehr als 175 mg/100 ml) führen wir bei manchen Versuchstieren herbei, damit sie Arterienschäden entwickeln. Ein Kaninchen bekommt zum Beispiel nur selten arteriosklerotische Plaques in den Arterien, wenn sein Cholesterinspiegel nie 150 bis 175 mg/100 ml übersteigt. Wir könnten hinzufügen, daß auch in den Koronararterien eines Menschen nur selten arterisklerotische Plaques entstehen, wenn sein Blutgehalt an Cholesterin *immer* unter 175 mg/100 ml bleibt.

Soweit wir wissen, gibt es übrigens keine anomal niedrigen Cholesterinwerte. Der Cholesterinspiegel kann bei extremer Unterernährung und – manchmal – bei schweren Leberkrankheiten erheblich unter 150 mg/100 ml sinken, aber das Absinken hat an sich noch keine schädlichen Nebenwirkungen auf den Körper.

Was kann Ihren Blutgehalt an Cholesterin erhöhen? Wir wollen zunächst die Speisen betrachten, die Sie essen. Die Wissenschaft ist sich mehr oder weniger darüber einig, daß Ihr normaler Grundpegel an Cholesterin *möglicherweise* steigt, wenn Ihre tägliche Nahrung mehr als einen zwanzigstel Teelöffel (ungefähr 200 mg) reines Cholesterin enthält. Wenn Sie täglich mehr als einen achtel Teelöffel (ungefähr 500 mg) Cholesterin zu sich nehmen, wird Ihr Cholesterinspiegel *wahrscheinlich* steigen. Und wenn Sie jeden Tag einen viertel Teelöffel Cholesterin konsumieren, wird sich Ihr Blutgehalt an Cholesterin mit *fast hundertprozentiger Gewißheit* erhöhen. In welchem Ausmaß der Cholesterinspiegel steigt, hängt von vielen Faktoren ab, zum Beispiel von der Menge und Art des Fetts, das Sie essen, und wohl auch davon, wieviel Stärke und Zucker Ihre Mahlzeiten enthalten. Schon ein Übermaß an Nahrungscholesterin (also pro Tag 200 mg oder mehr) kann Ihren Blutgehalt an Cholesterin um 10 bis 20 Prozent erhöhen.

Wenn Sie Fett meist in Form von Rindfleisch, Schweinefleisch oder Hühnerfleisch genießen (nicht in Form von Fischtran), kann Ihr Cholesterinspiegel 5 bis 10 Prozent (selten mehr) über den Grundpegel steigen. Wenn Sie zu einem ganz bestimmten Menschentyp gehören, kann der Konsum einfacher Zucker (und wahrscheinlich auch der Stärkekonsum) Ihren Cholesterinspiegel um weitere 5 bis 10 Prozent hochtreiben. (Wir werden später beschreiben, bei welchen Menschen sich der Genuß von Zucker und Stärke auf den Cholesterinhaushalt auswirkt.) Neben diesen Ernährungsfaktoren gibt es aber einen Faktor, der den Cholesterinspiegel noch viel stärker erhöhen kann, nämlich ein erbliches Leiden, das den normalen Cholesterinhaushalt durcheinanderbringt. Wir werden diese krankhafte Störung schildern, wenn wir die Ursachen der koronaren Arterienleiden besprechen. Außerdem können auch bestimmte akute und subakute Krankheiten der Leber (Virushepatitis und alkoholbedingte Fettleber) und der Nieren den Blutgehalt an Cholesterin vergrößern. Die wohl häufigste und von der Medizin zweifellos am meisten vernachlässigte Ursache für einen abnorm hohen Cholesterinspiegel ist jedoch der bestimmte emotionale Komplex, den wir A-Typ-Verhaltensmuster genannt haben. Auf diese Verhaltensstruktur kommen wir noch ausführlich zu sprechen; im Augenblick genügt der Hinweis, daß sie bei den meisten Amerikanern und sicher auch bei den meisten Bewohnern der anderen Industriestaaten die Hauptschuld am überhöhten Cholesterinspiegel (über der epidemiologischen Höchstgrenze von 275 mg/100 ml) trägt. Wenn *Sie* zum Beispiel einen zu hohen Cholesterinspiegel haben, besteht eine gute Chance, daß Sie diese Verhaltensstruktur ebenfalls aufweisen. Leider sind diese Dinge noch weitgehend unbekannt.

Welche Vorgänge lassen den Cholesterinspiegel des Menschen sinken? Wenn der überhöhte Blutgehalt an Cholesterin auf eine Ernährung zurückgeht, die reich an Cholesterin, tierischem Fett oder – in besonderen Fällen – Zucker und Stärke ist, wird der hypercholesterinämische Prozeß zweifellos umgedreht, sobald man seinen Cholesterinkonsum drastisch einschränkt, tierische Fette (also vielfach gesättigte Fettsäuren) durch pflanzliche Fette (also vielfach ungesättigte Fettsäuren) ersetzt und weniger Zucker und Stärke ißt. In den Fällen, wo der abnorm hohe Blutgehalt an Cholesterin vom A-Typ-Verhaltensmuster herbeigeführt wurde, ist es entsprechend: Wenn man die betreffenden Verhaltensmerkmale abbaut oder ändert, wird der Cholesterinspiegel ebenfalls wieder sinken.

Bei Menschen, die unter ausgeprägten Angstzuständen leiden, die also zutiefst deprimiert sind und Hilfe bei anderen suchen, statt selbst mit der Situation fertigzuwerden, sinkt der Cholesterinspiegel meist auf einen ungewöhnlich niedrigen Stand. Vielen Ärzten und Wissenschaftlern ist dieses merkwürdige Phänomen noch nicht ins Bewußtsein gedrungen.

Bei der Hyperthyreose oder Überfunktion der Schilddrüse kommt es ebenfalls in den meisten Fällen zu einem Absinken des Cholesterinspiegels; bei diesem Leiden wird zuviel Schilddrüsenhormon produziert und in den Blutkreislauf entlassen.

Es gibt auch Medikamente, mit denen man den überhöhten Blutgehalt an Cholesterin bei vielen Menschen wirksam senken kann. Als wir dieses Buch schrieben, wurden zu diesem Zweck hauptsächlich die Wirkstoffe Clofibrat (US-Handelsname: Atromid-S), Dextrothyroxin (US-Handelsname: Choloxin) und der Harzkomplex (US-Handelsname: Cholestyramin oder Questran) benutzt, die sich im Darmtrakt mit Galleflüssigkeit verbinden und die Cholesterinaufnahme beschränken. Neuerdings gibt es auch eine operative Behandlung, die man bei Menschen anwenden kann, bei denen alle anderen Maßnahmen gegen den überhöhten Cholesterinspiegel versagt haben. Sie ist jedoch sehr gefährlich und nur in außergewöhnlich schweren Fällen zu empfehlen.

Warum verdächtigt man Cholesterin der Mittäterschaft im Koronarfall?

Es gibt nur sehr wenige Herzforscher, die nicht davon überzeugt sind, daß Cholesterin einen Hauptbeitrag zur Entstehung koronarer Arterienleiden leistet. Eine ganze Reihe von Spezialisten (vor allem in Großbritannien) bezweifelt allerdings, daß Cholesterin auch noch bei den Prozessen entscheidend mitspielt, in deren Verlauf sich das koronare *Arterienleiden* in eine koronare *Herzkrankheit* verwandelt. Einfacher ausgedrückt: Die meisten Ärzte glauben, daß Cholesterin den ersten Anstoß zum Koronarleiden gibt, sind sich aber nicht darüber einig, wie wichtig die folgenden «Cholesterinstöße» für die Entwicklung des Leidens sind.

Die experimentellen Wissenschaftler, die im Labor arbeiten, sind hundertprozentig sicher, daß beginnende Koronararterienleiden in entscheidendem Maß auf Cholesterin zurückgehen. Dafür haben sie mehrere Gründe. Erstens können sie bei ihren Versuchstieren nur dann Arterienschäden herbeiführen, die den entsprechenden Schäden beim Menschen mehr oder weniger gleichen, wenn sie die Nahrung der Tiere mit zusätzlichen Mengen von Cholesterin versetzen. Selbst wenn sie einzelne Arterienpartien aufkratzen, einstechen, veröden oder einfrieren und wenn sie Säuren, Laugen und andere schädliche Chemikalien in die Arterienwände von Tieren injizieren, denen kein zusätzliches Cholesterin verabreicht wurde, gelingt es ihnen nicht, jene fettgeladenen, vielzelligen Plaques hervorzurufen, die man beim Menschen schon im frühen Stadium eines koronaren Arterienleidens beobachtet. Wenn sie diesen Versuchstieren jedoch zusätzlich Cholesterin gegeben haben, heilen die Verletzungen nicht mehr sauber ab, sondern entwickeln sich zu einem wuchernden, fettgeladenen Gebilde, einem wahren Abbild der menschlichen Arterienplaque. Das gilt jedenfalls für die meisten Tierarten (zum Beispiel für Kaninchen, Schweine, Ratten, Paviane, kleine langschwänzige Affen, Meerschweinchen, Kühe, Hühner, Enten, Puten und Tauben).

In Wirklichkeit ist es natürlich gar nicht nötig, daß man einem cholesterin-gemästeten Versuchstier auch noch die Arterien verletzt, wenn man Plaques entstehen lassen möchte, wie sie der Mensch hat. In wenigen Monaten würde das Cholesterin die Arbeit auch allein schaffen. Offenbar entstehen bei den Tieren genügend spontane Arterienschäden (wie wir sie auch beim Menschen vermuten), die den Boden für die spätere Ablagerung des überschüssigen Blutcholesterins vorbereiten. Das überschüssige Cholesterin verhindert nicht nur den Heilungsprozeß, bei dem lediglich eine kleine, harmlose Narbe zurückbleiben würde, sondern *stimuliert* eine wuchernde Neubildung von Arterienzellen. Diese neuen Zellen locken ihrerseits wieder Cholesterin an und produzieren dadurch praktisch einen Tumor. Das reine Cholesterin, das in verwundetem oder geschädigtem Gewebe liegt, verwandelt den ursprünglichen Prozeß der Wundheilung und Narbenbildung in eine Art «Krebs». Diese merkwürdige Fähigkeit ist wahrscheinlich die gefährlichste Eigenschaft des Cholesterins.

Beachten Sie aber bitte, daß man die Versuchstiere mit Cholesterin *füttern* muß, wenn man Arterienplaques herbeiführen will. Wir kennen zwar auch Mittel und Wege, wie wir die Tiere anregen können, selbst große Mengen von Cholesterin zu bilden und ihren Cholesterinspiegel dadurch zu erhöhen, doch unter diesen Umständen entwickeln sie wenig oder keine Arterienläsionen. Unserer Meinung nach liegt die Erklärung für dieses Phänomen darin, daß das überschüssige Cholesterin bei diesen Tieren zum größten Teil in löslichen Lipoproteiden gebunden ist. Deshalb verläßt es die angegriffenen Arterienstellen fast ebensoleicht, wie es eingedrungen ist. Bei dem Blutcholesterin, das aus cholesterinreicher Nahrung stammt, ist das aber nicht der Fall. Es dringt in die verletzten Partien ein, bleibt dort und löst einen krebsähnlichen Prozeß aus. *Wenn wir bei Tierversuchen etwas über koronare Arterienleiden herausbekommen haben, dann folgendes: Das Ausmaß einer arteriosklerotischen Arterienläsion hängt wahrscheinlich nicht so sehr davon ab, in welcher Menge das Cholesterin im Blut zirkuliert. Entscheidend ist, in welcher Form es darin zirkuliert.*

Es gibt übrigens noch mehr Indizien, die unsere Meinung über das arterienfeindliche Potential des *Nahrungs*cholesterins bestätigen. Schon das Vorhandensein großer Mengen von Cholesterin in einer Herzkranzplaque macht diese Substanz verdächtig und läßt vermuten, daß sie irgendwie für das Entstehen der Plaque verantwortlich war – ganz gleich, ob man die Plaque in den ersten paar Jahren nach der Entstehung oder in ihrem letzten, degenerierenden Stadium bei einem erwachsenen oder alten Menschen untersucht.

Außerdem haben klinische Beobachtungen gezeigt, daß Menschen mit einem besonders hohen Cholesterinspiegel im allgemeinen auch mit besonders großer Wahrscheinlichkeit irgendeinen koronaren Herzanfall erleiden. Gewöhnlich wächst das Infarktrisiko also parallel zum Blutgehalt an Cholesterin – Herzspezialisten und Krankenhausärzte wissen das aus ihrer eigenen Praxis. Bei den unglücklichen Kindern, die unter einer erblichen Form der Hypercholesterinämie leiden und deren Cholesterinspiegel bis auf 800 mg/100 ml steigen kann, sind Herzanfälle vor dem 21. Lebensjahr übrigens eher die Regel als die Ausnahme.

Auch in diesem Zusammenhang ist ein warnender Hinweis angebracht. Es bestehen kaum noch Zweifel, daß das Cholesterin bei Menschen mit einem derart überhöhten Cholesterinspiegel für die Herzkranzgefäßläsionen oder Plaques verantwortlich ist, die man bei ihnen unweigerlich diagnostiziert. Es bestehen aber gewisse Zweifel, ob das Cholesterin die Alleinschuld an den Koronarläsionen trägt, die bei Erwachsenen mit einem normalen oder nur mäßig erhöhten (250 bis 275 mg/100 ml) Cholesterinstand vorhanden sein können. Die Tatsache, daß es häufig zu einer Vergrößerung des Blutgehalts an Cholesterin kommt, wenn bestimmte andere ungünstige Faktoren im Körper wirksam sind, dürfte sogar dagegen sprechen. Damit stehen wir wieder einmal vor der alten Frage: Wie können wir ein Symptom oder Zeichen von einer Ursache unterscheiden?

Besitzen wir noch andere Beweise, die unseren Verdacht erhärten, daß die Hauptverantwortung für das Entstehen koronarer Arterienleiden beim Cholesterin liegt? Einige Epidemiologen würden bejahen. Sie würden auf Untersuchungen hinweisen, die (ihrer Meinung nach schlüssig) demonstriert haben, daß koronare Herzanfälle bei Populationen und Bevölkerungsgruppen mit cholesterinreicher Nahrung stark verbreitet und bei Populationen und Bevölkerungsgruppen mit cholesterinarmer Nahrung relativ selten sind. Das ist zwar kein direkter Beweis dafür, daß Nahrungscholesterin koronare Herzanfälle verursacht, aber es könnte als ausgezeichnetes indirektes Indiz herangezogen werden – wäre da nicht eine dumme Kleinigkeit: Als diese Epidemiologen ihre Daten veröffentlichten, unterließen sie es, die Studien zu erwähnen, die einige ihrer Kollegen durchgeführt hatten. Offenbar mit gutem Grund, denn in den anderen Untersuchungen beschrieb man Bevölkerungsgruppen, die trotz ihres *hohen* Cholesterinkonsums wenig oder gar keine koronaren Herzattacken erlitten. Solche «Unterlassungen» werden von anderen Ärzten natürlich als bewußte Irreführung empfunden. Sie machen auch deutlich, daß epidemiologische Forschungsvorhaben nicht gerade die beste Methode sind, um die Ursachen für die heutige Verbreitung des Herzinfarkts in der westlichen Welt herauszufinden und abzustellen.

Kapitel 6

Die Hauptursache –
Das A-Typ-Verhaltensmuster

Wir sind überzeugt, daß die Hauptursache der koronaren Arterienleiden und Herzkrankheiten aus einem Komplex emotionaler Reaktionen besteht, dem wir die Bezeichnung A-Typ-Verhaltensmuster gegeben haben. Diese Überzeugung möchten wir jetzt ausführlich und, wie wir hoffen, stichhaltig begründen. Die Tatsache, daß sich bisher kaum eine Handvoll Forschungsmediziner mit den möglichen Zusammenhängen zwischen dem Gehirn und dem Herzen und seinen lebensspendenden Kranzgefäßen befaßt hat, bestärkt uns in diesem Vorhaben.

Als wir irgendwann zwischen 1955 und 1958 zum erstenmal die Möglichkeit erwogen, das Gehirn und seine Funktionen könnten sich auf koronare Arterienleiden und Herzkrankheiten auswirken, hatten wir schon über zehn Jahre lang Hunderte von Koronarpatienten in unseren Privatpraxen behandelt. Wir begrüßten sie, fragten, wie sie sich fühlten, maßen ihren Blutdruck, horchten ihr Herz ab und ließen dann von unserer Sprechstundenhilfe ein Elektrokardiogramm machen und eine Blutprobe zur Cholesterinanalyse entnehmen. Die Ergebnisse dieser Einzeluntersuchungen entschieden darüber, ob wir die Dosierung der verschiedenen Medikamente änderten oder nicht. Wir empfahlen natürlich jedem Patienten routinemäßig, (1) weiterhin seine Diät mit wenig tierischen Fetten, vielen ungesättigten Fettsäuren und wenig Cholesterin zu essen, (2) weiterhin sein Programm für körperliche Betätigung einzuhalten und (3) weiterhin möglichst wenig Zigaretten zu rauchen. Die Patienten erkundigten sich bei jedem Besuch selbst, wie hoch ihr Blutdruck sei, wie hoch ihr Cholesterinspiegel letztesmal gewesen sei und ob ihr neues EKG sich irgendwie «gebessert» habe. Wenn sie diese (manchmal guten, manchmal bösen) Informationen erhalten hatten, verabschiedeten sie sich, blieben noch kurz am Schreibtisch der Sekretärin stehen, um den nächsten Termin zu vereinbaren, und gingen.

Manchmal brüteten wir allerdings länger über dem «Koronarzustand» eines Patienten und fragten uns, ob wir ihm wirklich auf eine sinnvolle Art halfen. Wenn wir dabei (wie es ziemlich oft geschah) zu dem Schluß kamen, daß unsere therapeutischen Maßnahmen dem Kranken mehr imponierten als nützten, rechtfertigten wir uns sofort mit dem Argument, wir hätten schließlich unser Bestes getan und kein anderer Arzt hätte viel mehr tun können.

Aber wir hätten schon in jenen Jahren viel mehr tun können. Wir hätten jeden einzelnen Patienten *als Ganzheit, als Individuum* betrachten können. Wir hätten sein Gesicht, seine Gestik untersuchen und genau auf den Tonfall seiner Stimme achten können. Wir hätten uns merken können, welche Themen er anschnitt, wenn er gerade nicht von der Behandlung oder von der Krankheit sprach. Wir hätten ihn nach seinen Wünschen und Zielen, Träumen, Prinzipien, Befürchtungen und Ängsten fragen können. Sie möchten jetzt vielleicht wissen, warum wir all das unterlassen haben. Vielleicht hatten wir zuviel zu tun, um uns mit solchen Dingen zu beschäftigen. Oder wir sahen damals noch nicht, inwiefern uns die Antworten auf derartige Fragen bei seinem Herzproblem weiterhelfen konnten. Wir hatten eben noch nicht begriffen, daß uns jeder einzelne Koronarpatient Signale sandte und – wenn auch unbewußt – versuchte, uns etwas über seine ziemlich eigenartige Verhaltensstruktur zu erzählen.

Wenn uns ein Koronarpatient 1952 gesagt hätte: «Herr Doktor, ich glaube fast, der emotionale Stress, unter dem ich seit Jahren stehe, ist die eigentliche Ursache meiner koronaren Herzkrankheit» – was wäre dann passiert? Wahrscheinlich hätten wir nachsichtig genickt und höflich gewartet, bis er seinen Gedankengang beendet hätte. Dann hätten wir ihm vielleicht erklärt, sein Cholesterinspiegel sei «ein bißchen besser» geworden, doch auf den emotionalen Stress wären wir gar nicht mehr zurückgekommen. Wie unsere Kollegen, waren auch wir vor zwanzig Jahren intellektuell einfach noch nicht darauf vorbereitet, emotionalen Stress als mögliche Ursache für koronare Herzkrankheiten zu erwägen. Dürfen wir zu unserer Verteidigung das (zugegebenermaßen schwache) Argument vorbringen, daß sich unsere wissenschaftlichen Bemühungen damals auf das Cholesterin konzentrierten und daß wir keine psychiatrisch ausgerichteten Ärzte waren?

Wenn wir an einen bestimmten Vorfall aus der damaligen Zeit zurückdenken, schämen wir uns allerdings noch heute. Wir hatten einen Polsterer kommen lassen, der die Sitze der Stühle in unserem Wartezimmer reparieren sollte. Nachdem er unsere Stühle inspiziert hatte, fragte er uns, was für eine Praxis wir hätten. Wir sagten, wir seien Fachärzte für Herzkrankheiten, und erkundigten uns, warum er sich dafür interessiert habe. «Nun», antwortete er, «ich habe mich darüber gewundert, daß die Sitze bei Ihnen nur an der Vorderkante abgescheuert sind.» Wenn wir wach gewesen wären, hätten wir vielleicht über diese Bemerkung nachgedacht und begriffen, was sie über das Verhalten unserer Koronarpatienten aussagte.

Die Persönlichkeit dieser Patienten begannen wir zum erstenmal ernstlich zu erwägen, als wir die bisherigen Forschungsergebnisse über die Rolle des Nahrungscholesterins bei koronaren Herzkrankheiten in einem Aufsatz zusammenfassen wollten und zu diesem Zweck die Fachliteratur durchforsteten. Es gab einfach zu viele ausgezeichnete Untersuchungen, aus denen hervorging, daß weder der Cholesterin- noch der Fettanteil der Nahrung in jedem Fall die Koronarkrankheit erklären konnte, die sich bei dem Menschen entwickelte, der die betreffende Nahrung zu sich nahm. Also mußten noch andere Faktoren mitspielen!

Diese Annahme wurde Gewißheit, als wir die Eßgewohnheiten einer repräsentativen Freiwilligengruppe von jungen Sportlehrerinnen aus San Francisco mit den Eßgewohnheiten ihrer Männer verglichen. Da weiße Amerikanerinnen lange nicht so oft eine koronare Herzkrankheit bekommen wie ihre Männer, hatten wir gemeint, mit unserer Studie zeigen zu können, daß diese Frauen dementsprechend weniger Cholesterin und tierische Fette essen als ihre Ehepartner. Die beiden Gruppen nahmen jedoch genau die gleiche Nahrung zu sich. Was schützte die Frauen vor der Koronargefahr? Ihre weiblichen Geschlechtshormone, hatten die meisten unserer Kollegen seit Jahren lautstark behauptet. Wenn sie das Rätsel allerdings lange genug von allen Seiten beleuchtet hätten, wären sie nicht zu einer so haltlosen Schlußfolgerung gekommen. Sie hätten sich erstens daran erinnert, daß weibliche Versuchstiere für experimentell herbeigeführte Koronarkrankheiten ebenso anfällig sind wie ihre männlichen Gegenstücke, und zweitens – und vor allem – wäre ihnen eingefallen, daß weiße Frauen verschiedener Länder außerhalb der USA ebensooft an koronaren Herzkrankheiten leiden wie ihre Männer. In mehreren Studien, die in verschiedenen Gebieten der Vereinigten Staaten durchgeführt wurden, hat man außerdem festgestellt, daß *schwarze* Frauen eine etwas *größere* Anfälligkeit für koronare Herzkrankheiten aufweisen als schwarze Männer. Wenn die weißen Amerikanerinnen ihre relative Immunität gegen diese Krankheiten ihren Geschlechtshormonen zu verdanken hätten, müßten sich diese Hormone in chemischer und biologischer Hinsicht von den Hormonen der meisten anderen Frauen unseres Planeten unterscheiden. Eine solche Hypothese fanden wir lächerlich, und das hat sich bis heute nicht geändert.

Wir waren nach jener Untersuchung der Eßgewohnheiten also ein bißchen durcheinander, aber die damalige Vorsitzende des Sportverbands aus San Francisco ließ sich nicht aus der Fassung bringen. «Ich habe Ihnen ja von Anfang an gesagt», erklärte sie, «daß wir genau das gleiche essen wie unsere Männer und daß Sie auch nichts anderes herausfinden würden. Wenn Sie wirklich den Grund wissen möchten, weshalb unsere Männer Herzanfälle bekommen, will ich es Ihnen erzählen.»

«Und welcher Grund sollte das sein?» fragten wir, möglicherweise ein bißchen herablassend (das sind Ärzte manchmal unwillkürlich, wenn ein Laie ihnen erklärt, er kenne die Lösung eines uralten medizinischen Rätsels).

«Es ist der Stress, der Stress, unter dem sie im Beruf stehen. Das ist die Ursache für ihre Herzkrankheit», antwortete sie wie aus der Pistole geschossen.

Und in jenem Augenblick wurde unsere Theorie vom A-Typ-Verhalten und seiner wahrscheinlichen Beziehung zu koronaren Herzkrankheiten geboren.

Wir hatten uns offensichtlich eine ganze Menge vorgenommen. Zunächst beschlossen wir, Fragebögen an hundertfünfzig Geschäftsleute aus Industrie- und Handelskreisen von San Francisco zu schicken. Diese Männer sollten uns mitteilen, welches besondere Phänomen oder welcher Verhaltenskomplex (wir führten etwa zehn Gruppen auf, zwischen denen sie sich entscheiden konnten) bei einem ihrer Freunde oder Bekannten vor einem «Herzanfall» zu beobachten gewesen sei. Wir waren kaum überrascht, als wir feststellten, daß über 70 Prozent dieser Männer glaubten, das Hauptmerkmal ihrer infarktbedrohten Freunde sei ein «übermäßiger Leistungstrieb, verbunden mit dem Bemühen, Termine unbedingt einzuhalten». Weniger als 5 Prozent der antwortenden Geschäftsleute glaubten, daß der Herzanfall ihrer Freunde durch den exzessiven Konsum fettreicher Mahlzeiten, durch zu starkes Zigarettenrauchen oder durch Mangel an körperlicher Bewegung beschleunigt worden sei. Da wir sehr gut wußten, daß kein Herausgeber eines medizinischen Fachblatts diese relativ isolierten Daten veröffentlichen würde, stellten wir hundert Internisten, die Koronarfälle behandelten, ähnliche Fragen. Die Mehrheit dieser Ärzte war ebenfalls der Meinung, das auffälligste Phänomen, das sie bei ihren Patienten vor deren Herzanfall beobachtet hätten, sei ein «übermäßiger Leistungstrieb, verbunden mit dem Bemühen, Termine unbedingt einzuhalten».

Diese Ergebnisse verwirrten uns nicht wenig. Obgleich die angehenden Patienten und ihre angehenden Ärzte über die wahrscheinliche Ursache eines «Herzanfalls» einer Meinung waren, wurde diese Ursache von den medizinischen Auguren jener Zeit noch nicht einmal im entferntesten erwogen. Die Antworten der Geschäftsleute konnten wir unter Umständen mit mangelndem Fachwissen, Unerfahrenheit oder Naivität erklären, aber bei den unorthodoxen Antworten der Umfrageteilnehmer aus Kollegenkreisen ging das nicht. Damals konnte man kaum eine Fachzeitschrift finden, ohne daß man auf eine weitere Untersuchung stieß, aus der hervorging, «Herzanfälle» würden mit fast hundertprozentiger Gewißheit durch unvorsichtige Eßgewohnheiten, zu großen Zigarettenkonsum oder zu wenig körperliche Betätigung herbeigeführt.

Im Rückblick sind wir stolz darauf, daß es die meisten Ärzte, denen die Verantwortung für Herzpatienten oblag, schon damals vorzogen, sich ihre eigene Meinung über die wahrscheinlichen Ursachen von koronaren Herzkrankheiten zu machen, ohne viel auf die Ergebnisse der «Experten» zu geben. Wir wußten jedenfalls, daß wir weitersuchen mußten. Wir fühlten uns verpflichtet, ein für allemal herauszufinden, ob die Persönlichkeit und das Verhalten des Menschen tatsächlich eine Rolle bei koronaren Arterienleiden und Herzkrankheiten spielten.

Eine der ersten Schwierigkeiten bestand darin, genau zu ermitteln, welche emotionalen Merkmale von Bedeutung waren. Diese Ermittlung war nicht leicht, und wir fügen dem Gesamtkomplex der Persönlichkeitsmerkmale, die wir unter der Bezeichnung A-Typ-Verhaltensmuster zusammenfassen, noch heute, mehr als ein Jahrzehnt nach Beginn unserer Studien, neue Elemente hinzu. Wir haben jedoch von Anfang an gewußt, daß jeder Mensch, der chronisch unter Zeitdruck zu leiden glaubt und von einem *übermäßigen* Leistungstrieb und Rivalitätsdenken beherrscht wird, das A-Typ-Verhalten aufweist – ohne Rücksicht darauf, aus welchen Einzelmerkmalen diese Verhaltensstruktur *insgesamt* besteht. Wir konnten also verschiedene biochemische und epidemiologische Untersuchungen durchführen, obwohl wir noch damit beschäftigt waren, sämtliche Persönlichkeitsmerkmale des A-Typs herauszufinden.

Daß chronischer Zeitdruck, abnormer Leistungstrieb und ausgeprägtes Rivalitätsdenken zu dem Verhaltensmuster gehörten, stellten wir bereits fest, als wir an unsere bisherigen Koronarpatienten zurückdachten. Wenn diese Kranken unter 65 waren, litten sie fast unweigerlich unter vermeintlichem Zeitdruck und äußerten alle Symptome des Leistungstriebs und Rivalitätsdenkens. Vielleicht waren es dieser Leistungstrieb und dieses Rivalitätsdenken, die ihre innere Feindseligkeit oder Aggressivität oft schon beim geringfügigsten Anlaß durchbrechen ließen. Eine feindselige Grundhaltung wiesen unsere Koronarpatienten nämlich fast alle auf. Unbewußt hatten sie lange, sehr lange versucht, uns über ihre Persönlichkeitsmerkmale aufzuklären, doch wir hatten zuviel zu tun gehabt oder hatten uns zuviel um andere

64

Dinge gekümmert, um diese «Signale» empfangen, geschweige denn deuten zu können.

Damals argumentierten wir, wenn das A-Typ-Verhaltensmuster den Betreffenden tatsächlich für koronare Arterienleiden und Herzkrankheiten anfällig mache, müßten auch solche Menschen einige typische biochemische Besonderheiten Koronarkranker aufweisen, die zwar noch keine koronare Herzkrankheit hatten, aber die A-Verhaltensstruktur besaßen. Also fahndeten wir nach Männern, die offenbar gesund waren, jedoch dauernd unter intensivem Zeitdruck standen, von einem stark entwickelten Leistungstrieb und Rivalitätsdenken verfolgt wurden oder eine leicht ausbrechende feindselige Grundhaltung hatten. Allein konnten wir natürlich nicht genügend Männer mit solchen Charakterzügen finden, so daß wir Kollegen und Freunde baten, uns bei der Suche zu helfen. Inzwischen haben wir über zwölf Jahre lang ausgewählte Gruppen dieser Männer untersucht. Welche Ergebnisse hatten diese Untersuchungen?

Erstens besteht kein Zweifel an der Tatsache, daß der Cholesterinspiegel mit der Intensität des A-Typ-Verhaltens schwanken kann. Wir beobachteten zum Beispiel den Cholesterinspiegel einer Gruppe von Buchhaltern. Der Test dauerte von Januar bis Juni. Als der erste große Steuertermin (der 15. April) nahte und sich bei den Buchhaltern das Gefühl des Zeitdrucks verschärfte, stieg ihr Blutgehalt an Cholesterin. Im Mai und in den ersten Junitagen, als sie praktisch gar nicht mehr unter Zeitdruck standen, fiel der Cholesterinanteil. Diese Schwankungen des Cholesterinpegels konnten also nur auf ihrem emotionalen Stress beruhen – denn die Buchhalter hatten während des Beobachtungszeitraums weder ihre Eßgewohnheiten noch ihr Rauchverhalten oder ihr gewohntes Maß an körperlicher Betätigung geändert.

Hier war also der erste umfassend dokumentierte und nachprüfbare Beweis, daß unser Gehirn und seine Funktionen den Blutgehalt an Cholesterin beeinflussen können. Diesen Beweis hatten wir unter *kontrollierten* Testbedingungen erbracht. Wir erinnern uns noch genau daran, wie wir die Ergebnisse der Studie auf der Jahresversammlung der American Heart Association bekanntgaben. Nach unserem Referat herrschte absolutes Schweigen – keine Fragen, keine Kommentare, keine kritischen Einwände, nur Schweigen! Ob diese Resultate von anderen Forschern bestätigt wurden? Ja, und zwar mehrmals. Ob wir auch imstande sind, das Gehirn von Versuchstieren experimentell zu beeinflussen, so daß ihr Cholesterinspiegel steigt? Ja, auch das ist uns schließlich gelungen.

Nachdem wir nachgewiesen hatten, daß die A-Typ-Verhaltensstruktur sich auf den Cholesterinspiegel auswirken kann, untersuchten wir ihre möglichen Effekte auf andere Substanzen, die im Blut enthalten sind. Dabei stellten wir fest, daß Menschen, die eine *ausgeprägte* Form des A-Verhaltens aufwiesen, den gleichen anomalen Blutgehalt an Fetten und Hormonen hatten wie die Mehrheit unserer Koronarpatienten. Anders gesagt: Unsere Versuchspersonen vom A-Typ zeigten dieselben ungewöhnlichen Blutmerkmale, die nach Ansicht vieler Ärzte einer koronaren Herzkrankheit vorausgehen und diese möglicherweise auslösen. Wir konnten nicht dem logischen Schluß widerstehen, daß die Verhaltensstruktur die ungewöhnlichen Erscheinungen verursacht.

Manche Ärzte haben uns natürlich gefragt, wie wir wissen können, daß es nicht die Blutmerkmale sind, die dem Verhaltensmuster vorausgehen und es entstehen lassen. Auf solche Fragen antworten wir jedesmal: «Herr Kollege, glauben Sie wirklich, daß ein hoher Blutgehalt an Cholesterin oder Fett einem Menschen das Gefühl gibt, er stehe dauernd unter Zeitdruck? Und glauben Sie wirklich, daß ein leichter Diabetes einen Menschen zu Leistungen und zum Rivalitätsdenken anspornt? Wenn ja, müssen Sie auch glauben, daß reine Materie den Geist bewegen kann, und dieses Phänomen wäre weit interessanter als alle koronaren Herzkrankheiten zusammen.»

Wir machten nicht nur biochemische, sondern auch epidemiologische Untersuchungen. Zuerst arbeiteten wir mit ungefähr achtzig Geschäftsleuten und akademischen Freiberuflern aus dem Gebiet von San Francisco, die nach Ansicht ihrer Bekannten und Kollegen eine A-Verhaltensstruktur hatten. Zu Vergleichs- oder Kontrollzwecken hatten wir uns auch ungefähr achtzig Männer aussuchen lassen, die das gegenteilige Verhaltensmuster besaßen, also zum B-Typ gehörten – Männer, die nicht unter chronischem

Zeitdruck standen, keinen übermäßigen Leistungstrieb aufwiesen, nicht von Rivalitätsdenken geplagt wurden und nicht unter einer feindseligen Grundhaltung oder unter latenter Aggressivität litten. Es war nicht leicht, im Großstadtdschungel von San Francisco achtzig Männer aufzutreiben, die sich im beruflichen Alltag nicht gehetzt fühlten, keinen abnormen Leistungs- oder Konkurrenzdruck spürten und nicht bei dem geringfügigsten Anlaß Aggressionsverhalten aufwiesen. In der Stadtverwaltung und bei der Berufsgenossenschaft der Einbalsamierer fanden wir sie dann aber. Die achtzig Männer vom A-Typ hatten einen höheren Blutgehalt an Cholesterin als die achtzig Männer vom B-Typ. Das entsprach dem Ergebnis der ersten Untersuchung.

Was uns damals jedoch überraschte (heute würden wir es von vornherein erwarten), war die Tatsache, daß 28 Prozent dieser offenbar ganz gesunden Männer bereits eine koronare Herzkrankheit *hatten*. Insgesamt hatten die Männer vom A-Typ (die 35 bis 60 Jahre alt waren) sogar *siebenmal* soviel Koronarkrankheiten wie die B-Männer, obwohl die Eßgewohnheiten und die körperliche Betätigung beider Gruppen beinahe identisch waren.

Wir wunderten uns nicht, als wir feststellten, daß unsere B-Männer einen durchschnittlichen Cholesterinspiegel von etwa 210 mg/100 ml aufwiesen, obgleich sie die typische amerikanische Nahrung mit viel Cholesterin und tierischen Fetten zu sich nahmen. Warum wir uns nicht wunderten? Weil uns die erste Freiwilligenstudie mit den Buchhaltern bereits gezeigt hatte, daß der Cholesterinpegel eines Menschen ebensosehr von seinen Gefühlen wie von seinen Mahlzeiten abhängen kann. Deshalb hatten unsere B-Männer, die genauso kräftig und reichlich aßen wie ihre A-Kollegen, keinen höheren Blutgehalt an Cholesterin als die Angehörigen einiger «primitiver» Rassen, die sehr wenig Cholesterin und Tierfett verspeisen.

Nach diesen Untersuchungen an A-Männern und B-Männern studierten wir weiße Amerikanerinnen mit A-Verhalten und B-Verhalten und fanden unsere bisherigen Resultate bestätigt: Die A-Frauen hatten einen weit größeren Blutgehalt an Cholesterin als die B-Frauen (interessanterweise war der Cholesterinspiegel bei unseren A-Frauen sogar noch höher als bei unseren A-Männern). Die Frauen mit dem A-Verhaltensmuster litten außerdem viel häufiger unter koronaren Herzkrankheiten als die Frauen mit dem B-Verhalten, nämlich ebensooft wie die Männer mit dem A-Verhalten.

«Warum», könnten Sie nun fragen, wenn unsere Daten richtig sind, «warum scheinen die meisten weißen Amerikanerinnen trotzdem viel besser vor koronaren Herzkrankheiten geschützt zu sein als die Männer?» Weil es in Amerika *vergleichsweise* wenig weiße Frauen vom A-Typ gibt. Den beruflichen und ökonomischen Zwängen, die das A-Typ-Verhaltensmuster fördern, sind in den USA – und auch in den anderen Industriestaaten – viel mehr Männer als Frauen ausgesetzt. Zumindest in der unmittelbaren Vergangenheit sind die meisten Amerikanerinnen nicht berufstätig gewesen, sondern zu Haus geblieben, und obgleich sie auch dort viele Dinge zu tun hatten, mußten sie nur selten unter Bedingungen arbeiten, die im wesentlichen durch Termine und Fristen, Leistung und Wettbewerb, Aggressivität und Feindseligkeit bestimmt wurden. Die Mutter heranwachsender Kinder muß natürlich viele Probleme und Ängste meistern, und ihre Pflichten wachsen ihr manchmal über den Kopf, aber diese Art von Stress wirkt sich eindeutig nicht so schädlich aus.

Heute üben immer mehr Frauen einen Beruf aus, stehen unter Leistungszwang und Wettbewerbsdruck und müssen plötzlich feststellen, daß sie zuwenig Zeit haben. Werden sie auch häufiger unter koronaren Herzkrankheiten leiden? Wie aus neueren Statistiken hervorgeht, tun sie es bereits. In diesem Zusammenhang könnte man auch darauf hinweisen, daß sich das Koronarrisiko der japanischen Frauen vervierfacht hat, seit sie von dem amerikanischen General MacArthur von Heim und Herd «befreit» wurden. Dieser spektakuläre Anstieg – der im Moment von japanischen Epidemiologen untersucht wird – fand in einem Zeitraum von nur 26 Jahren statt und läßt sich nicht mit einer signifikanten Änderung der Eßgewohnheiten, des Rauchverhaltens oder der körperlichen Betätigung erklären. Schließlich müssen wir noch bedenken, daß weiße Amerikanerinnen heute schon öfter von koronaren Herzkrankheiten heimgesucht werden als die Männer vieler Länder, die nicht zur westlichen Welt gehören.

Unsere ersten Untersuchungen überzeugten vor einem Jahrzehnt allerdings nur wenige Kollegen. Manche Ärzte fanden unsere Daten «ganz interessant», vielleicht sogar «aufsehenerregend», doch unsere Schlußfolgerungen galten bestenfalls als «umstritten» (und in der Medizin hat das Wort «umstritten» meist einen eindeutig negativen Beigeschmack). Wenn wir mit unserer Annahme recht hätten, erklärte man, müßten wir auch eine Gruppe von Männern ohne die geringsten Anzeichen für koronare Herzkrankheiten studieren und dann «voraussagen» können, welcher Mann später eine solche Krankheit bekommen würde.

Wir nahmen diese Herausforderung an und baten in den Jahren 1960 und 1961 gesunde Männer, sich für eine solche Langzeitstudie zur Verfügung zu stellen. Mit Unterstützung der US-Unternehmen Bank of America, Standard Oil of California, Kaiser Industries und Lockheed Aircraft Corporation konnten wir über 3500 Männer in unsere Liste aufnehmen. Wir teilten sie nach ihrer Verhaltensstruktur ein und untersuchten sie unter vielen anderen Gesichtspunkten.

Inzwischen sind mehr als zehn Jahre vergangen, und mehr als 250 dieser ursprünglich gesunden Männer haben eine koronare Herzkrankheit bekommen. Ob uns die Ernährungsdaten, die wir damals erarbeiteten, bei der Voraussage halfen, wer das größte Risiko lief, später irgendwann einmal einen Herzanfall zu erleiden? Mitnichten! Gab uns das Ausmaß an körperlicher Betätigung Hinweise auf spätere Herzinfarkte? Keineswegs!

Das deutlichste Gefahrensignal war damals, 1960 und 1961, die A-Typ-Verhaltensstruktur. Versuchspersonen, die zum A-Typ gehörten (und 35 bis 60 Jahre alt waren), wurden in den nächsten zehn Jahren dreimal so oft koronarkrank wie Versuchspersonen mit dem B-Verhaltensmuster! Übrigens ist bis heute noch kein einziger Teilnehmer unserer Studie (Voraussetzung: normaler Blutdruck, keine Zuckerkrankheit), der das B-Verhalten, einen wirklich normalen Cholesterinspiegel (also unter 225 mg/100 ml) und normalen Blutfettgehalt (also unter 125 mg/100 ml) aufwies, koronarkrank geworden. Alle diese B-Männer schienen gegen den vorzeitigen Ausbruch einer koronaren Herzkrankheit gefeit zu sein – ganz gleich, wieviel Cholesterin und Fett ihre Nahrung enthielt, wie viele Zigaretten sie rauchten (die meisten rauchten allerdings nur wenige Zigaretten), wieviel sie wogen, ob sie Untergewicht oder Übergewicht hatten, ob ihr Vater oder ihre Mutter – oder beide – früher unter einer Koronarkrankheit litten. Für diese Männer hatten die meisten Risikofaktoren, die von den verschiedenen Ausschüssen der *American Heart Association* zusammengestellt wurden, offensichtlich keine Wirkung.

Die Männer, bei denen wir 1960 oder 1961 Symptome oder Anzeichen der *gesicherten* Ursachen für koronare Arterienleiden feststellten (diese Ursachen – erhöhter Blutdruck, Diabetes und erbliche Hypercholesterinämie – werden wir in Kapitel 10 beschreiben), waren natürlich auch anfälliger für Herzkrankheiten als Männer, die keines dieser Leiden hatten. Das gleiche galt für die Männer, die mehr als fünfzehn Zigaretten am Tag rauchten. Die Anfälligkeit dieser beiden Gruppen war jedoch nicht größer und gewöhnlich sogar kleiner als die Koronartendenz der Männer, die allein durch das A-Typ-Verhalten «ausgezeichnet» wurden. Selbstverständlich waren auch viele Männer vom A-Typ starke Raucher (die meisten B-Männer sind das nicht), und einige von ihnen litten ebenfalls unter hohem Blutdruck (die meisten B-Männer tun das nicht).

Diese «prophetischen» Ergebnisse erregten bei uns natürlich den starken Verdacht, daß die A-Typ-Verhaltensstruktur dem Ausbruch der koronaren Herzkrankheit nicht nur vorangeht, sondern auch ursächlich daran beteiligt ist. Doch bereits vor langer Zeit erklärte der große Bakteriologe Robert Koch, man könne den Tuberkulosebazillus nicht allein deshalb als Ursache für Tuberkulose akzeptieren, weil er bei jedem TBC-Kranken im Auswurf oder in anderen Absonderungen vorhanden sei. Man müsse vielmehr nachweisen, daß jedes Versuchstier, dem man diesen Bazillus injiziere, an Tuberkulose erkrankt. Die Hartnäckigkeit, mit der Koch darauf bestand, eine Krankheit oder krankhafte Störung, für die ein bestimmter Faktor verantwortlich gemacht werde, müsse zunächst mit eben diesem Faktor experimentell herbeigeführt werden, ehe man ihm endgültig die Schuld geben könnte, bildete den Kern seiner berühmten Leitsätze. Diese Leitsätze haben die Medizin mehr als einmal vor dem folgenschweren Irrtum bewahrt, Erreger, Faktoren oder Leiden als Ursache zu identifizieren, die in Wirklichkeit nur Begleiterscheinungen oder Folgeerscheinungen waren.

Vor Koch betrachtete man zum Beispiel Sümpfe oder gar die Nachtluft als wahrscheinliche Ursachen der Malaria. In vielen Teilen Italiens schrecken gebildete Leute, die es eigentlich besser wissen sollten, noch heute davor zurück, bei offenem Fenster zu schlafen. Zu den Herzkrankheiten ist folgendes zu sagen: Zwar sind schon viele angebliche Risikofaktoren entdeckt und publik gemacht worden, doch nur einer von ihnen hat bei Versuchstieren nachweislich koronare Arterienleiden ausgelöst – der überhöhte Cholesterinspiegel, den man durch Verabreichung ausreichender Cholesterinmengen erzielte. Es ist also möglich, daß alle anderen angeblichen Risikofaktoren in Wirklichkeit nur mit der wahren Ursache – oder mit den wahren Ursachen – einhergehen oder sogar von ihr hervorgerufen werden.

Obgleich wir das A-Typ-Verhaltensmuster bei Menschen diagnostiziert hatten, die schon koronarkrank waren oder später koronarkrank wurden, und obgleich wir bei Versuchspersonen mit diesem Verhaltensmuster alle biochemischen Anomalien nachgewiesen hatten, die dem Ausbruch von koronaren Herzkrankheiten zweifelsfrei vorangehen, konnten wir das A-Verhalten also immer noch nicht als gesicherte Ursache für koronare Arterienleiden oder Herzkrankheiten bezeichnen. Wäre Robert Koch noch am Leben, würde er bei der Prüfung unserer Ergebnisse experimentelle Nachweise verlangen. Wir müßten bei Versuchstieren demonstrieren, daß künstlich herbeigeführte emotionale Veränderungen entweder Koronarleiden bzw. Koronarkrankheiten auslösen oder eine bzw. mehrere der biochemischen Anomalien hervorrufen können, die mehr oder weniger zur Entstehung der Krankheiten beitragen.

Dieser Labornachweis ist uns vor einigen Jahren gelungen. Eine Ratte, bei der wir den Hypothalamus, das emotionale Gehirnzentrum, absichtlich verletzten, entwickelte sofort Verhaltensmerkmale, die dem A-Verhalten des Menschen entsprechen. Das Tier mit dem stimulierten Hirn spielte plötzlich nicht mehr mit seinen Artgenossen im Käfig. Es starrte uns vielmehr furchtlos an, und wenn wir die Klappe des Käfigs auch nur ganz wenig öffneten, schoß es sofort angriffslustig auf uns los. Es akzeptierte auch keine einzige Ratte neben sich im Käfig, ohne auf ihren Rücken zu springen und sie mit den Zähnen zu bedrohen. Wenn der Käfiggenosse eine scheue, harmlose Ratte war (wie die A-Typ-Ratte vor der Gehirnoperation), spürte die A-Typ-Ratte, daß sie keine Rivalität oder Konkurrenz zu befürchten hatte, ließ von dem anderen Tier ab und ignorierte es. Wenn das zweite Tier jedoch ebenfalls eine A-Typ-Ratte war, kam es zu einem erbitterten Kampf, der ohne unser Eingreifen unweigerlich mit dem Tod eines Tieres geendet hätte.

Wir fanden diese Verhaltensänderung zwar sehr interessant, doch am meisten erregte uns der drastische Anstieg des Cholesterinspiegels der A-Typ-Ratten. Inzwischen hätte nämlich selbst Robert Koch zugeben müssen, daß uns der experimentelle Nachweis gelungen war: Eine Funktionsänderung im Gehirn eines Versuchstieres, die zu einem veränderten emotionalen Stadium führt, kann und wird bei diesem Tier eine deutliche Zunahme des Blutgehalts an Cholesterin bewirken – und eine Steigerung des Blutgehalts an Cholesterin ist die einzige sichere Labormethode, um ein chronisches koronares Arterienleiden auszulösen.

Es war eine lange und manchmal sehr beschwerliche wissenschaftliche Expedition. Wir können nicht mit Sicherheit sagen, daß wir in diesen fünfzehn Jahren immer eine Route einhielten, die ebenso gerade zum Ziel führte wie der Zug der Singvögel in den Süden, aber wir glauben, daß wir uns diesem Ziel, der Feststellung der wahren Ursache für die epidemieähnliche Verbreitung der koronaren Arterienleiden und Herzkrankheiten, endlich bis auf wenige Schritte genähert haben. Wir begründen diesen Optimismus mit vier Entdeckungen: (1) Alle Menschen, die bereits eine koronare Herzkrankheit haben, leiden an einer mehr oder weniger ausgeprägten Form des A-Verhaltens; (2) Menschen mit dem A-Verhaltensmuster sind für diese Krankheit extrem anfällig; (3) Menschen vom A-Typ weisen die biochemischen Anomalien auf, die mit Koronarleiden einhergehen oder diese auslösen; (4) experimentell herbeigeführtes A-Verhalten – und das ist unser wichtigstes Ergebnis – führt zu der gefürchteten biochemischen Störung, die bisher die einzig nachweisbare Ursache für Koronarleiden ist. Aber jetzt ist es an der Zeit, Ihnen genau zu erklären, woraus das A-Typ-Verhaltensmuster besteht und wodurch es aller Wahrscheinlichkeit nach ausgelöst wird.

Was ist A-Verhalten?

Das A-Typ-Verhalten ist eine Gruppe von Emotionen und Gewohnheiten, die man bei jedem Menschen antrifft, der sich *aggressiv, chronisch* und *unablässig* bemüht, immer mehr Aufgaben in immer weniger Zeit zu schaffen, und dabei gegen den Widerstand der Dinge oder der anderen Menschen kämpft, wenn es nötig ist. Es handelt sich nicht etwa um eine Psychose oder um einen Komplex von Sorgen oder Ängsten oder Befürchtungen oder Zwangsvorstellungen, sondern um eine permanente Konflikthaltung, die von der Gesellschaft akzeptiert – und oft noch unterstützt – wird. Menschen mit einer solchen Verhaltensstruktur neigen auch leicht dazu, der latenten Aggressivität, die in ihnen schlummert, freie Bahn zu lassen, was sie aber vor sich selbst und vor anderen mit Scheinargumenten begründen. Dieses Verhaltensmuster gibt es natürlich in verschieden stark ausgeprägter Form. Da es eine Reaktion auf bestimmte Umweltfaktoren darstellt, braucht es sich nicht unbedingt zu manifestieren, wenn der betreffende Mensch nicht von seiner Umgebung herausgefordert wird. Es ist zum Beispiel möglich, daß ein von Termindruck getriebener, ganz auf Leistung eingestellter, aggressiver Zeitungsredakteur nicht das geringste Symptom seines A-Verhaltens äußert, wenn er wegen einer alltäglichen Krankheit im Krankenhaus liegt. Anders ausgedrückt: *Das A-Verhalten muß von einer – vermeintlichen oder echten – Herausforderung der Umwelt gezündet werden, um explodieren zu können.*

Der Mensch mit einem B-Typ-Verhaltensmuster ist das genaue Gegenteil des A-Menschen. Er wird nur sehr selten von dem Verlangen geplagt, in immer kürzerer Zeit immer mehr Dinge zu erledigen oder an immer mehr Sachen teilzunehmen. Er kann ebenso intelligent oder sogar noch intelligenter sein als der A-Mensch. *Er kann auch genauso ehrgeizig oder noch ehrgeiziger sein als der A-Mensch.* Gewöhnlich legt er ebenfalls Wert darauf, etwas zu leisten und im beruflichen Wettbewerb zu bestehen, doch sein Charakter scheint ihn zu stabilisieren, ihm Sicherheit und Selbstvertrauen zu geben, statt ihn dauernd anzustacheln, zu reizen und wütend zu machen, was bei Menschen mit dem A-Verhalten der Fall ist.

Wir haben viele Hunderte von Menschen beobachtet und nach ihren Verhaltensmerkmalen eingeteilt. Dabei kamen wir zu dem Ergebnis, daß fast alle amerikanischen Städter und Großstädter A-Menschen oder B-Menschen sind. Diese Polarität ist sicher nicht auf die USA beschränkt, sondern auch in den anderen Industriestaaten nachzuweisen. Wir haben festgestellt, daß die A-Menschen in der Überzahl sind; gewöhnlich stellten sie mehr als 50 Prozent aller von uns getesteten repräsentativen Bevölkerungsgruppen. Echte B-Menschen gibt es etwas seltener; sie machen etwa 40 Prozent der Gesamtbevölkerung aus. Bei den restlichen 10 Prozent handelt es sich um Personen, die Merkmale des A-Verhaltens und des B-Verhaltens aufweisen. Wenn wir unsere Testmethoden noch weiter verfeinern – woran wir natürlich ständig arbeiten –, werden wir sicher noch viele Menschen aus dieser Mittelgruppe eindeutig dem A-Typ bzw. dem B-Typ zuordnen können. Die überwältigende Mehrheit der Amerikaner besitzt also, anders ausgedrückt, entweder ein A-Verhaltensmuster oder ein B-Verhaltensmuster, das natürlich individuell unterschiedlich ausgeprägt ist.

Wir möchten noch einmal betonen, daß der soziale oder wirtschaftliche Status eines Mannes oder einer Frau nicht darüber entscheidet, ob er bzw. sie zum A-Typ oder B-Typ gehört. Auch Bankdirektoren und Wirtschaftskapitäne können ein B-Verhaltensmuster haben (vielleicht ist das sogar bei den meisten der Fall). Umgekehrt gibt es sicher viele Pförtner, Schuhverkäufer, Fernfahrer, Architekten und Blumenhändler, die zum A-Typ gehören. Warum das so ist? Weil (1) die innere Einstellung zum Beruf oder zur Stellung nichts mit dem Zeitdruck zu tun hat, der für das A-Verhalten typisch ist; weil sich (2) der übermäßige Leistungstrieb und das Rivalitätsdenken häufig nicht auf wichtige Angelegenheiten, sondern auf Kleinigkeiten richten, die überhaupt nichts mit dem gesellschaftlichen oder beruflichen Erfolg zu tun haben, und weil (3) Beförderung und Weiterkommen gewöhnlich nur den Menschen winken, die klug und zurückhaltend sind, nicht aber denen, die hastig und überstürzt vorgehen; wer taktvoll und feinfühlig ist, hat größere Chancen als der Aggressive, und wer kreativ ist, fährt besser als der Kollege, der seine Energie bei Rivalitätskämpfen verschleißt. Das gilt besonders für größere Firmen und Institutionen, letzten Endes aber auch für Selbständige. (Und wenn Sie, liebe Leserin, zufällig mit einem Manager, Anwalt, Arzt oder Blumenhändler vom A-Typ verheiratet sind, sollten Sie sich den dritten Punkt immer wieder vor Augen halten – obwohl Ihr Mann wahrscheinlich behauptet, das Ganze sei eine Lüge!)

Bevor wir ein genaues Bild vom A-Menschen zeichnen, möchten wir möglichen Mißverständnissen vorbeugen. Wir sind keine Psychologen. Wir bemühen uns nur, die Anzeichen und Symptome so zu schildern, *wie wir sie beobachtet haben.* Wir sind überzeugt, daß sie in ihrer Gesamtheit ein spezifisches Verhaltensmuster bilden, und wir *wissen* aus unserer eigenen Berufserfahrung, daß diese Gruppe von Persönlichkeitsmerkmalen eng mit der Entstehung von koronaren Arterienleiden und koronaren Herzkrankheiten zusammenhängt. Fachleute werden unsere *psychologische* Analyse möglicherweise – und vielleicht mit Recht – als oberflächlich abqualifizieren. Ihre *medizinische* Bedeutung wird davon aber nicht berührt. A-Menschen neigen zu Herzkrankheiten, und A-Menschen werden durch bestimmte Verhaltensmerkmale und Angewohnheiten charakterisiert.

Das Gefühl des Zeitdrucks oder die moderne «Zeitkrankheit»

Das bezeichnendste Merkmal des A-Menschen ist das Gefühl, ständig unter Zeitdruck zu stehen, also die «Zeitkrankheit». Warum meint der A-Mensch so häufig, er hätte nicht genug Zeit, all die Dinge zu erledigen, die er tun zu müssen glaubt oder tun möchte, während der B-Mensch davon überzeugt ist, daß er genug Zeit für alles hat, was er schaffen muß? Die Antwort ist ziemlich einfach. Der A-Mensch bemißt den Zeitraum für die Dinge, die er erledigen muß oder an denen er teilnehmen möchte, ständig zu kurz. Selbst wenn es ihm wie durch ein Wunder gelänge, die Zeit ein einziges Mal so zu strecken, daß sie für alle seine Vorhaben reicht, wäre er noch nicht zufrieden. Er würde versuchen, sie noch ein zweites, drittes oder viertes Mal zu strecken.

Menschen vom A-Typ leiden nämlich unter einer grundlegenden Krankheit: Sie begreifen nicht die einfache Tatsache, daß die Zeit eines Menschen von seinen Tätigkeiten aufgezehrt werden kann – oder sie wollen sich nicht mit dieser Tatsache abfinden, und das ist noch schlimmer. Sie hören also nie auf, immer mehr Dinge in ihre schrumpfenden Zeitreserven «hineinzustopfen». Diese unaufhörlichen Bemühungen, dieser ewige *Kampf* gegen die Zeit führt unserer Ansicht nach sehr oft dazu, daß A-Menschen vorzeitig von koronaren Herzkrankheiten ins Grab gebracht werden.

Um Zeit zu sparen, neigt der A-Mensch dazu, sich selbst Termine zu setzen. Er glaubt unterschwellig, wenn er sich für eine bestimmte Aufgabe eine absichtlich zu knapp bemessene Frist zugesteht, werde er es schon irgendwie schaffen, seinen Erzfeind – die Zeit – zu besiegen. Da er häufig nicht nur einen, sondern viele, manchmal sogar ein Dutzend Termine «erfindet», unterwirft er sich einem mehr oder weniger kontinuierlichen Zeitdruck. Diese selbstgewollte Tyrannei bildet oft die Grundlage des A-Typ-Verhaltens. Wer sein Leben so mit Terminen und Fristen vollstopft, daß er für die lebenswerten Dinge keine Zeit mehr hat und die inneren Werte vernachlässigt, verübt eine besonders schreckliche Form der Selbstverstümmelung.

Wenn der A-Mensch den wachsenden Zeitdruck, den er sich selbst zuzuschreiben hat, nicht bremst und kontrolliert, kommt es zu einem Phänomen, das seine kreativen Fähigkeiten und seine Urteilskraft mindern kann – und es auch sehr oft tut. Dieses Phänomen ist das stereotype Handeln und Denken. Um Zeit zu sparen, neigt der A-Mensch zunehmend dazu, immer in den gleichen Bahnen zu denken und alles nach dem gleichen Schema zu erledigen. Offenbar glaubt er (bewußt oder unbewußt), er könne eine Aufgabe *schneller* schaffen, wenn er jedesmal die vorher «verschlüsselten» Gedanken- und Handlungsabläufe anwende. Er gibt sich keine Mühe mehr, «besser» oder «anders» zu arbeiten und zu denken, sondern will es nur noch «schneller» machen. Er zeigt mit anderen Worten stereotype Reaktionen. Er ersetzt schöpferische Energie durch ständige Eile.

Oft steht er jedoch vor Herausforderungen, die man nicht mit stereotypen Reaktionen bewältigen kann, bei denen man sich etwas Neues einfallen lassen muß. In solchen Augenblicken erwacht sein Zorn auf die Kollegen vom B-Typ, die sich bei der Arbeit keinem Rivalitäts- oder Leistungsdruck unterwerfen und, wie er meint, «langsam wie eine Schnecke» vorankommen. Der intelligente B-Mensch ist nämlich wenigstens dann und wann imstande, sich von den stählernen Fesseln des stereotypen Denkens und Handelns freizumachen. *Er* hat genug Zeit, um in aller Ruhe zu überlegen, Alternativen abzuwägen, Experimente zu machen und sich den produktiven Tagträumen hinzugeben, bei denen man so oft eine «Inspiration» hat, also einen Zusammenhang zwischen zwei, drei oder sogar vier Ereignissen, Fakten oder Abläufen entdeckt, die anscheinend nichts miteinander zu tun haben. Diese Einsichten sind aber Voraussetzung für neuartige und kreative Lösungen.

Weil sich die A-Menschen so verzweifelt bemühen, in immer kürzerer Zeit immer mehr zu schaffen, verlieren sie in den meisten Fällen entscheidend an Kreativität und Urteilskraft. Dieses Manko versuchen sie krampfhaft dadurch wettzumachen, daß sie ihre Aufgaben möglichst schnell erledigen. Wenn sie manchmal trotzdem noch überragendes Können beweisen, beruht es gewöhnlich auf den originellen und schöpferischen Ideen, die sie in jüngeren Jahren entwickelten – bevor sie sich *hundertprozentig* vom A-Typ-Verhalten beherrschen ließen. Dieser früher angesammelte Ideenvorrat nützt ihnen allerdings nur dann etwas, wenn ihre Umwelt und die an sie gestellten Anforderungen relativ unverändert bleiben.

Eine der großen Tragödien des A-Verhaltens besteht darin, daß es langsam aber sicher die Anpassungsfähigkeit an die völlig neuen Anforderungen der modernen Gesellschaft untergräbt. Es war immer wieder schmerzlich für uns, wenn wir beobachten mußten, wie hilflos Männer und Frauen mit ausgeprägtem A-Verhalten waren, wenn sie vor einer solchen Herausforderung standen. Verzweifelt versuchten sie, noch schneller in der gewohnten Bahn zu laufen, um ein Problem zu bewältigen, das man nicht durch stereotypes und übereiltes Denken, sondern nur durch reifliches und kreatives Überlegen und «Meditieren» lösen kann – ohne dauernd auf die Uhr zu schauen. Leider stecken unzählige Menschen schon so tief in der Sackgasse, daß ihnen das rettende Wendemanöver nicht mehr aus eigener Kraft gelingt. Eines Tages kann ihnen das A-Verhalten den Herztod bringen. Daß es sie geistig und seelisch zermürbt, steht fest.

Die Jagd nach Zahlen

Der Mensch unterscheidet sich nicht nur insofern von den anderen Lebewesen, als er sprechen und sich Sorgen über die Zukunft machen kann. Auch seine Begeisterung für das Anhäufen materieller Güter wird von keinem Tier geteilt. Zugegeben, Eichhörnchen sammeln Nüsse und Bienen sammeln Honig, aber sie tun es allein aus praktischen Gründen – um im Winter nicht zu hungern. Sie tun es nicht, weil sie Spaß daran haben, immer noch mehr zusammenzuraffen, obgleich sie schon genug besitzen. Dieses Phänomen ist typisch menschlich.

Der Erwerbstrieb, der beinahe angeboren zu sein scheint, äußert sich bereits in der Kindheit. Wir haben zum Beispiel alle schon einmal erlebt, wie unbändig sich ein kleiner Junge über seine erste elektrische Eisenbahn freut, obgleich sie vielleicht nur aus einer Lokomotive und ein paar Güterwagen besteht. Später, wenn er immer mehr Spielzeuglokomotiven, Güterwagen und Gleise zum Geburtstag oder zu Weihnachten bekommt, fängt er unweigerlich an, die einzelnen Teile zu *zählen* – statt sich darüber zu *freuen*. Ein ähnlicher Prozeß findet statt, wenn er beginnt, Murmeln, Briefmarken oder andere Dinge zu sammeln.

Wir werden meist irgendwann reif genug und sehen ein, daß man besser fährt, wenn man ein hübsches Mädchen liebt und heiratet, als wenn man ständig neuen Eroberungen nachjagt. Wir legen die Spielzeugeisenbahnen, Murmeln, Puppen, Briefmarken und Kronenkorken unserer Kindheit beiseite und konzentrieren uns auf Vorhaben, die man nicht an der Zahl mißt. Als Eltern bemühen wir uns nur selten darum, möglichst viele Kinder zu bekommen. Wir geben uns damit zufrieden, wenige Kinder gut zu erziehen. Auch im Beruf gelingt es wenigstens der Hälfte von uns, sich in erster Linie mit Dingen zu beschäftigen, die nichts mit Zahlen zu tun haben – man braucht den Gütern dieser Erde deshalb ja nicht völlig zu entsagen. Der eingefleischte A-Typ wird in dieser Hinsicht jedoch nur selten reif.

Da der A-Mensch von Zahlen besessen ist und da so viele Dinge auf der Welt in Währungseinheiten (nämlich Mark, Dollar, Pfund und Franc) ausgedrückt werden, scheint es ihm in erster Linie um das liebe Geld zu gehen. Bevor wir unsere Patienten und Freunde vom A-Typ durchschauten, neigten wir zu der Annahme, sie liebten das Geld um seiner selbst willen. Das stimmt jedoch nicht. Den Geschäftsmann mit A-Verhalten reizt nicht das Geld an sich, und er ist weder darauf angewiesen noch darauf erpicht, sich ein besseres und größeres Haus oder Auto zu kaufen als seine Bekannten (auch wenn er letzten Endes genau das tut). Geldscheine sind für ihn nur die Punkte oder Chips des «Zahlenspiels», dem er sich verschrieben hat. «Letztes Jahr haben wir einen Gewinn von fünf Millionen Dollar vor Steuern gemacht», erklärt ein Manager vom A-Typ voller Stolz. «Letztes Jahr habe ich hundertfünfzig Blinddärme operiert», verkündet der A-Chirurg ebenso stolz. «Letztes Jahr hat unser Institut achtzehn Aufsätze untergebracht», prahlt der A-Wissenschaftler womöglich noch stolzer. Sie, lieber Leser, werden bemerken, daß jeder auf die «Zahlen» stolz ist, die er geschafft hat.

Menschen mit der A-Verhaltensstruktur benutzen das Geld nur als Maßeinheit für ihre Tüchtigkeit und ihre Leistungen und geben es dann meist zum großen Teil für ziemlich unnütze Dinge aus. Man kann einen A-Mann ganz gut mit einem Jugendlichen vergleichen, der begeistert Monopoly spielt. Beide benutzen jede Gelegenheit, die Papierzettel zu bekommen, die sie für den «Sieg» brauchen, doch wenn das Spiel zu Ende ist, zählt der Jugendliche seine Scheine nur noch kurz und packt sie dann gleichgültig wieder in den Karton. Und der A-Mann, der sich lange für eine bestimmte *Zahl* von Dollars abgerackert und sie schließlich auch geschafft hat, geht mit dem Geld genauso achtlos – und oft noch achtloser – um wie der B-Mann. Nicht das Geld an sich, sondern die *Zahl* des Geldes hebt das Selbstgefühl des A-Menschen. Leider kann er seine Unsicherheit damit immer nur vorübergehend betäuben.

Status-Unsicherheit

Vielleicht wirkt niemand auf den ersten Blick so sicher wie der typische A-Mensch. Er strahlt förmlich Selbstvertrauen und Zuversicht aus, und nichts scheint ihm etwas anhaben zu können. Wie können wir jemanden unsicher nennen, der ständig fragt: «Was für ein Problem haben Sie denn – kann ich Ihnen irgendwie helfen?» Wie können wir einen Menschen unsicher nennen, der sich eher die Zunge abbeißen würde als zu fragen: «Ich habe ein Problem und brauche Ihre Hilfe . . .» Wir können es, weil wir nach langjähriger Beobachtung von A-Menschen herausgefunden haben, daß sie entweder keinen «inneren Zollstock» besitzen, mit dem sie ihren objektiven Wert – denn den hat jeder Mensch – messen können, oder daß sie diesen Meßstab verloren haben.

Der A-Mensch beginnt den Wert seiner Persönlichkeit oder seines Charakters an irgendeinem Punkt seiner Entwicklung nach der *Zahl seiner Leistungen* zu beurteilen. Dabei kommen aber nur die Leistungen in Frage, die ihm seiner Meinung nach die Achtung und Bewunderung der Kollegen und Vorgesetzten einbringen. Er kümmert sich nicht darum, ob ihm diese Leistungen auch die Sympathie und Zuneigung seiner Mitmenschen verschaffen, aber auf menschliche Wärme legt er ohnehin keinen besonderen Wert.

Wenn er sich für diesen Maßstab entschieden hat, schlägt er unweigerlich einen Kurs ein, der ihn nie zum inneren Frieden führen kann. Erstens muß nicht die Qualität, sondern die Zahl seiner Leistungen unaufhörlich steigen, um seinen Appetit zu stillen, der ständig wächst, weil er nicht durch andere Mechanismen gezügelt wird. Zweitens glaubt er, die Zahl seiner Leistungen werde dauernd von seinen Kollegen und Mitarbeitern beobachtet, und da die Kollegen jedesmal wechseln, wenn er auf der Leiter des beruflichen Erfolgs eine weitere Sprosse erklettert, meint er, die Zahl seiner Leistungen müsse ständig mitklettern.

Ein junger Schalterbeamter vom A-Typ wird sich zum Beispiel zunächst bemühen, eine Reihe von Dingen zu schaffen, die ihm die Bewunderung seiner Kollegen, der anderen Schalterbeamten, und seines unmittelbaren Vorgesetzten, des Kassierers, einbringen. In diesem Stadium seiner Entwicklung hat er ihren Respekt nötig. Wenn er später Direktor geworden ist, buhlt er um die Achtung und Bewunderung der anderen Direktoren, des Generaldirektors und des Aufsichtsratsvorsitzenden der Bank. In diesem Stadium würde er vor Scham sterben, wenn er nicht von ihnen, sondern nur von seinen Schalterbeamten bewundert werden würde. Dieser Bankdirektor vom A-Typ würde aber auch die Hochachtung der dreißig anderen Direktoren mit Freuden gegen ein einziges Lob des Generaldirektors eintauschen; man kann wahrscheinlich ohne Übertreibung sagen, daß die Achtung eines einzelnen Vorgesetzten der Persönlichkeit eines A-Menschen mehr schmeichelt als die Achtung von zwei Dutzend Kollegen. Vielleicht zieht der A-Mensch die *Qualität* nur auf diesem Gebiet der reinen *Zahl* vor.

Vielleicht schlagen wir alle insofern in diese Kerbe, als wir uns die Zustimmung und Bewunderung der Kollegen und Vorgesetzten wünschen. Wir sind aber nicht alle von dem chronischen und zwanghaften Verlangen besessen, diese Wertschätzung um jeden Preis zu erringen. Im Gegensatz zum A-Typ wünschen wir uns oft Sympathie und finden es emotional befriedigend, auch von den Menschen geschätzt zu werden, die wir bei unserem sozialen oder wirtschaftlichen Aufstieg hinter uns gelassen haben. Wir müssen auch hinzufügen, daß der A-Mensch schon deshalb kein Snob ist, weil ihn gesellschaftliche Dinge kaum interessieren. Er betrachtet sie als Zeitverschwendung – es sei denn, sie bringen ihm etwas Greifbares ein. Wenn ein Leutnant vom A-Typ auf eine Party gehen würde, an der auch die Frau seines Hauptmanns teilnähme, würde er sich zweifellos mehr um sie kümmern als um die anderen anwesenden Damen, und wenn sie noch so attraktiv und charmant wären. (Bedenken Sie bitte, daß wir diese Persönlichkeitsmerkmale nicht beschreiben, um den A-Menschen zu verurteilen; wir wollen lediglich ein möglichst umfassendes Bild von ihm zeichnen.)

Schon aus unseren bisherigen Bemerkungen dürfte hervorgegangen sein, daß sich der Mensch vom A-Typ keine großen Sorgen um das tägliche Brot macht. Er glaubt, er werde automatisch immer genug Essen und Kleidung und ein Dach über dem Kopf haben (und der moderne Wohlfahrtsstaat bestärkt ihn natürlich in dieser Zuversicht). Seine Unsicherheit beruht auch nicht ausschließlich auf seinem jeweiligen Status. Sie scheint sich vielmehr nach der *Geschwindigkeit* zu richten, mit der sich sein Status *verbessert*. Das bringt uns zum wichtigsten Grund für die Unsicherheit des A-Menschen: Er ist völlig davon abhängig, wie *schnell* sich sein Status verbessert. Diese Schnelligkeit hängt wiederum davon ab, *möglichst viele* Leistungen in *möglichst kurzer* Zeit zu vollbringen – aber nur Leistungen, die auf ständig wechselnde Gruppen von Kollegen und Vorgesetzten Eindruck machen.

Bei dieser hektischen Jagd kann er sich nur in den flüchtigen Augenblicken ausruhen, in denen er meint, seine Leistungen nähmen mit befriedigendem Tempo zu. Solche Augenblicke sind selten. Da er alles so hastig erledigt, mindert er zwangsläufig die Qualität seiner Leistungen, was ihm auf die Dauer nicht verborgen bleibt. Er zieht dann allerdings die falschen Konsequenzen: Statt das Übel an der Wurzel zu packen und *besser* zu arbeiten, bemüht er sich nur um so verzweifelter, es dadurch wettzumachen, daß er noch mehr Dinge – noch mehr Leistungen – schafft.

Der A-Mensch muß seinen unablässigen Konflikt allein durchstehen. Seine Kollegen, selbst seine Frau und seine Kinder bemerken den zermürbenden Kampf häufig gar nicht. Nur wenige von uns können Sympathie für einen erfolgreichen Bankkaufmann, Rechtsanwalt oder Arzt empfinden, dessen einziges Problem offenbar darin besteht, daß er ständig zu wenig Zeit hat und manchmal ziemlich reizbar ist. Das gilt besonders für die vielen jungen Leute, denen ausgesprochene Erfolgs- oder Leistungsmenschen suspekt sind.

Kann der Generaldirektor der größten Bank einer Stadt Sympathie und Zuspruch erwarten, wenn er nur noch daran denkt, wie er seinem Aufsichtsrat beweisen soll, daß er ein besserer Generaldirektor ist als sein Vorgänger oder der Generaldirektor der Konkurrenzbank? Ist es nicht verständlich, daß er sogar seiner Frau unheimlich wird? Und wie kann der Medizinprofessor einer mittelmäßigen Universität, der pausenlos Banalitäten veröffentlicht, um die Aufmerksamkeit der Fachkollegen in Harvard zu erregen, auf das Verständnis der weniger emsigen, aber besser angepaßten Angehörigen seiner Fakultät hoffen?

Selbst wenn die Freunde eines A-Menschen den verhängnisvollen Kampf entdecken sollten und ihm ihre Hilfe anbieten, würde er die Hilfe wahrscheinlich ablehnen, weil er meint, sie habe keinerlei Wert für ihn. Er findet ja nur Trost, wenn er möglichst viel leistet, das ihm die Anerkennung seiner Kollegen und Vorgesetzten einbringt. Leider ist dieser Trost sehr vergänglich. Und noch etwas. Ein typischer A-Mensch gibt sich nur dann mit dem Lob seiner Kollegen und Vorgesetzten zufrieden, wenn er hundertprozentig sicher ist, daß die Zahl seiner Leistungen diese Elogen auch wirklich rechtfertigt. Der A-Mensch mag zwar seine Fehler haben, doch Heuchelei und Unaufrichtigkeit liegen ihm fern. Wenn ein Mensch vom A-Typ unaufrichtig ist, täten Sie gut daran, es nicht auf seine Verhaltensstruktur, sondern auf menschliche Schwäche zurückzuführen.

Aggression und Feindseligkeit

Jeder, der etwas leisten möchte, ist auf irgendeine Weise aggressiv. Für Menschen mit der A-Verhaltensstruktur gilt das allerdings in besonderem Maß. Wir haben sogar festgestellt, daß die meisten A-Menschen einen übermächtigen Aggressionstrieb besitzen, der häufig in latente Bösartigkeit ausartet. Manchmal entdeckt man die abnorme Aggressivität und – vor allem – die latente Feindseligkeit des A-Menschen aber gar nicht, weil er sich alle Mühe gibt, diese Gefühle und Impulse zu kaschieren. Die meisten A-Menschen sind sich ihrer Aggressivität noch nicht einmal selbst bewußt, und über ihre latente Feindseligkeit wissen sie fast nie Bescheid. Auch als Außenstehender bemerkt man die feindselige

Grundhaltung oft erst, wenn man den betreffenden A-Menschen näher kennengelernt hat.

Es gibt jedoch ein Indiz, mit dem man bei vielen A-Menschen die Aggressivität und Feindseligkeit nachweisen kann, und das ist ihr Drang, bei allen möglichen Gelegenheiten mit anderen Leuten zu konkurrieren oder sie herauszufordern, sei es nun bei einem sportlichen Wettbewerb, beim Kartenspielen oder bereits in der Diskussion. Wenn die Aggressivität in latente Feindseligkeit umgeschlagen ist, spürt man meist schon bei einer beiläufigen Unterhaltung den bösartigen Unterton in ihrer Stimme. Wenn man gar ein heikles Thema berührt, können sie ihre Erregung manchmal kaum noch zügeln, und ihre Stimme droht umzuschlagen, während ein normaler Mensch versuchen würde, die Situation mit ein paar verbindlichen Redensarten zu entschärfen oder schnell über etwas anderes zu reden.

Einige Leute rechnen wir der A-Gruppe zu, obwohl sie sich nicht ständig bemühen, möglichst viele Dinge in möglichst kurzer Zeit zu schaffen (das häufigste Kriterium für dieses Verhaltensmuster). Wir beurteilen sie deshalb als A-Menschen, weil sie fast unablässig gegen andere Leute kämpfen. Der Natur ist es natürlich gleichgültig, ob ein Mensch gegen die Zeit kämpft oder ob er gegen andere Menschen kämpft. Sie reagiert nur auf den Konflikt, sorgt also in beiden Fällen dafür, daß die Organe des Kämpfenden schädliche und gefährliche Chemikalien absondern. A-Menschen, deren Verhalten unmittelbar und allein auf ihrer latenten Feindseligkeit beruht, sind jedoch am schwersten zu behandeln. Mehr darüber in einem späteren Abschnitt.

Kapitel 7

Wie man einen A-Typ von einem B-Typ unterscheidet

Sobald uns der Gedanke gekommen war, daß an einer Erhöhung des Risikos, sich eine koronare Arterien- und Herzkrankheit zuzuziehen, ein bestimmter Verhaltenskomplex schuld war, machten wir uns daran, eine Methodik zu entwickeln und immer mehr zu verfeinern, um Persönlichkeiten mit dieser Verhaltensstruktur identifizieren zu können. Die beste Methode, die wir auch immer bevorzugt anwenden, ist eindeutig das Interview zwischen einem dafür ausgebildeten Spezialisten und dem Patienten. Wir arbeiten zur Zeit mit mehreren solcher Interviewer zusammen, die darauf spezialisiert sind, A-Typ-Verhalten ausfindig zu machen, wobei sie einen standardisierten Fragebogen benutzen. Die Fragen an sich sind natürlich längst nicht so entscheidend wie die *Art und Weise*, wie der Befragte darauf reagiert. Wir müssen diesen Punkt immer wieder klarstellen, wenn jemand von uns die Liste mit den rund zwanzig Fragen haben will, um damit eigene Versuche anzustellen. Menschen vom Typ A und Menschen vom Typ B geben nämlich manchmal die gleichen Antworten, aber *die Art, wie* sie antworten, gibt unseren Interviewern genügend Aufschluß, um die beiden Typen fast immer klar auseinanderzuhalten.

Wir haben natürlich daran gearbeitet, das subjektive Element bei der Zuordnung zum A- oder B-Typ möglichst auszuschalten. Zu diesem Zweck haben wir die Technik der Stimmbildanalyse hinzugezogen. Dabei wird der Text einer kurzen Ansprache von zwei Absätzen zugrundegelegt. Es handelt sich vermutlich um die Worte eines Truppenführers an seine Leute vor Beginn der Kampfhandlungen. Der Text lautet:

«Folgendermaßen werden wir, und zwar ihr und ich, jeder einzelne von uns, jeden in die Pfanne hauen, der uns in die Quere kommt. Und mir ist es wurscht, ob euch das paßt, was ich euch sage, oder nicht. So wie ich es sage, wird's gemacht, und nicht anders. Erst mal verpassen wir ihnen eine ordentliche Ladung mit dem Minenwerfer, verstanden? Gebt ihnen volles Rohr, sage ich! Die Schweinehunde sollen richtig eingeheizt kriegen, daß es nur so raucht. Macht ihnen die Hölle heiß! Gebt ihnen Lunte, den Saukerlen, schiebt sie in die Backröhre und laßt sie im eigenen Saft braten. Haltet sie im Feuer fest, bis sie schwarz sind wie Eierbriketts!

Wenn das Trommelfeuer vorbei ist, sage ich euch, wann ihr zum Sturmangriff übergeht. Und wenn ich das Signal gebe, dann wird nicht gerobbt, sondern das heißt dann: Sprung auf! Marsch, Marsch! Ihr oder sie, darauf kommt es an. Na also, keine lange Rede mehr. Und nun seht zu, daß ihr den Arsch hochkriegt und in Bewegung kommt. Halt, noch etwas: Viel Glück!»

Diesen Monolog gibt der Interviewer seinem Partner und bittet ihn, den Text zunächst einmal leise für sich durchzulesen, bis er das Gefühl habe, er könne ihn laut vorlesen ohne Stottern. Dann fordert man ihn zum lauten Vorlesen auf, wobei er sich einbilden soll, er sei allein bei sich zu Hause. Ist diese Aufgabe erledigt und das Gesprochene auf Tonband festgehalten, wird er darum gebeten, sich in die Lage des Offiziers an der Front hineinzuversetzen und die Worte nun noch einmal vorzulesen.

Zur Analyse der Aufzeichnungen wird eine Vielzahl von Testmethoden eingesetzt. Die mit Abstand wirksamste ist die elektronische Aufzeichnung von Stimmbildern: die Schwingungen der Stimme des Vorlesers werden in Kurven übertragen und so sichtbar gemacht. Bei Menschen vom B-Typ ist der Grad der Emphase beim Sich-selbst-Vorlesen sehr schwach, und selbst wenn sie sich an eine imaginäre Truppe richten und die anfeuernden Worte mit Tempo lesen, betonen sie die Schlüsselworte doch nur mit mäßigem Nachdruck. Die Menschen vom A-Typ dagegen stürzen sich in die Aufgabe, und zwar mit Vehemenz. Schon das Vorlesen für sich selbst läßt ihre Schwingungskurve stark schwanken infolge der scharfen, explosiven Sprechrhythmen. Und erst beim Vorlesen als Ansprache an die Soldaten – dann zuckt der Kurvenschreiber wild rauf und runter!

Diese betont aggressive Sprechweise ist eines der häufigsten Kennzeichen für A-Typen. Andere Zeichen sind nicht so auffällig – zum Beispiel färbt sich bei vielen Menschen die Haut um die Augen herum etwas dunkler, wenn die Hirnanhangdrüse als Reaktion auf Stress vermehrt das Hypophysenhormon ausschüttet. In den meisten Fällen liegen die Dinge aber so klar, daß sich der Rückgriff auf solche Anhaltspunkte erübrigt. Die Diagnose ist sogar eine ganz einfache Sache, wenn ein Mensch mit einem *voll entwickelten* Verhaltenskomplex zur Untersuchung kommt.

Doch selbst dann noch kann der Untersucher zu Fehlschlüssen verleitet werden, wenn die Methode verkehrt ist. So glaubten wir vor einigen Jahren, einen raffinierten objektiven Test entwickelt zu haben zur Erfassung von A-Typen. Die Versuchspersonen wurden aufgefordert, einer jungen Frau zuzuhören, die konfus und umständlich zum Wahnsinnigwerden eine völlig witzlose Geschichte daherredete. Ein Polygraph registrierte automatisch Atemfrequenz, Atemvolumen und Körperbewegungen der Zuhörer wie Zucken, Zappeln, Gliederstrecken, Faustballen usw. Man durfte ja wohl davon ausgehen, daß ein A-Typ seine Ungeduld prompt zum Ausdruck bringen würde. Aber zu unserer Überraschung ging eine großangelegte Versuchsreihe daneben. Wir hatten eben nicht daran gedacht, daß der A-Typ die Fähigkeit besitzt, einfach wegzuhören, wenn ihn etwas langweilt, und daß er sehr leicht so tut, als ob er interessiert zuhöre, während er in Wahrheit an ganz etwas anderes denkt.

Der folgende Abschnitt soll Ihnen dabei helfen, selbst herauszufinden, ob Sie eine Persönlichkeit vom Typ A oder vom Typ B haben. Wenn Sie bei Ihrer Selbstbewertung vollkommen aufrichtig sind – und wenn Ihnen Ihre Eigenschaften und Gewohnheiten überhaupt bewußt sind –, dann müßten Sie unserer Erfahrung nach das Ziel ohne große Schwierigkeiten erreichen.

Das Verhaltensmuster variiert natürlich in einzelnen Punkten je nach Bildungsgrad, Alter, gesellschaftlicher Stellung und vielen anderen Faktoren. Aber die meisten Menschen werden sich selbst richtig einordnen können. Im übrigen haben wir festgestellt, daß die Persönlichkeitsstrukturen vom Typ A alles in allem häufiger vorkommen. Wenn Sie also nicht ganz sicher sind, zu welchem Typ Sie selbst zählen, dann spricht die Wahrscheinlichkeit dafür, daß auch Sie ein A-Typ sind – wenn auch vielleicht kein ganz voll entwickelter, aber immerhin doch so bedenklich weit fortgeschritten, daß eine Umstrukturierung angezeigt ist. Wenn Sie Ihre Selbstbewertung abgeschlossen haben, sollten Sie Ihre Ergebnisse einem Freund oder Ihrem Ehepartner vorlegen und fragen, ob er sie richtig findet. Im Zweifelsfall liegen wahrscheinlich *die anderen* richtig.

Sie besitzen ein Typ-A-Verhaltensmuster:

1. Wenn Sie a) die Angewohnheit haben, beim normalen Sprechen irgendwelche Wörter explosiv zu betonen, auch wenn es für eine derartige Akzentuierung gar keinen triftigen Grund gibt, und wenn Sie b) dazu neigen, Ihre Wörter zum Satzende hin beträchtlich schneller zu sprechen als am Satzanfang. Hinter Ihrer aufbrausenden Sprechweise verbirgt sich die überschüssige Aggressivität oder Feindseligkeit, die Sie hegen. Das Schnellerwerden zum Satzende hin spiegelt Ihre verdeckte Ungeduld wider: Sie gönnen sich nicht einmal die Zeit, die Sie selbst zum Sprechen benötigen.

2. Wenn Sie *immer* in Eile sind: bei allen Bewegungen, beim Laufen, beim Essen.

3. Wenn Sie von Ungeduld erfüllt sind (vor allem, wenn Sie diese gegenüber anderen offen zeigen), weil Ihnen fast alles zu langsam geht. Diese Art von Ungeduld hat Sie befallen, wenn Sie sich nur mit Mühe beherrschen können, anderen dauernd ins Wort zu fallen, sie nicht ausreden zu lassen und sich in die Marotte flüchten, unentwegt mit «aha, aha» oder «ja, ja, ja» dazwischenzufunken, wenn jemand anders spricht, womit Sie ihm unbewußt zu verstehen geben: «Nun mach schon!» oder sein Sprechtempo beschleunigen wollen. Sie leiden ferner an Ungeduld, wenn Sie die Sätze Ihrer Gesprächspartner zum Abschluß bringen wollen, ehe der andere soweit ist.

Andere Formen dieser Art von Ungeduld: Wenn Sie unverhältnismäßig nervös oder sogar wütend werden, sobald Sie hinter einem anderen Auto in der Fahrspur festhängen, das nach Ihrer Meinung zu langsam fährt; wenn Sie es quälend finden, irgendwo Schlange stehen zu müssen oder abzuwarten, bis in einem Lokal ein Tisch für Sie frei wird; wenn Sie es nicht mit ansehen können, daß jemand sich mit einer Arbeit abgibt, die Sie im Handumdrehen erledigt hätten; wenn Sie mit sich selbst die Geduld verlieren, sooft Sie Routinearbeiten auszuführen haben (Zahlungsanweisungen ausfüllen, Schecks schreiben, Geschirrspülen usw.), die zwar unumgänglich sind, aber Sie von den Tätigkeiten abhalten, die Sie eigentlich interessieren; wenn Sie immer das Gefühl haben, Sie müßten beim Lesen schneller vorankommen, und ständig darauf aus sind, Auszüge und Zusammenfassungen von wichtigen und wertvollen Büchern zu ergattern.

4. Wenn Sie beim Denken und Handeln der Mehrphasigkeit frönen, also häufig zwei Dinge oder mehr zur gleichen Zeit denken oder tun möchten. Zum Beispiel: Wenn Sie jemandem zuhören wollen und im selben Moment andauernd mit völlig anderen Gedanken beschäftigt sind, dann liegt bei Ihnen mehrphasiges Denken vor. Oder entsprechend: Wenn Sie beim Golfspielen oder beim Angeln fortwährend Ihre beruflichen Sorgen im Kopfe haben, oder wenn Sie sich elektrisch rasieren und nebenbei Ihr Frühstück hinunterschlingen oder autofahren wollen, oder wenn Sie beim Autofahren Geschäftsbriefe auf Band sprechen – in solchen Fällen handelt es sich um Ihre Neigung zu mehrphasigem Handeln. Diese Eigenheit ist das häufigste Charakteristikum des A-Typs. Er gibt sich kaum je damit zufrieden, nur zwei Dinge in einem Augenblick zu tun. Wir kennen welche, die sich nicht nur gleichzeitig rasierten und Brötchen in den Mund schoben, sondern es auch noch fertigbrachten, nebenher und obendrein Akten zu studieren oder ein Fachblatt zu überfliegen.

5. Wenn Sie sich *immer und überall* nur schwer bezähmen können, ständig nur von den Dingen zu sprechen und jede Unterhaltung auf solche Themen hinzulenken, die Ihnen speziell am Herzen liegen, und falls Sie mit diesem Manöver nicht durchkommen, so tun, als ob Sie ganz Ohr wären, in Wirklichkeit aber Ihre Gedanken eigene Wege gehen lassen.

6. Wenn so gut wie immer ein unbestimmtes Schuldgefühl an

Ihnen nagt, sobald Sie ein wenig ausspannen und einmal gar nichts tun für mehrere Stunden oder Tage.

7. Wenn Sie keinen Blick mehr haben für die wesentlichen, interessanten oder schönen Dinge in Ihrer Umgebung. Zum Beispiel, wenn Sie zum erstenmal ein Büro, einen Laden, eine Wohnung betreten und nach dem Weggehen keinerlei Vorstellungen mehr davon haben, wie diese Räume aussehen, dann heißt das, Sie haben Ihre Beobachtungsgabe verloren – oder Ihre Lebensfreude, mit anderen Worten.

8. Wenn Sie keine Zeit erübrigen können, um das zu erreichen, was Sie *sein* möchten, weil Sie immer nur dem nachjagen, was Sie *haben* wollen.

9. Wenn Sie immer mehr in immer weniger Zeit einplanen wollen und damit immer seltener Ausnahmen zulassen für unvorhergesehene Zufälle. Eine Begleiterscheinung dazu ist ein *chronisches Gefühl der Zeitknappheit*, einer der Knotenpunkte des Verhaltensmusters vom A-Typ.

10. Wenn Sie einem anderen schwer infizierten A-Typ begegnen und ihn nun keineswegs bedauern wegen seines Leidens, sondern sich im Gegenteil aufgefordert fühlen, mit ihm «in den Ring» zu steigen. Dies ist ein eindeutiges Kennzeichen, denn niemand facht die aggressiven bzw. feindseligen Empfindungen eines A-Typs mächtiger an als ein anderer A-Typ.

11. Wenn Sie sich bestimmte charakteristische Gesten oder nervöse Tics zulegen. Zum Beispiel: Wenn Sie während einer Unterhaltung wiederholt die Faust ballen oder mit der Hand auf den Tisch hauen oder mit der Faust in die hohle andere Hand boxen, um so einen Gesprächspunkt hervorzuheben, dann vollführen Sie damit A-Typ-Gesten. Ebenfalls, wenn Sie Ihre Mundwinkel krampfartig und tic-ähnlich nach hinten ziehen, wobei Sie kurz die Zähne zeigen, oder wenn Sie gewohnheitsmäßig die Zähne zusammenbeißen oder sogar mit den Zähnen knirschen, dann lassen diese Muskelanspannungen bei Ihnen auf einen anhaltenden inneren *Kampf* schließen, der natürlich den Kern des Verhaltensmusters vom Typ A bildet.

12. Wenn Sie glauben, daß Sie alle Ihre Erfolge in erster Linie Ihrer Fähigkeit zu verdanken haben, schneller zu arbeiten als Ihre

Nebenmänner, und wenn Sie davor zurückschrecken, aufzuhören mit dem Bestreben, alles immer noch schneller zu erledigen.

13. Wenn Sie zunehmend und unentrinnbar an sich die innere Nötigung beobachten, nicht nur Ihre eigenen Tätigkeiten, sondern auch die von anderen in *Zahlen* zu übersetzen und zahlenmäßig zu bewerten.

Die hier aufgezählten Merkmale gelten für den voll entwickelten, in der Wolle gefärbten A-Typ. Bei vielen Menschen, die zu Recht zum A-Typ gerechnet werden, sind diese Merkmale jedoch schwächer ausgeprägt. Wenn Sie zum Beispiel ein mittelschwer infizierter A-Typ sind, dann werden Sie nur selten einen Anfall von Feindseligkeit verspüren und zu spüren geben. Ihre Aggressivität, obwohl im Übermaß vorhanden, ist noch nicht in blindwütigen Haß umgeschlagen. Sie platzen noch nicht vor schier unbändiger Wut, die so oft dicht unter der Oberfläche der ausgewachsenen A-Typ-Persönlichkeit brodelt. Oder Ihre Ungeduld hält sich noch einigermaßen in Grenzen. Vielleicht neigen Sie dazu, zwar während der Dienststunden immer mehr Dinge in immer kleinere Zeiteinheiten hineinzuquetschen, können sich aber in Ihrer Freizeit noch oftmals von solchen Praktiken freihalten. Sie haben in Ihren freien Stunden nicht das Gefühl, Sie müßten, um mithalten zu können, Ihre Tretmühle auf immer höhere Touren bringen. Außerhalb der Arbeitszeit geht es Ihnen vielleicht wie einem Feuerwehrgaul, der nach dem Einsatz ausgespannt wird: Sie verfallen in einen stumpfen Trott. Doch genauso wie das Roß der Feuerwehr mit den Hufen scharrte und stampfte, sobald es den ersten Schlag der Feuerglocke vernahm, so reißt auch Sie das Schrillen des Weckers am Morgen hoch, Sie schütteln Ihre Trägheit ab, Sie jagen und hetzen und nehmen den Wettlauf gegen die Uhr wieder auf.

Oder Sie sind als mittelschwerer Fall von Typ-A-Verhalten noch nicht so weit, daß sie *suchtartig* ständig nach irgendwelchen «Zahlen» haschen. Noch haben Sie einen Sinn für die vielen nicht berechenbaren, schönen Seiten des Lebens in seiner sinnlich-seelischen Ganzheit, wenn Sie diese auch nicht mehr in vollen Zügen genießen können bis zum Selbstvergessen.

Sie besitzen ein Typ-B-Verhaltensmuster:

1. Wenn Sie vollkommen frei sind von *allen* Angewohnheiten und keines der Merkmale aufweisen, die wir in der Leidensliste für den schwer betroffenen A-Typ aufgeführt haben.

2. Wenn Sie nie unter einem Gefühl der Zeitknappheit, kombiniert mit Ungeduld, leiden.

3. Wenn Sie keinerlei überschüssige Feindseligkeit hegen und keinen Drang verspüren, Ihre Leistungen oder Fähigkeiten hervorzukehren oder überhaupt darüber zu sprechen, es sei denn, die Situation verlange nach einer solchen Selbstdarstellung.

4. Wenn Sie spielen, um dabei Freude und Entspannung zu finden, und nicht um Ihre Überlegenheit auszuspielen, koste es, was es wolle.

5. Wenn Sie ausspannen können ohne Schuldgefühle, wie Sie auch arbeiten können ohne Zwang und Krampf.

Der B-Typ weiß, was er kann, und kümmert sich entsprechend weniger darum, was seine Kollegen und Vorgesetzten von seiner Arbeit halten. Im Unterschied zum A-Typ, der seiner Stärken eigentlich nie ganz sicher ist und sich mit seinen Schwächen kaum je abfinden mag, wissen Sie als B-Typ ziemlich genau, welchen Wert Ihre starken Seiten haben, und bescheiden sich innerhalb der Grenzen, die Ihre schwachen Seiten Ihnen setzen. Sie suchen – und finden – Ihr Selbstvertrauen, indem Sie sich vorurteilslos selbst begutachten. Der A-Typ sucht seine Selbstsicherheit, findet sie aber nie so ganz richtig, weil er ihrer habhaft werden will, indem er einen Berg von «Zahlen» anhäuft.

Vielleicht streben auch Sie nach äußeren Werten. Und vielleicht erlangen Sie beim Wettlauf am Ende doch einen größeren Happen als Ihr Typ-A-Gegner – wie der Igel, für den der Typ-A-Hase Sie sowieso hält. Aber in der Regel (wenn der Zeitgeist Sie noch nicht allzu arg angesteckt hat) bemühen Sie sich auch darum, wenigstens teilweise die inneren Werte zu verwirklichen, für die es sich zu leben lohnt. Auf jeden Fall gründen Sie Ihre Lebensbahn nicht ausschließlich auf Zahlenmaterial.

Möglicherweise sind Sie kein voll ausgereifter B-Typ, aber

wenn Sie verhältnismäßig frei sind von allen Angewohnheiten, die den A-Typ fesseln, und nur ziemlich selten seine Merkmale aufweisen, dann gehören Sie doch noch zum Typ B. Ab und zu überkommt Sie vielleicht ein Gefühl von Zeitnot, aber wenn, dann wird es sich ausnahmslos auf Ihre Berufstätigkeit beziehen und nie auf Ihr außerberufliches Tun. Und selbst bei der Arbeit werden Sie diesen Druck nicht spüren, außer in den begrenzten Zeitabschnitten, in denen die Anforderungen Ihrer Position den Schluß nahelegen, daß die Zeit drängt. Wenn Sie zum Beispiel Buchhalter sind, dann werden Sie sehr wohl einen Zeitdruck fühlen, sobald der Jahresabschluß fällig ist.

Aber genau wie eine ausgereifte Typ-B-Persönlichkeit leiden Sie nie unter Anfällen von zielloser Feindseligkeit noch versuchen Sie gewohnheitsmäßig, die Dinge zu beschleunigen, wie der A-Typ es tut. Auch Sie streben nach dem Erwerb äußerer Güter, aber nicht um jeden Preis und auf Kosten aller inneren Werte, um die es sich eigentlich lohnt.

Wir haben uns vorgenommen, das Spektrum von Persönlichkeitstypen ziemlich trennungsscharf und möglicherweise recht willkürlich zu zerlegen. Selbst in unserer zunehmend standardisierten Gesellschaft besitzen die Menschen so unterschiedliche Persönlichkeitsstrukturen, daß sie nicht entfernt so eindeutig bestimmten Kategorien zugeordnet werden können, wie hier geschehen. Verhaltenstypen gehen ja teilweise ineinander über. Und außerdem gibt es Menschen (das sind jedoch nicht mehr als etwa zehn Prozent einer städtischen Population), deren Angewohnheiten und Merkmale zum Teil dem Typ A, zum anderen Teil dem Typ B angehören. Doch in der Regel bereitet es keine Schwierigkeiten, Menschen mit einem Typ-A-Verhaltensmuster zu erkennen und von Menschen mit einem Typ-B-Verhaltensmuster zu unterscheiden.

Einige Theologen und Psychologen werden massiv Einspruch erheben gegen die unausgesprochene Prämisse, die durch diese Darstellung überall hindurchschimmert, daß nämlich große Gruppen von Menschen «typisierbar» sind. Sie werden darauf bestehen (obwohl der Harvard-Psychologe B. F. Skinner sie darin nicht unterstützen würde), daß der Mensch angesichts derselben

Reizsituation über zahllose verschiedene Reaktionsmöglichkeiten verfügt und sie bei seinem Handeln auch nutzt. Das trifft bei vielen B-Typen auch zu. Aber es ist zweifellos nicht richtig, wenn es sich um einen Menschen handelt, dessen Persönlichkeit in einem so großen Ausmaß verkümmert ist, daß seine Wahlmöglichkeiten zwischen unterschiedlichen Reaktionen in der Tat reduziert sind. A-Typen, die eine solche Verkümmerung durchgemacht haben, variieren nur selten in ihren Reaktionen auf spezifische Reize aus ihrer Umwelt. Ihre angeborene Fähigkeit zur Ausübung einer freien Wahl ist überwuchert worden von einer sklavischen Abhängigkeit, die in der suchtartigen Anhäufung von «Zahlen» ihren traurigen Ausdruck findet.

Wenn Sie den Versuch machen wollen, sich selbst zu taxieren, möchten wir Ihnen noch einmal empfehlen: Bevor Sie sich endgültig entscheiden, ob Sie ein A-Typ oder ein B-Typ sind, fragen Sie Ihren Ehepartner, einen Verwandten oder einen Freund, der Sie gut kennt, um seinen Rat und seine Meinung.

Nach unseren Beobachtungen sind sich nämlich viele Menschen vom Typ A überhaupt nicht bewußt, daß ihr Verhalten tatsächlich ein besonderes Muster bildet und entsprechende Konsequenzen auslöst. Sie nehmen ihre Unrast nicht wahr, ihre verkrampften Gesichtsmuskeln nicht, ihre Tics nicht und nicht das harte Stakkato ihrer Sprechweise. Auch mangelt es ihnen häufig an Einsicht in ihre ungezielte Feindseligkeit – so vorhanden –, und sei es nur, weil sie diesen Impuls so wunderschön rationalisieren können. Einige A-Typen wissen noch nicht einmal etwas von ihren Gefühlen der Zeitknappheit: die bewegen sie schon so lange, daß sie zum festen Bestand ihrer Persönlichkeitsstruktur zu gehören scheinen. Unter diesen Umständen kann man sehr wohl verstehen, warum sie sich dagegen sträuben, bestimmte Gewohnheiten und Merkmale als Stempelzeichen der Freiheitsberaubung und seelischen Verödung zu begreifen, die noch gestern allseits in höchstem Ansehen standen.

Kapitel 8

Zwei Fälle

Der kanadische Internist William Osler, den man als eigentlichen Vater der nordamerikanischen Medizin bezeichnen könnte, hielt es für eine schlechte Unterrichtsmethode, den Medizinstudenten nur nackte Tatsachengerüste vorzuführen. Wer die einzelnen Krankheiten wirklich verstehen wolle, so Osler, brauche die Gegenüberstellung mit Fällen aus der Praxis. Osler war so sehr von diesem pädagogischen Prinzip überzeugt, daß er einmal das folgende Kunststück fertigbrachte: Als eine Vorlesung über Typhus auf dem Lehrplan stand und er keinen authentischen Typhuskranken auftreiben konnte, überredete er einen anderen Patienten einfach dazu, den Studenten Typhussymptome vorzuspielen.

Wir werden jetzt Oslers Grundsatz befolgen und zwei Bekannte von uns schildern. Der eine ist der typische Vertreter der A-Persönlichkeit, während der andere den B-Typ vertritt. Wir wollen die beiden hier «Paul» und «Ralph» nennen. Sie wohnen noch heute in unserer Stadt, und wir sehen sie häufig. Um ihnen Peinlichkeiten zu ersparen, haben wir Angaben zur Person, an denen man sie erkennen könnte, leicht verändert.

Typ A – Paul

Paul Crimmins ist der erfolgreiche Geschäftsführer einer kalifornischen Brauerei. Vor zwanzig Jahren fing er in seiner Firma als Vertreter an. Er ist jetzt 52 Jahre alt und mittelgroß. Er hat etwa zwölf Kilo Übergewicht (und trägt diese überschüssigen Pfunde größtenteils als «Rettungsring» um die Hüfte). Er heiratete 1950 und hat zwei Söhne, die heute an der Universität von Kalifornien studieren.

Paul ist nicht nur ungeduldig, er ist förmlich gepeitscht. Er verbraucht einen unmäßig großen Teil seiner emotionalen Energie für den Kampf gegen die natürlichen Zwänge der Zeit. «Wie kann ich bloß alles schneller machen und immer mehr Dinge in immer weniger Zeit erledigen?» lautet die Frage, die ihn ständig quält.

Paul denkt, spricht und bewegt sich übereilt. Er versucht auch, die Gedanken, Worte und Bewegungen der Menschen seiner Umgebung anzutreiben; sie müssen sich schnell und ohne Umschweife miteinander verständigen, wenn sie ihn nicht ungeduldig machen wollen. Für Paul müssen Flugzeuge auf die Minute pünktlich starten und landen. Die Autos, die vor ihm fahren, müssen die Geschwindigkeit einhalten, die er für richtig hält, und es darf nie eine Schlange von Wartenden zwischen ihm und einem Bankschalter, einem Tisch im Restaurant oder einem Theatersessel geben. Er gerät innerlich in Wut, wenn jemand langsam oder umständlich redet, wenn Flugzeuge zu spät kommen, Autos auf der Schnellstraße gemütlich fahren und Menschenschlangen entstehen.

Er bemüht sich auch möglichst oft, mehrere Dinge gleichzeitig zu erledigen. Wenn er mit dem Auto zur Arbeit fährt, spricht er manchmal Briefe in sein Taschendiktiergerät oder rasiert sich elektrisch. Er läßt auch dauernd das Autoradio laufen, um bloß keine Nachrichten zu verpassen.

Paul hat sich im Laufe der Zeit angewöhnt, bei Unterhaltungen automatisch Bemerkungen wie «Hm, sehr interessant», «Tatsächlich», «Sehr amüsant» oder «Das finde ich auch» einzuwerfen, wenn ihn das Thema nicht sehr interessiert; er tut es besonders bei seiner Frau und seinen Kindern. Er glaubt, daß er sich mit diesen Manövern als aufmerksamen Zuhörer hinstellt. Paul nimmt auch gern eine Wirtschaftszeitung mit, wenn er in die Kantine oder ins Badezimmer geht.

Paul ist kein Feinschmecker und verspeist Mahlzeiten, die reich an Cholesterin und tierischen Fetten sind. Zum Frühstück konsumiert er gewöhnlich Obst, Toast, einen Schlag Butter, zwei Eier, manchmal auch Schinkenspeck und mindestens zwei Tassen Kaf-

96

fee. Mittags wählt er regelmäßig eine umfangreiche Fleischportion, ein stärkehaltiges Gemüse (Kartoffeln, Reis oder Hülsen-
früchte) und ein grünes Gemüse, Brot und abermals einen Schlag
Butter und zwei Tassen Kaffee. Vorher nimmt er noch gern einen
oder zwei Martinis. Wenn er das manchmal nicht tut, trinkt er
beim Essen wenigstens eine Flasche Bier. Nachspeisen lehnt er
jedoch ab oder läßt sie zurückgehen.

Abends trinkt Paul unweigerlich noch zwei Martinis vor dem
Essen. Das «Abendbrot» besteht aus einer großzügig bemessenen
Fleischportion, einem oder zwei Gemüsen, einem Salat, einem
Schlag Butter und mehreren Scheiben Brot. In der letzten Zeit hat
er sich auch angewöhnt, beim Abendessen ein Glas Wein zu
trinken. Nachspeisen mag er dagegen auch abends fast nie. Wenn
er abends im Restaurant ißt, bestellt er anschließend diverse Tassen Kaffee und einen Cognac. Gelegentlich ißt er später noch
einen kleinen Imbiß, nicht weil er besonders hungrig wäre, sondern weil er unruhig ist und kein anderes Mittel weiß, um seine
innere Spannung abzubauen.

Paul raucht vierzig Zigaretten am Tag, schämt sich deshalb aber
furchtbar. Er hat wiederholt beschlossen, das Rauchen aufzugeben. Vor einigen Jahren schaffte er es einmal ein paar Monate lang,
stellte aber anschließend fest, daß er über sechs Kilo zugenommen
hatte, wurde «ziemlich nervös» und reizbar und war nicht mehr
imstande, «so gut zu denken wie vorher». Er probierte es mit der
Pfeife, aber «das verdammte Ding machte mich nervös, weil ich
dauernd daran herumfummeln mußte. Ich mußte sie ständig neu
anzünden, stopfen und säubern. Ich entdeckte, daß ich bei der
Pfeife ebenfalls Lungenzüge machte. Zur Hölle mit der Pfeife.»

Körperlich betätigt sich Paul nur selten mehr als eine oder zwei
Stunden in der Woche. «Ich würde gern öfter Golf spielen, aber
ich habe jetzt einfach keine Zeit mehr dafür.» Dafür macht er
mehrmals im Jahr eine mehrtägige Angeltour. Er spielte auch mit
dem Gedanken, regelmäßig Dauer- oder Langläufe zu machen,
doch sein Arzt riet ihm klugerweise von dieser Sportart ab.

Er hat fast keine Hobbies. «Früher habe ich gern gelesen, aber
heute habe ich keine Zeit mehr dafür», erklärt er. Er besucht nur
selten Museen, Bibliotheken oder Galerien. Um seiner Frau einen

Gefallen zu tun, geht er dann und wann mit ihr ins Konzert, zum Ballett oder in die Oper. Er hat jedoch nichts gegen Filme und liebt Sportübertragungen im Fernsehen.

Er spielt auch gern Poker, Bridge und Backgammon, hat aber auch hierfür angeblich nicht so viel Zeit, wie er gern haben möchte. Wenn er doch eine Gelegenheit findet, bevorzugt er relativ hohe Einsätze. Er steht auch beim Spiel unter Leistungsdruck, möchte seine Partner also unbedingt schlagen.

Er findet, daß er zu beschäftigt und zu abgespannt ist, um kleinere Reparaturen am Haus selbst zu machen oder sich mit Holzarbeiten oder elektrischen Basteleien zu zerstreuen. Im Garten betätigt er sich ebenfalls nicht.

Was tut Paul aber, wenn er abends nach Haus kommt? Nun, er nimmt seine Drinks, ißt und liest danach eine Zeitung, ein Wirtschaftsblatt oder ein Nachrichtenmagazin. An manchen Abenden sieht er fern. Um neun oder halb zehn geht er zu Bett. Paul benutzt die freie Zeit seines Vierundzwanzigstundentages also zum Auftanken und Ausruhen für seinen beruflichen Stress.

Paul hat Dutzende, vielleicht sogar Hunderte von Bekannten, aber es sind fast ausschließlich Leute, die er beruflich kennengelernt hat. Er bemüht sich sogar darum, möglichst viele Menschen zu kennen – und von möglichst vielen gekannt zu werden. Es fällt ihm leicht, jemanden zu finden, mit dem er zum Essen gehen, angeln und Poker oder Bridge spielen kann. Paul hält auch gern einen kleinen Schwatz mit seinem Friseur, mit den Kellnerinnen in seinen Lieblingsrestaurants, den Angestellten der Autowerkstatt und dem Sicherheitspersonal seiner Firma. Aber er hat überhaupt keine richtigen Freunde und empfindet das auch nicht als Manko. *Er assoziiert Menschen mit Ereignissen und nicht umgekehrt.*

Paul hat sich sehr viel Mühe gegeben, seiner Frau ein guter Ehemann und seinen beiden Kindern ein guter Vater zu sein. Gewiß, er hat ihnen immer alles geschenkt, was sie sich wünschten, soweit seine Mittel es erlaubten. Trotzdem ist seine Familie unzufrieden, wenn auch nicht geradezu unglücklich.

Seine Frau, inzwischen 47 Jahre alt, interessiert sich für verschiedene gemeinnützige Einrichtungen, zum Beispiel für das

Museum und für Ballett- oder Konzertveranstaltungen. Wenn Paul abends nach Haus kommt, tut er pflichtschuldigst so, als höre er ihren ziemlich weitschweifigen Berichten über ihren Tagesslauf aufmerksam zu. Wir sagten bereits, daß Paul die Fähigkeit entwickelt hat, so zuzuhören, wie es seiner Ansicht nach von einem guten Zuhörer verlangt wird. Seine Frau weiß wahrscheinlich, daß er nicht richtig zuhört, gibt sich aber damit zufrieden, ins Leere zu reden, solange sie sich wenigstens selbst zuhören kann.

Wenn Paul ansetzt, von geschäftlichen Dingen zu sprechen, schneidet sie ihm unweigerlich das Wort ab oder läßt ihr Desinteresse anderweitig erkennen. Das ärgert ihn allerdings nicht, denn er zieht es ohnehin vor, geschäftliche Angelegenheiten allein zu überdenken. Dann braucht er nämlich auch nicht ihre Kommentare zu hören, die sowieso albern wären oder am Kern der Sache vorbeigehen würden. Das glaubt er jedenfalls.

Die beiden haben es, kurz gesagt, geschafft, sich gegenseitig ganz gut zu tolerieren, obgleich Paul seine Frau ziemlich langweilig findet.

Paul hatte nie Schwierigkeiten, sich mit seinen beiden Söhnen über deren Sorgen und Nöte zu unterhalten, als sie noch jünger waren. Heute fällt ihm diese Kommunikation jedoch immer schwerer. Bei ihren revolutionären Ansichten fährt er oft aus der Haut, er mißbilligt die Art, wie sie sich kleiden, und daß sie an den – so Paul – «Realitäten» des Lebens vorbeigehen, kann er noch viel weniger begreifen.

Da Paul sehr feine Antennen hat, schmerzt es ihn oft, wenn seine Söhne zu Besuch kommen und beim Abendessen dem Klatsch und Tratsch ihrer Mutter mit größerem Vergnügen zu lauschen scheinen als seinen Äußerungen, die sie offenbar immer mehr ignorieren. Deshalb besteht die Gefahr, daß seine echte Liebe und Zuneigung von einer Welle der Feindseligkeit überspült wird. Bei solchen Anlässen meint Paul, daß er sein Leben praktisch allein führt und keine Anerkennung findet. In der letzten Zeit hat er sich schon mehrmals gefragt, ob ihn wohl jemand sehr vermissen würde, wenn er stürbe. Infolgedessen verteilt er oft spitze, verletzende Bemerkungen, die nur noch mehr zu den Entfremdungserscheinungen zwischen ihm und seinen Söhnen beitragen und eine herzliche, fruchtbare Kommunikation weiter erschweren.

Obwohl Paul Mitglied der Episkopalkirche ist und der Gemeindepfarrei großzügige Spenden macht, hat er noch nie Trost oder Hilfe bei Gott gesucht, weil er im Grunde nicht glaubt, daß es ein höheres Wesen gibt. Die Fragen nach dem Ursprung der Welt und nach ihrem Schöpfer hält Paul für müßig. Wenn er am Sonntagmorgen jedoch strahlende junge Paare aus der Kirche kommen sieht, wünscht er sich manchmal, er könnte so naiv sein, wie sie seiner Meinung nach sind, und auch an einen schützenden Gott glauben.

Es ist Paul nie gelungen, eine grundlegende Philosophie zu formulieren, auf der er sein Leben aufbauen kann. Er denkt aber oft daran, was sein Vater einmal zu ihm sagte: «Paul, ich finde, eines Tages solltest du dich mal ein paar Minuten hinsetzen und dich fragen, wohin du im Leben gehen willst. Und wenn du das beantwortet hast, könntest du dich vielleicht fragen, *warum* du dorthin gehen willst.» Seit dieser Bitte seines Vaters sind zwar schon vierzig Jahre vergangen, doch Paul hat immer noch nicht genug Zeit gefunden, sich diese Fragen vorzulegen. Vielleicht schreckte er auch jedesmal davor zurück.

Als Paul vor einigen Wochen von seinem Arzt untersucht wurde, war sein Elektrokardiogramm ganz normal. Der Blutdruck war allerdings leicht erhöht (155/100), und sein Cholesterinspiegel lag erheblich über der Norm (304 mg/100 ml). Auf Diabetes deutete jedoch nichts hin.

Trotz des eher verdächtigen Befundes *kann Paul Glück haben* und in den nächsten zehn Jahren keine akute Koronarkrankheit bekommen. Er muß dann aber viel, sehr viel Glück haben. Nach unseren klinischen und wissenschaftlichen Erfahrungen beträgt seine diesbezügliche Chance nur rund 5 Prozent.

Typ B – Ralph

Ralph Longly ist Generaldirektor einer kalifornischen Bank. Er kam vor 34 Jahren als Schalterbeamter zu seiner Firma. Er ist 54 Jahre alt, groß gewachsen und stolz auf die Tatsache, daß er heute noch genausoviel wiegt wie zu der Zeit, als er in der Baseball-Mannschaft seiner Universität spielte.

Ralph machte 1939 sein Diplom an der Universität von Kalifornien und trat sofort danach in seine jetzige Firma ein. Er heiratete 1943 und hat zwei Töchter und einen Sohn, die inzwischen alle verheiratet sind.

Ralph ist ein sehr geduldiger Mann. Er meint sogar, daß er viel zuviel Geduld mit anderen Leuten hat. Es macht ihm nicht das mindeste aus, wenn seine Freunde und Bekannten langsam reden; er selbst spricht im allgemeinen auch nie sehr schnell. Manchmal macht Ralph sogar mitten in einem angefangenen Satz eine Pause, um noch ein wenig über das betreffende Thema nachzudenken, ehe er fortfährt. Wenn Ralphs Flugzeug mit Verspätung startet, zuckt er nur die Achseln, spaziert gemütlich durch das Flughafengebäude, betrachtet die Ständer mit den Taschenbüchern, trinkt eine Tasse Kaffee und liest dabei. Natürlich steht er nicht gern Schlange, aber wenn es sein muß, hadert er deshalb nicht gleich mit seinem Schicksal und beschäftigt sich damit, die Gesichter der Umstehenden zu beobachten und ihren Gesprächen zuzuhören. «Man kann dabei auch sehr gut mit offenen Augen träumen oder ein bißchen meditieren», sagt er.

Ralph ist so zufrieden über das Tempo, mit dem er denkt und lebt, daß er sich im Gegensatz zu Paul niemals «mehrphasig» beschäftigt. Bei Unterhaltungen mit anderen Leuten ist es ihm praktisch unmöglich, an etwas anderes zu denken als an den jeweiligen Gesprächsstoff; er hat sein Gehirn nie in der Kunst des mehrphasigen Denkens trainiert.

Beim Autofahren ist es ganz ähnlich. Sicher, von Zeit zu Zeit wirft er einen Blick auf die Landschaft, aber er sieht keinerlei Notwendigkeit, sich nebenbei mit Tätigkeiten wie Rasieren oder Diktieren zu befassen. Er hört gern Autoradio, stellt es aber sofort ab, wenn ein Freund oder Bekannter ins Auto steigt.

Ralph ißt sehr gern, hat sich aber angewöhnt, bestimmte Dinge nicht im Übermaß zu genießen. Zum Frühstück nimmt er Obst, Toast und Kaffee – Eier aber nur sonntags. Sicher, er würde gern jeden Morgen ein Ei essen, aber sein Arzt hat ihm erklärt, Eier enthielten außerordentlich viel Cholesterin. Mittags begnügt er sich meist mit einem Salat (mit französischer Soße) und bestellt nur selten Brot und Butter. Danach trinkt er eine Tasse Kaffee, verzichtet aber auf alkoholische Getränke. «Ich bin dann nachmittags zu abgeschlagen. Aber Sie müssen unbedingt einen Drink nehmen», pflegt er zu sagen, wenn er beim Mittagessen einen Gast hat.

Nach Feierabend trinkt er allerdings auch einen, manchmal zwei Cocktails. Nur wenn es beim Abendessen Wein gibt, läßt er die Cocktails oder begnügt sich mit einem.

Die Abendmahlzeit sieht ganz ähnlich aus wie bei Paul, nur daß Ralphs Fleischportion meist nur halb so groß ist. Ralph hat sich auch angewöhnt, möglichst wenig stärkehaltige Gemüse zu essen, dafür aber bei Blattgemüsen und Salaten reichlich zuzugreifen. Salate beträufelt er nur sparsam mit Öl. Ralph ißt selten gekochte Nachspeisen, beschließt sein Abendessen aber dann und wann mit Obst.

Ralph hat noch nie Zigaretten geraucht. Er raucht Pfeife, begnügt sich aber mit drei Pfeifen täglich.

Ralph betätigt sich jeden Tag körperlich. Morgens und abends macht er zehn bis fünfzehn Minuten Gymnastik im Schlafzimmer, und zweimal in der Woche spielt er mehrere Tennisdoppel mit drei etwa gleichaltrigen Freunden. Diese Partien sind immer recht gemütlich, und Ralph strengt sich nie an, besonders schwierige Bälle zu erwischen. «Ich bin zu alt, um noch hinter dem Ball herzuspringen», erklärt er.

Ralph geht nach Möglichkeit auch mindestens vierzig Minuten täglich spazieren. Er ist stolz auf die Tatsache, daß er nie den Fahrstuhl benutzt, wenn er im Bürogebäude zum nächstgelegenen Stockwerk will. Um sich möglichst viel zu bewegen, parkt er sein Auto schon mehrere Häuserblocks vor dem Ziel, wenn er etwas zu erledigen hat.

Ralph hat eine ganze Reihe von Hobbies. Sein Lieblingshobby ist Buchdruck, wozu er eine alte Handpresse benutzt. Er liebt auch klassische Musik und nimmt sich fast jeden Abend eine Viertelstunde oder eine halbe Stunde Zeit, um sich das Werk eines großen Meisters anzuhören. Außerdem sammelt er Bücher. Er hat es bereits zu einer schönen kleinen Spezialbibliothek von Nachschlagewerken gebracht. Besonders stolz ist er darauf, daß er darin Spezialinformationen über fast alle Fachgebiete finden kann.

Neben diesen Hobbies geht Ralph auch gern ins Theater. Er hat die Stücke der meisten zeitgenössischen Bühnenschriftsteller gesehen oder gelesen und schreckt auch nicht davor zurück, in eine andere Stadt zu fahren, wenn dort eines seiner Lieblingsstücke auf dem Programm steht.

Ralph fand es noch nie erstrebenswert, möglichst viele Leute zu kennen. Zu den Leuten, die er beruflich kennenlernt, ist er zwar immer zuvorkommend und höflich, bemüht sich aber nicht darum, sie auch in seiner Freizeit zu sehen – es sei denn, sie haben Eigenschaften, die er besonders schätzt oder bewundert.

Ralph glaubt, daß er fünf richtige Freunde hat, und er schämt sich nicht im geringsten über die Tatsache, daß er alles tut, um diese Freundschaften zu erhalten und zu pflegen. Er bittet seine Freunde ohne Zögern um einen Gefallen (der allerdings im Rahmen des Möglichen liegen muß), weil er weiß, daß sie ebensowenig zögern würden, ihn um etwas zu bitten.

Ralph hat sich auch viel Mühe gegeben, seiner Frau ein guter Ehemann und seinen Kindern ein guter Vater zu sein. Er erfüllte ihnen ebenfalls fast jeden Wunsch. Trotzdem ist auch seine Familie in gewisser Hinsicht unzufrieden.

Seine Frau ist jetzt 52 Jahre alt und hat sich in vielen ihrer Eigenschaften und Angewohnheiten in den letzten zwanzig Jahren kaum verändert. Sie spielt immer noch mehrmals in der Woche Golf, liest viel und kocht gern. Musik und Theater liebt sie genausosehr wie Ralph, und sie steht vielen Dingen aufgeschlossen gegenüber, hat also keine festgefahrenen Ansichten.

Wenn Ralph abends nach Haus kommt, berichtet sie ihm, was sie tagsüber erlebt und gemacht hat, beschränkt sich dabei jedoch auf die Dinge, von denen sie hofft, daß sie ihn interessieren oder neu für ihn sind. Sie gibt sich Mühe, ihm alles zu erzählen, was er lustig oder unterhaltsam finden könnte. Da er ihr gern zuhört, findet er diese Berichte manchmal wirklich sehr interessant und oft sehr amüsant. Ralph erzählt kaum von beruflichen Dingen. Wenn er es doch tut, geht es meist um Leute, deren Verhalten oder

Äußerungen ihn an dem jeweiligen Tag besonders interessiert oder verblüfft haben.

Im Gegensatz zu Paul fällt es Ralph noch nicht schwer, eine Kommunikation zu seinen beiden verheirateten Töchtern und mit seinem Sohn herzustellen. Er toleriert ihre Ansichten auch dann, wenn sie ihm naiv oder eindeutig unreif vorkommen, weil er sich in solchen Fällen sofort sagt, die Zeit sei der beste Lehrmeister. Er erhebt nur dann Widerspruch, wenn sie etwas Böses sagen oder sich offensichtlich von ihrem Egoismus leiten lassen.

Er stellt bei ihnen jedoch oft Schuldgefühle fest. Sie leiden unter der Tatsache, daß sie in einem Luxus gelebt haben und immer noch leben, den sie sich nicht selbst verdienten, sondern geschenkt bekamen. Dieses Schuldgefühl spürt er auch bei sich. Er versucht zwar, es zu rationalisieren, doch es kehrt immer wieder und macht ihn irgendwie traurig.

Auch Ralph ist Mitglied der Episkopalkirche und unterstützt seine Gemeinde mit Geldspenden. Wie Paul zweifelt jedoch auch er an der Existenz eines Gottes, den man um Rat und Hilfe anrufen kann. Trotzdem hat er oft über Ursprung und Sinn des Universums nachgedacht.

Er hat sich eine Philosophie zurechtgelegt, die halb pragmatisch und halb metaphysisch ist. Er glaubt zum Beispiel, daß harte Arbeit fast jeder Art die Voraussetzung für ein ausgefülltes und zufriedenes Leben ist. Wenn man ihr aus dem Wege geht, kommt es unweigerlich zu seelischen Verfallserscheinungen.

Er glaubt, daß Offenheit, Bescheidenheit und Selbstlosigkeit letzten Endes immer ihre Früchte tragen und glücklich machen. Der Grund für diese Annahme liegt vielleicht nur darin, daß er noch nie einen offenen, bescheidenen und selbstlosen Menschen kannte, der ständig unglücklich geblieben oder am Leben verzweifelt wäre. In diesem Glauben versucht Ralph ganz bewußt, offen und selbstlos zu handeln.

Er gibt jedoch bereitwillig zu, daß es ihm leider nur zu oft mißlungen sei, diese Grundsätze zu befolgen. «Aber jedesmal, wenn ich unehrlich oder egoistisch war», erklärt er, «machte es mich irgendwie traurig. Außerdem kann ich andere Menschen, die so etwas tun, viel besser verstehen, wenn ich selbst nicht vollkommen bin. Ich möchte aber betonen, daß ich nicht die Absicht habe, anderen Leuten Ratschläge fürs Leben zu geben.»

Als Ralph vor einigen Monaten zu seinem Arzt ging, stellte dieser normale Herzströme, normalen Blutdruck und einen Cholesterinspiegel von 208 mg/100 ml fest. Er fand nicht die geringsten Anhaltspunkte für Diabetes.

Dieser einwandfrei negative Befund überrascht uns natürlich nicht. Ralph braucht auch keineswegs Glück, um dem Schicksal einer Koronarkrankheit zu entgehen. Unsere klinischen und statistischen Erkenntnisse lassen nämlich darauf schließen, daß die Wahrscheinlichkeit für ein solches Leiden bei ihm weit unter 5 Prozent liegt – selbst in den nächsten zwanzig Jahren.

Kapitel 9

Einige gesicherte Ursachen für Koronararterienleiden

In diesem Buch wollen wir hauptsächlich erklären, weshalb Menschen, die ansonsten offenbar völlig gesund sind, ein Koronararterienleiden haben und später eine akute Koronarkrankheit – Angina pectoris oder einen Herzinfarkt – bekommen können. Es gibt jedoch einige krankhafte Störungen, von denen wir *wissen*, daß sie Koronararterienleiden verursachen. Wir können uns hier damit begnügen, sie relativ kurz zu schildern, weil kaum noch begründete Zweifel an dem Zusammenhang zwischen ihnen und Herzkrankheiten bestehen. Sie sind relativ leicht zu diagnostizieren. Wer eines dieser Leiden hat und es noch nicht weiß, ist wirklich selber schuld – vorausgesetzt, er läßt in vernünftigen Abständen eine Generaluntersuchung machen. Die Behandlung ist allerdings recht schwierig. Der genaue kausale Zusammenhang zwischen diesen krankhaften Störungen und der Entstehung von Koronarleiden ist in Fachkreisen weiterhin umstritten.

1. Diabetes mellitus oder Zuckerkrankheit ist mit absoluter Sicherheit eine Ursache für Koronararterienleiden. Die oberflächlichen Symptome des Diabetes – hoher Blutzuckergehalt, hoher Anteil dieses Zuckers im Urin – können zwar mit Medikamenten wie Insulin behandelt werden, doch die Biostatistiker und anderen Spezialisten streiten sich über den Schaden, den diese Mittel am Herzen anrichten können. Man weiß noch nicht einmal genau, ob sie schädliche Wirkungen auf den allgemeinen Gesundheitszustand haben, und es scheint sehr zweifelhaft, daß allein die Senkung des Blutzuckerspiegels irgendeinen Schutz vor der Entwicklung von Koronararterienleiden darstellt. Zuviel Blutzucker ist vielleicht nur ein Warnzeichen für ein viel tiefgreifenderes Leiden,

und die symptomatische Behandlung, mit der man allein den Blutzuckerspiegel regulieren will, hat unter Umständen nur begrenzten Wert. Wir müssen also auf neue Forschungsergebnisse warten. In der Zwischenzeit ist es aber trotzdem sinnvoll, den Blutzuckergehalt eines Patienten niedrig zu halten, schon um ihm das Weiterleben zu ermöglichen. Koronarkrankheiten sind schließlich nur eine der möglichen Diabetesfolgen, und noch dazu eine relativ spät eintretende. Wenn Sie also Diabetiker sind und Ihr Arzt Ihnen rät, Insulin zu nehmen, tun Sie es in Gottes Namen und seien Sie dankbar, daß es dieses lebensrettende Medikament gibt.

2. Hypertonie oder erhöhter Blutdruck gilt ebenfalls weithin – aber nicht überall – als Ursache von Koronarleiden und Koronarkrankheiten. Wir kennen mehrere Ärzte, die nicht bereit sind, Patienten mit leichter Hypertonie blutdrucksenkende Medikamente zu geben. Ihre Argumente können uns aber nicht überzeugen. Vermutlich würden fast alle Kollegen von uns der Ansicht zustimmen, daß Hypertonie (ob stark, mäßig oder leicht) *tatsächlich* zur vorzeitigen Entstehung von schweren Koronararterienleiden führt. Das vorzeitige Entstehen dieses Leidens hängt unmittelbar mit dem Grad der Hypertonie zusammen. Anders gesagt: Wenn Ihr Blutdruck beispielsweise 275/120 beträgt und Sie ihn nicht vom Arzt behandeln lassen, werden Sie mit fast hundertprozentiger Sicherheit nicht nur ein schweres Koronararterienleiden entwickeln, sondern in den nächsten fünf Jahren auch irgendeine akute Herzkrankheit – zum Beispiel Angina pectoris – bekommen, vorausgesetzt Sie schaffen es, in dieser Zeit einem Schlaganfall oder einer Urämie zu entgehen. Wenn Ihr Blutdruck dagegen nur leicht erhöht ist, also beispielsweise 165/100 beträgt, brauchen Sie sich in den nächsten Jahrzehnten nicht allzusehr vor akuten Koronarkrankheiten zu fürchten; wenn Sie diese Hypertonie allerdings überhaupt nicht behandeln lassen, spielen Sie gewissermaßen russisches Langzeitroulette.

Wir wissen im Augenblick noch nicht genau, weshalb *unbehandelte* Hypertonie so häufig zu vorzeitigem schwerem Koronararterienleiden führt. Einige Fachleute glauben, daß die Koronararterien oder Herzkranzschlagadern bei Menschen mit hohem Blutdruck weit öfter und schwerwiegender geschädigt werden als bei Menschen mit normalem Blutdruck, weil sie in doppelter Hinsicht zusätzlich belastet werden. Erstens stehen die Herzkranzschlagadern von hypertonen Menschen ständig unter einem anomal hohen inneren Druck. Das kann nicht nur zu winzigen oder auch größeren Rissen in den Gefäßwänden führen, sondern auch Risse verschlimmern, die auf ganz anderen Ursachen beruhen. Zweitens zieht sich das Herz wahrscheinlich weit heftiger zusammen, weil es einen höheren Druck überwinden muß, um das Blut in den Kreislauf zu pumpen. Bei diesen starken Kontraktionen werden die Koronararterien wahrscheinlich weit mehr gekrümmt und verdreht, als es bei normalen Herzbewegungen der Fall ist.

Erhöhter Blutdruck führt aber auch häufig zu einer zweiten Art von Herzkrankheiten. Wir nennen sie hochdruckbedingte Herzerkrankung. Sie entsteht, wenn das Herz, das bei seinem Kampf gegen den erhöhten äußeren Blutdruck immer dicker und schwerer geworden ist, schließlich nur noch mangelhaft pumpt. In diesem Fall kann der Patient unter Atemnot leiden, und seine Beine werden vielleicht von einer stagnierenden Flüssigkeit aufgeschwemmt, die sich vom Blut abgesetzt hat; das Blut zirkuliert nämlich nicht mehr richtig und erweitert und schwächt dadurch die Gefäße, die es eigentlich aufnehmen sollen. Nicht wenige hypertone Patienten leiden auch an dieser Herzkrankheit und einer Koronarkrankheit zugleich. Das ist keine angenehme Kombination!

Zum Glück steht dem Arzt heute ein wahres Arsenal wirksamer Medikamente zur Verfügung, mit denen er überhöhten Blutdruck nicht nur vorübergehend senken, sondern auch dauernd normalisieren kann. Bei diesem erfreulichen Stand der Therapie brauchen wir nur noch Patienten, die bereit sind, sie über sich ergehen zu lassen.

Zu viele Hypertoniker sind jedoch nicht bereit, das Jahr für Jahr zu tun. Das gilt besonders für Menschen, bei denen im Laufe einer Routineuntersuchung leicht oder mäßig erhöhter Blutdruck festgestellt wurde. Im Gegensatz zur unbehandelten Zuckerkrankheit kann unkontrollierte Hypertonie – manchmal auch sehr schwere Hypertonie – jahre- und sogar jahrzehntelang ohne Symptome verlaufen.

«Warum sollte ich mein Leben lang etwas einnehmen, wenn ich mich pudelwohl fühle und mein Blutdruck nicht so furchtbar hoch ist?» Diese Frage haben Tausende von Ärzten hundertmal beantworten müssen. Und leider überzeugten ihre Antworten die Patienten nicht immer von der Notwendigkeit einer laufenden medikamentösen Behandlung, die zugegebenermaßen manchmal Nebenwirkungen haben kann. Diese Nebenerscheinungen sind aber meist ohne Belang. Und warum sind die Antworten nicht immer überzeugend? Weil sie nur davor warnen, was in einem Jahrzehnt passieren *kann*, wenn der Blutdruck nicht in normalen Grenzen gehalten wird. Die meisten hypertonen Patienten sind aber erstaunlich kurzsichtig und weigern sich, gesundheitliche Schäden einzukalkulieren, die erst in zehn Jahren auftreten können. Das beruht nicht etwa auf ihrem geistigen Unvermögen, sich zukünftige Ereignisse vorzustellen, sondern auf der völligen Vernachlässigung ihrer Gesundheit – sie mögen sich einfach nicht mit Dingen beschäftigen, die mit ihrem körperlichen Wohlergehen zusammenhängen. Dieses Phänomen geht wiederum auf die Tatsache zurück, daß so viele, wenn nicht alle Menschen mit erhöhtem Blutdruck zum A-Typ gehören. Die meisten von ihnen gewöhnen sich das A-Typ-Verhalten schon an, lange bevor ihr Blutdruck steigt.

Tatsache bleibt jedoch, daß die meisten hypertonen Patienten ihr Leben lang irgendwelche Medikamente nehmen müssen. Selbst wenn der Blutdruck eines Patienten durch eine lästige medikamentöse Behandlung auf den richtigen Stand gedrückt worden ist, darf sich der Betreffende nicht auf die faule Haut setzen. Die ideale Therapie gegen Hypertonie sollte sich überdies nicht auf die Reduzierung des Blutdrucks beschränken, sondern muß die dauernde Normalisierung anstreben. Es kommt nur zu oft vor, daß der Blutdruck im Sprechzimmer des Arztes normal ist, aber gefährlich ansteigt, sobald der Betreffende unter Stress steht oder gereizt ist. Der Patient ist also gut beraten, wenn er lernt, seinen Blutdruck selbst zu messen. Er muß es aber auch häufig tun – oder von anderen machen lassen. Andere «flankierende Maßnahmen»: Gewichtsabnahme bis zum Stand, den man mit achtzehn Jahren hatte; kein Tabak in irgendeiner Form; Ernährung mit wenig Cholesterin und tierischen Fetten (siehe Seite 149 f); regelmäßige körperliche Betätigung und vor allem Abbau des A-Typ-Verhaltens, das so häufig mit diesem Leiden einhergeht. Die genauen Ursachen für Hypertonie kennt noch niemand. Sowjetische Wissenschaftler haben allerdings die (unserer Ansicht nach stichhaltige) Meinung geäußert, sie könne auf Störungen in einem oder mehreren Gehirnzentren zurückgehen, sei also nervösen Ursprungs. Wenn das stimmt, ist der Zusammenhang mit dem A-Typ-Verhalten noch logischer.

3. Erbliche Hypercholesterinämie (erhöhter Cholesteringehalt im Blut) ist ein relativ seltenes, genetisch bedingtes Leiden, das durch einen radikal erhöhten Cholesterinspiegel im Blutserum charakterisiert wird. Heute neigen zwar immer mehr Herzforscher dazu, *alle* Arten der Hypercholesterinämie zumindest teilweise als erblich zu betrachten, doch an der Erblichkeit der oben genannten Form bestehen keinerlei Zweifel mehr, wie schon der Name sagt. Sie hat noch eine Reihe anderer Namen – im Augenblick ist gerade die unendlich komplizierte Bezeichnung Hyperbetalipoproteinämie in Mode gekommen. Doch welchen Namen man auch benutzt, es ist und bleibt eine ganz abscheuliche Krankheit, die man bei einem kleinen Kind oft nur dann entdeckt, wenn man eigens eine Cholesterinuntersuchung machen läßt. Manchmal kommt man auch darauf, wenn ein Elternteil einen Herzinfarkt hat und unter den verräterischen Symptomen leidet – Cholesterinspiegel von 300 bis 1000 mg/100 ml und in gewissen Körpersehnen eine bestimmte Art von kleinen, ziemlich harten Knoten, die sich nur undeutlich von ihrer Umgebung abheben. Gelegentlich erkennt man das Leiden auch bei Jugendlichen, bei denen es Brustschmerzen oder sogar einen Herzmuskelinfarkt hervorruft. In diesem Fall sind Koronararterien blockiert gewesen, eine oder beide. In der Regel kommt es jedoch erst nach dem zweiten Lebensjahrzehnt zu diesen Folgen, aber es gibt nur wenige Kranke, die ohne irgendeine Form von Koronarkrankheiten über sechzig Jahre alt werden.

Menschen, die wissen, daß sie (oder ihre Kinder) unter erblicher

Hypercholesterinämie leiden, brauchen einen Spezialisten, der sich hauptsächlich mit dem Studium und der Behandlung von Cholesterinstörungen beschäftigt. Solche Fachärzte gibt es in den meisten größeren Krankenanstalten. Das Leiden ist jedoch nicht oft hundertprozentig zu heilen. Geschickte und erfahrene Spezialisten haben aber schon so vielen Kranken geholfen, daß wir Grund zu vorsichtigem Optimismus haben dürfen. Wir sind absolut sicher, daß sich die Lage auf diesem Gebiet mit der Zeit noch mehr verbessern wird. Wir können den Betroffenen jedoch nicht dringend genug raten, unverzüglich einen Spezialisten aufzusuchen.

4. Hyperthyreose oder Überfunktion der Schilddrüse wird unweigerlich zur vorzeitigen Entwicklung von Koronarleiden führen, wenn man sie nicht behandelt. Das gleiche gilt für die Unterfunktion der Schilddrüse. Es ist jedoch beinahe müßig, diese Krankheiten hier zu erwähnen. Schilddrüsendefekte werden heute fast in jedem Fall behandelt, weil Mediziner selbst die geringfügigsten Funktionsstörungen der Schilddrüse aufspüren können und viele von ihnen dazu neigen, schon bei Verdacht auf eine Unterfunktion dieses Organs Präparate des Schilddrüsenhormons zu verschreiben. Es ist beispielsweise sehr unwahrscheinlich, daß es in den USA mehr als 500 Menschen gibt, die nicht über genügend Schilddrüsenhormon verfügen. In Amerika sind Präparate des Schilddrüsenhormons nach Aspirin, Vitaminpillen und Beruhigungsmitteln wahrscheinlich die meistgeschluckten Medikamente überhaupt. Trotz des entschiedenen Zusammenhangs zwischen Hyperthyreose und Koronarkrankheiten wird die Hyperthyreose in der Praxis nur sehr selten als Ursache ausgemacht. Schade – wie schön wäre es doch, wenn wir die Verbreitung der Koronarleiden einfach durch eine Pille aufhalten könnten, die rund 25 Prozent der amerikanischen Städterinnen bereits ohne schädliche Nebenwirkungen nehmen!

Jeder Mensch, der im Augenblick eine der krankhaften Störungen hat, die wir hier als gesicherte Ursachen für Koronarkrankheiten aufgeführt haben, braucht sein Leben lang die *kontinuierliche* und *regelmäßige* Überwachung durch seinen Hausarzt. Wenn Sie

Diabetes, Hypertonie, Hypercholesterinämie oder Hyperthyreose haben sollten, wird der Arzt übrigens viel mehr zu Ihrer Lebenserwartung beitragen als alle möglichen Bücher dieser Art.

Wer unter schwerem Diabetes leidet, braucht solche Ratschläge allerdings nicht; er weiß nur zu gut, daß er ohne genaueste medizinische Überwachung schon in ein paar Tagen oder Wochen lebensgefährliche Symptome haben kann. Den Menschen, die nicht «leiden», aber zu hohen Blutdruck oder einen zu hohen Cholesterinspiegel haben, können unsere Hinweise dagegen gar nicht genug eingehämmert werden.

Selbst wenn die Leiden nicht behandelt werden, brauchen sie nicht unbedingt sofort Symptome hervorzurufen. Sie tun es sogar nur selten. Sie können jahre- und jahrzehntelang unkontrolliert bleiben, bevor sich ihr Zerstörungswerk an den Arterien als «Gefäßtragödie» äußert. Wenn man unter Hypertonie leidet, kann es sogar passieren, daß die ersten Symptome erst dann auftreten, wenn der Blutdruck bereits auf einen normalen Stand heruntergedrückt worden ist. Auch in diesem Fall haben die heute benutzten Medikamente zur Senkung des Blutdrucks oder Cholesterinspiegels manchmal Nebenwirkungen, die vielleicht lästig, aber nur selten ernst oder gar gefährlich sind.

Warum betonen wir immer wieder, daß Hypertoniker oder Menschen mit erhöhtem Cholesterinspiegel regelmäßig zum Arzt gehen sollen? Warum weisen wir ständig darauf hin, daß sie die verschriebenen Medikamente einnehmen müssen, bis der Arzt – ohne ihr ständiges Drängen – entscheidet, daß sie diese nicht mehr brauchen? Wir tun es, weil wir allen Grund zu dem Verdacht haben, daß der hypertonische oder hypercholesterinämische Patient (und natürlich auch der Koronarpatient) selbst dann eine eigentümliche – beinahe symptomatische – Aversion gegen Medikamente hegt, wenn er weiß, daß sie seinen Blutdruck oder Cholesterinspiegel gesenkt, ihm also geholfen haben.

«Muß ich denn immer noch die Tabletten nehmen, wo mein Blutdruck doch schon wieder normal ist?» Diese Frage haben uns schon Hunderte von hypertonischen Patienten gestellt. «Stören sie Sie?» fragen wir dann jedesmal zurück. «Nein, aber ich nehme nicht gern Medizin», antworten sie unweigerlich. Wir haben uns schon seit Jahren an diese Fragen gewöhnt, so daß wir manchmal nur noch milde lächeln und sagen: «Sie nehmen doch auch jeden Tag Zahnpasta, und sie stört Sie nicht – aber sie enthält ebenfalls Medizin.» Es gibt allerdings Blutdruckpatienten, die auch darauf noch eine passende Antwort wissen: «Ja, aber die Zahnpasta brauche ich wenigstens nicht zu schlucken.»

Wir wagen zu prophezeien, daß man bei der Entdeckung der wahren Ursache von erhöhtem Blutdruck eines Tages auch die Persönlichkeitsstruktur nennen wird, die wir als A-Typ bezeichnen. Zu dieser Struktur gehört unter anderem eine Abneigung gegen Ärzte und ihre «teuren» Rezepte. In diesem Zusammenhang möchten wir noch einmal darauf hinweisen, daß die meisten sowjetischen Ärzte den Ursprung der Hypertonie in einer gestörten Persönlichkeitsstruktur sehen und das Leiden entsprechend behandeln. Wir vermuten, daß sie mit dieser Annahme recht haben, aber die meisten Kollegen von uns würden es weit von der Hand weisen. Dabei ist es interessant, daß einige führende Vertreter der amerikanischen Medizin zwar zur Zusammenarbeit mit russischen Medizinern bereit sind, gleichzeitig aber zu dem Schluß kamen, für «kooperative» Studien über die Ursachen des erhöhten Blutdrucks sei die Zeit noch nicht reif. Wir sind sicher, daß die sowjetischen Wissenschaftler trotzdem weiterforschen werden.

Kapitel 10

Einige wahrscheinliche – aber noch umstrittene – Ursachen für Koronararterienleiden

Wie wir bereits sagten, streiten sich die Herzforscher immer noch über die Ursachen der Koronarkrankheiten, weil sie einfach nicht genug über das Problem als Ganzes wissen, um die Schuldfrage mit letzter Gewißheit klären zu können. Wir tasten uns immer noch voran, untersuchen auffällige Übereinstimmungen, analysieren offensichtliche Zusammenhänge, wägen die augenscheinlichen Widersprüche des Beweismaterials ab. Oft gibt es Überraschungen, und die Lösung eines Rätsels schafft häufig nur neue Rätsel, doch in jahrelanger Forschung hat man eine Liste von begründeten Annahmen zusammengestellt, die den Terminus «wahrscheinliche Ursachen» verdienen. Jede hat ihre – manchmal recht lautstarken – Befürworter. Wir sind der Meinung, daß diese Liste wahrscheinlicher Ursachen katastrophal unvollständig wäre, wenn man ihr nicht das von uns entdeckte A-Typ-Syndrom hinzufügte. Wer jedoch keinen Herzinfarkt bekommen möchte, muß alle darin enthaltenen Faktoren berücksichtigen. Sie spielen zweifellos alle mit, wir wissen nur noch nicht genau, welche Rolle sie spielen und wie groß diese Rolle ist.

Schädliche Eßgewohnheiten

Fast alle Herzforscher nehmen an, daß die Eßgewohnheiten der westlichen Welt irgendwie zum Entstehen von Koronarerkrankungen beitragen. Andererseits sind nur wenige von ihnen davon überzeugt, daß diese Gewohnheiten eine Hauptrolle spielen. Für jedes Indiz, das die gewöhnliche Ernährung der westlichen Welt betrifft, gibt es Anhaltspunkte, die den Urteilsspruch erschweren.

Ankläger des Essens berufen sich vor allem auf die Tatsache, daß man bei bestimmten Tieren – Kaninchen, Affen, Schweinen, Tauben und Hühnern – durch übermäßiges Füttern mit Cholesterin Koronarkrankheiten hervorrufen kann. Dieses Phänomen, das seit dem Anfang unseres Jahrhunderts bekannt ist, erwähnten wir bereits. Ohne diese Erkenntnis wären alle Indizien für einen Zusammenhang zwischen Herzkrankheiten und Ernährung, die wir inzwischen angehäuft haben, bestenfalls verlockend und schlimmstenfalls trügerisch.

Leider haben wir damit noch keinen unumstößlichen Beweis. Bestimmte andere Tiere – Ratten und Hunde zum Beispiel – können noch soviel Cholesterin fressen und entwickeln trotzdem keine Koronarleiden. Ihr Cholesterinspiegel läßt sich überhaupt nicht beeinflussen, und ihre Arterien weisen keine krankhaften Veränderungen auf. Außerdem bekommen auch so anfällige Tiere wie Kaninchen und Affen erst dann ein Koronararterienleiden, wenn man ihnen gewaltige Mengen von Cholesterin verabreicht. Wenn man ihnen nur die winzigen Quantitäten gibt, die in der menschlichen Nahrung enthalten sind, passiert wahrscheinlich überhaupt nichts. Diese Tiere erhalten außerdem eine Substanz, die sie in der Freiheit niemals zu sich nehmen, während die anderen Arten – Hunde und Ratten – auch normalerweise cholesterinhaltige Substanzen fressen, gegen die übermäßigen Labordosen jedoch relativ immun sind.

Es gibt aber noch eine Tatsache, die viele Wissenschaftler annehmen läßt, daß unsere Ernährung beim Entstehen von Koronararterienleiden mitspielt: Nicht weniger als die Hälfte aller Menschen mit Symptomen dieses Leidens hat einen erhöhten Blutgehalt an Cholesterin. Außerdem entwickeln Menschen mit einem erhöhten Cholesterinspiegel, die noch kein Koronarleiden haben, später mit weit größerer Wahrscheinlichkeit ein solches Leiden als Vergleichspersonen mit einem normalen Cholesterinspiegel. Da der Blutgehalt an Cholesterin irgendwie mit der Menge von Cholesterin zusammenhängt, die man mit der Nahrung aufnimmt, ist es ganz begreiflich, daß unsere Ärzte die westlichen Eßgewohnheiten scheel betrachten. Neben der Menge an Cholesterin und Fetten, die man mit der Nahrung aufnimmt, gibt es allerdings noch andere Faktoren, die den Cholesterinspiegel heben können und es auch tun. Wenn einige Epidemiologen also versuchen, dem Cholesterin- oder Fettkonsum (oder beiden) die *alleinige* Schuld für einen erhöhten Cholesterinspiegel zuzuschieben, handeln sie zumindest übereilt.

Die dritte Indizienkette, die das Mißtrauen der Wissenschaftler gegen die westlichen Eßgewohnheiten stützt, beruht auf der Verbreitung von Koronarerkrankungen. Sie sind in fast jedem Land stark verbreitet, wo man im Durchschnitt viel Nahrungscholesterin und Nahrungsfette zu sich nimmt. Relativ niedrig ist die Verbreitung von Koronarleiden dagegen in Ländern, wo vergleichsweise wenig Cholesterin und Fett gegessen wird. Man hat zum Beispiel festgestellt, daß die Japaner weit weniger tierische Fette (und wohl auch weniger Cholesterin) zu sich nehmen als die Bewohner der meisten westlichen Staaten, und sie leiden im Durchschnitt viel weniger unter Koronarerkrankungen als die Menschen in Westeuropa und Nordamerika. Aber auch hier hat die Wissenschaft mit statistischen Widersprüchen zu kämpfen.

Das Datengerüst, das die begeisterten Verfechter der Ernährungstheorie vielleicht am wirksamsten widerlegt, wurde ursprünglich von ihnen selbst entdeckt, obgleich sie heute lieber nicht mehr davon reden. Die Bewohner bestimmter Länder essen nämlich ungefähr die gleiche Nahrung wie die Menschen anderer Länder, werden aber ungleich häufiger – bzw. seltener – herzkrank. Diese Unterschiede hat man bis heute nicht erklären können. So nehmen die Finnen etwa ebensoviel Cholesterin und tierische Fette zu sich wie die Holländer, werden aber zweieinhalbmal so oft koronarkrank. Die Schweizer essen etwa die gleiche Menge von Cholesterin und Fett wie die Schotten, leiden aber nur halb so oft unter Herzkrankheiten wie die Bewohner Schottlands. Die Anhänger der Theorie, Koronararterienleiden gingen hauptsächlich auf einen hohen Cholesterin- und Fettkonsum zurück, werden noch durch eine andere Tatsache verunsichert: Die Bewohner Ostfinnlands essen ungefähr die gleiche Menge Cholesterin und Fett wie die Westfinnen, leiden aber fast doppelt so häufig unter Koronarerkrankungen. Diese widersprüchlichen Daten besagen natürlich, daß die Ernährung nicht die alleinige

Antwort, noch nicht einmal die Hauptantwort auf die Frage nach den Ursachen von Koronarleiden sein kann.

Man hat allerdings noch beunruhigendere Fakten entdeckt. So nehmen zum Beispiel die Navajo-Indianer genausoviel – oder noch mehr – Cholesterin und tierische Fette zu sich wie ihre weißen amerikanischen Nachbarn, leiden aber selten oder nie unter Koronarkrankheiten. «Wie kommt das bloß?» fragen sich viele Herzforscher immer wieder. Noch frappierender ist es bei den Angehörigen des Massai-Stammes in Kenia. Die Massai verspeisen beängstigend große Mengen von Cholesterin und tierischen Fetten, haben jedoch nie Koronarkrankheiten; außerdem wurden bei Massai-Autopsien noch nie Koronararterienleiden diagnostiziert. «Und wie kommt das bloß bei denen?» fragen sich auch hier zahlreiche Herzforscher.

Kein seriöser Kardiologe kann an der vergleichenden Untersuchung vorbeigehen, die von Ernährungswissenschaftlern der Universität Harvard durchgeführt wurde. Die Harvard-Leute studierten die Ernährung und Verbreitung von Koronarerkrankungen bei einer großen Zahl von Iren, die in Boston leben, und verglichen die Ergebnisse mit Daten über deren Brüder, die auf der grünen Insel geblieben waren. Sie fanden Indizien dafür, daß die Brüder, die den Boden Irlands nicht verlassen hatten, zwar mehr Cholesterin und tierische Fette konsumierten als die Auswanderer, aber nur halb so oft einen Herzinfarkt bekamen. Was schützte diese bodenständigen Iren?

Die Tatsache, daß es in den USA heute mindestens fünfmal soviel Koronararterienleiden und daraus resultierende Koronarerkrankungen gibt wie vor fünfzig Jahren, läßt sich nicht wegdiskutieren. Wenn allein die Eßgewohnheiten schuld sind, müßten die Amerikaner heute fünfmal soviel Cholesterin und tierische Fette konsumieren wie damals. Soweit man aber feststellen kann, scheint der Durchschnittskonsum jener Substanzen in diesem Zeitraum überhaupt nicht gestiegen zu sein. Unsere Großeltern kannten ganz bestimmt Eier, Butter, Milch und Fleisch vom Rind oder Schwein. Sie wußten sehr wohl, daß man diese Dinge essen kann, und verspeisten sie deshalb auch. Aber die meisten dieser Nahrungsmittel enthalten viel Cholesterin und tierische Fette.

«Warum bekamen sie längst nicht so oft einen Herzinfarkt wie wir?» Das ist eine weitere Frage, die sich viele Herzforscher immer wieder insgeheim und im Kollegenkreis vorlegen. Die Epidemiologen haben sich mit gutem Grund vor einer Antwort auf diese Frage gedrückt – sie können sie einfach nicht beantworten!

An den westlichen Eßgewohnheiten ist noch ein viertes Phänomen zu beobachten, das die meisten Herzforscher vor bestimmten Gerichten zurückschrecken läßt. Es handelt sich um die Entdeckung, daß übermäßiger Konsum von einfachem Zucker (und wahrscheinlich auch von Stärke) zwar nicht bei allen, aber doch bei manchen Menschen zu einem Anstieg des Blutfettspiegels und damit zu einer Vermehrung ihrer cholesterinhaltigen Prä-Beta-Lipoproteide führt. Einige englische Forscher haben auch Untersuchungsergebnisse veröffentlicht, die ihrer Ansicht nach auf eine relativ hohe Korrelation zwischen der Aufnahme von einfachem Zucker (den man normalerweise beim Kochen benutzt und in Honig, Sirup, Früchten usw. findet) und der Verbreitung von Koronarkrankheiten hinweisen. Diese Korrelation sei nicht nur beim Vergleich verschiedener Zeiträume, sondern auch beim Vergleich verschiedener Bevölkerungsgruppen festzustellen.

Aber auch hier sind nur sehr wenige Herzforscher *überzeugt*, daß der Zucker- und Stärkeanteil unserer westlichen Ernährung die Hauptschuld an der schnell zunehmenden Verbreitung von Koronarerkrankungen getragen hat oder trägt. Die Bürger verschiedener süd- und mittelamerikanischer Länder haben schon generationenlang eine zucker- und stärkereiche Nahrung zu sich genommen, werden jedoch weit seltener koronarkrank als ihre nordamerikanischen Nachbarn. Außerdem ist es fast unmöglich, dieses Leiden bei Versuchstieren herbeizuführen, indem man ihre Nahrung mit großen – sogar riesigen – Mengen verschiedener Zucker- und Stärkearten versetzt. Dieses Phänomen schadet der Nahrungstheorie mehr als alle anderen Daten. Trotzdem sind sich die meisten Wissenschaftler der Tatsache bewußt, daß gewisse Menschen mittleren Alters tatsächlich mehr Prä-Beta-Lipoproteide im Blut zu entwickeln scheinen, wenn sie viel Zucker konsumieren. Und da gerade dieses Lipoproteid (wie wir bereits sagten) im Blut vieler Koronarkranker vermehrt vorhanden ist, überrascht es kaum, daß Herzforscher keine Lust mehr haben, zuviel Kohlehydrate in der Nahrung zu dulden. Wir glauben, daß Menschen vom A-Typ besonders dazu neigen, einen hohen Cholesterinspiegel zu entwickeln, wenn sie übermäßig viel einfachen Zucker verspeisen.

Schließlich gibt es noch einen fünften Grund, weshalb Herzforscher unsere Eßgewohnheiten anklagen. Man hat kürzlich beobachtet, daß die meisten Amerikaner heute den größten Teil ihrer täglichen Nahrung beim Abendessen zu sich nehmen. Das ist ein ziemlich neues Phänomen. Unsere Großeltern aßen gewöhnlich ein gutes Frühstück (das gute alte «anständige Frühstück»), ein bescheidenes Mittagessen und ein leichtes Abendbrot. Heute ist es selbst in Deutschland schon fast altmodisch, wenn man «Abendbrot» sagt. Man sagt Abendessen und kann es auch kaum noch anders nennen, weil es für ein Abendbrot viel zu schwer ist – und weil es sich immer häufiger um eine warme Mahlzeit handelt. Amerikanische Wissenschaftler haben jedenfalls herausgefunden, daß der durchschnittliche Blutgehalt an Cholesterin und Fett gewöhnlich steigt, wenn man die größte Menge der täglichen Cholesterin- und Fettration bei der Abendmahlzeit konsumiert.

Das sind sehr neue Forschungsergebnisse, und wir konnten bisher noch nicht feststellen, wie unsere Fachkollegen darauf reagieren. Wie wir vermuten, werden sie abermals nicht hundertprozentig überzeugt sein, daß diese veränderten Eßgewohnheiten von allergrößter Bedeutung sind.

In vielen epidemiologischen Untersuchungen über die möglichen Kausalzusammenhänge zwischen der Ernährung und dem Entstehen von Koronarleiden und Koronarkrankheiten wurden wissenschaftliche Grundregeln sträflich mißachtet. So verglich man zum Beispiel Dschungelbewohner, die zu einer völlig anderen Kultur und einem völlig anderen sozioökonomischen Milieu gehörten als wir, größtenteils von Darmparasiten befallen waren und unter Dutzenden von chronischen Infektionskrankheiten litten, mit einer Gruppe amerikanischer Geschäftsleute, die keinerlei Parasiten oder infektiöse Krankheiten hatten, dafür aber tief in der Stress-

Mühle des US-Geschäftslebens steckten. Diese Unterschiede wurden bei der Auswertung aber nicht im geringsten berücksichtigt. Man verglich lediglich die Nahrungsaufnahme von Cholesterin und Fett, den Blutgehalt an Cholesterin und die Verbreitung von Koronarerkrankungen. Ist es ein Wunder, daß diese Studie, in der die relative Seltenheit von Herzkrankheiten bei Eingeborenen auf deren niedrigen Konsum an Cholesterin und tierischen Fetten zurückgeführt wurde, in Fachkreisen nicht gerade Begeisterung erregte?

Wissenschaftler und Ärzte, die in der Forschung tätig sind, empfinden die Presseveröffentlichungen von Anhängern der Ernährungstheorie nicht nur als übertrieben, sondern als tendenziös. Die amerikanischen Ernährungsepidemiologen begreifen die Ursachen und Gründe für dieses Mißtrauen nicht ganz und beantragen fortwährend neue Zuschüsse (insgesamt haben sie schon viele Millionen Dollar bekommen), um genau die gleichen Untersuchungen zu wiederholen. Da sie die Fachwelt nicht mit den Ergebnissen von Erhebungen überzeugen konnten, bei denen sie nur einige Hundert Menschen befragten, erhoffen sie sich offenbar Anerkennung, wenn sie die gleiche Studie mit Zehntausenden von Versuchspersonen durchführen – was allerdings rund eine Milliarde Dollar kosten würde.

Unsere Epidemiologen sollten langsam begreifen, daß große medizinische Entdeckungen keineswegs von der Zahl der Tiere oder Menschen abhängen, die man beobachtet. Der englische Landarzt Edward Lenner brauchte keine Armee von Pockenkranken zu beobachten, um seinen Impfstoff gegen Pocken zu entdekken. Es genügte, daß er die Arme einiger Melkerinnen sorgsam und genau untersuchte. Pasteur brauchte nur ein Kind, das von einem tollwütigen Hund gebissen worden war, um den Impfstoff gegen die Tollwut zu entwickeln. In der jüngeren Vergangenheit war es ganz ähnlich. Als der englische Pathologe Sir Howard Walter Florey und seine Mitarbeiter sahen, daß von 25 Ratten, denen sie tödliche Bakterien injiziert und anschließend Penicillin gegeben hatten, 24 Tiere überlebten, wußten sie sofort, daß Penicillin ein fabelhaft wirksames Medikament ist.

Nach zwei Jahrzehnten, in denen man viele Millionen Dollar

für die Beobachtung der Eßgewohnheiten von Jemeniten, Bantus, Serben, Eskimos, Massai, Rendilles und Dutzenden anderer Populationen ausgab, hat man also sämtliche eventuell nützlichen Informationen herausgefiltert, die solche Studien überhaupt hergeben. Mehr noch, man gewann so viele Daten über so viele verschiedene Bevölkerungsgruppen und veröffentlichte so viele Erklärungen und Gegenerklärungen, daß es in diesem Forschungsbereich heute fast wie im Tollhaus zugeht und die Fachleute kaum besser Bescheid wissen als die Laien.

Worin besteht denn nun die Gefahr der westlichen Ernährung – wenn es überhaupt eine solche Gefahr gibt? Wenn man alle (aber auch alle) Daten berücksichtigt, die in Laboratorien, Kliniken und bei epidemiologischen Untersuchungen gewonnen wurden, kommt man zu folgendem Ergebnis: Es ist relativ unwahrscheinlich, daß Sie und die meisten anderen Menschen ein ernstzunehmendes Koronararterienleiden entwickeln, solange Sie täglich nie viel mehr als 200 Milligramm Cholesterin (das entspricht der Cholesterinmenge, die in drei Teelöffeln Eigelb enthalten ist) zu sich genommen haben. Das ist jedenfalls unsere Überzeugung.

Wir sagen das, weil selbst die Arterien, bei denen man im Labor die schwersten krankhaften Veränderungen herbeigeführt hat, schnell und gut heilen und nur eine relativ winzige Vernarbung oder Plaque zurückbehalten. Das gilt aber nur, wenn die Nahrung nicht mit Cholesterin versetzt wird. Enthält die Nahrung jedoch Cholesterin, arten auch unbedeutende Plaques in eine wachsende Masse cholesterinhaltiger Zellen aus, die den Hohlraum der Blutgefäße zunehmend blockiert. Die Gefahr, daß sich Cholesterin in den beschädigten Arterienstellen einnistet, beruht nicht etwa auf der Tatsache, daß es sich einfach in dem langsam abheilenden Arteriengewebe ansammelt. Sie geht vielmehr darauf zurück, daß Cholesterin zu einer tumorähnlichen Wucherung der neuen Arterienzellen führt. Wie wir in Kapitel 5 erklärten, ist Cholesterin nicht etwa eine Art untätiger Arterienmüll; es ist eine reizauslösende, wachstumsfördernde chemische Substanz. Es wirkt auf krankhaft veränderte Arterien ganz ähnlich wie Salz, das man zum Beispiel auf Fechtwunden im Gesicht reiben kann, wenn die Narbe doppelt oder dreimal so groß werden soll wie ohne diese

«Behandlung». Schlagende Verbindungsstudenten machen sich diese Tatsache noch heute zunutze.

Unser übermäßiges Interesse für den Cholesterin- und Tierfettgehalt unserer Nahrung hat leider auch dazu geführt, daß wir die verschiedenen krankhaften Veränderungen der Arterien so wenig beachtet haben und beachten. Noch weniger Aufmerksamkeit schenkten wir den Eigenschaften einer krankhaft veränderten Arterie, die zur Bildung von tumorähnlichem Gewebe führen, wenn die beschädigten Zellen mit Cholesterin in Berührung kommen. Wenn wir wüßten, wie man diese ursprünglichen krankhaften Veränderungen verhüten oder abschwächen könnte, brauchten wir uns nicht so viele Sorgen über den gefährlichen Nahrungsanteil von Cholesterin und tierischen Fetten zu machen. Das gleiche gilt natürlich auch, wenn wir die Wucherungsreaktion der beschädigten Arterien auf übermäßiges Cholesterin verlangsamen könnten.

Bis wir diese Probleme anpacken und lösen, müssen Sie Ihren Konsum an Cholesterin und tierischen Fetten zurückschrauben. Schlimmstenfalls schlagen Sie einem vielfüßigen Drachen damit nur ein einziges Bein ab.

Wir dürfen nicht vergessen, daß die Menschen aller westlichen Länder heute etwa die gleiche Art und Menge von Nahrung zu sich nehmen. Wenn diese Nahrung in jedem Fall zur frühzeitigen Entstehung von schwerwiegenden Koronarkrankheiten führt, müßten wir alle – und nicht nur 5 bis 10 Prozent von uns – am Herzinfarkt sterben. Offensichtlich spielen noch andere Faktoren mit, die entweder 90 Prozent der westlichen Bevölkerung schützen oder 10 Prozent umbringen. Wir glauben, daß man diese Faktoren unbedingt entdecken muß. Inzwischen sollten Sie aber auch daran denken, daß einer der Gründe, weshalb die Fachärzte revidierte Eßgewohnheiten fordern, einfach in ihrer Enttäuschung über die bisherigen Mißerfolge zu sehen ist – sie wissen nicht, wie sie das Leiden wirksam in den Griff bekommen sollen, und meinen deshalb, es sei immer noch besser, irgend etwas zu unternehmen, als die Hände in den Schoß zu legen.

Haben wir die Rolle, die unsere Ernährung möglicherweise bei der Entstehung von Koronarkrankheiten spielt, in diesem Abschnitt übertrieben? Bevor Sie diese Frage beantworten, sollten Sie zuerst lesen, was der «Kommandotrupp» des *National Heart and Lung Institute* in diesem Zusammenhang feststellte. Dieses Gremium, das aus einigen führenden amerikanischen Herzspezialisten bestand, kam 1971 zu folgendem Schluß:

> «Einige Indizien stützen zwar die verbreitete Annahme, daß Blutlipoide (also Blutfette und Cholesterin) in einem *kausalen* Zusammenhang zur Arteriosklerose stehen und daß eine Verminderung des Nahrungsgehalts an Fetten im allgemeinen und gesättigten Fetten im besonderen zur Verhinderung ... von Herzinfarkten und Herzschlägen beitragen könnte, aber diese Indizien sind wissenschaftlich nicht hundertprozentig überzeugend. Ernährungsempfehlungen beruhen deshalb nicht auf *wissenschaftlichen* Beweisen, sondern auf *persönlichen* Meinungen und *lückenhaften* Anhaltspunkten.»*

Also sprach das *National Heart and Lung Institute* der Vereinigten Staaten von Amerika – nachdem man jahrzehntelang Millionen von Dollar für Dutzende von epidemiologischen Ernährungsstudien ausgegeben hatte!

Zigarettenrauchen

Man streitet sich zwar immer noch darüber, ob Amerika der westlichen Welt nun die Syphilis schenkte oder nicht, doch es wird wohl nirgends mehr bezweifelt, daß es die anderen Länder irgendwann im 16. Jahrhundert mit dem Tabak beglückte. Und je mehr Diebe, Bankrotteure und Prostituierte England in den folgenden Jahrhunderten an der amerikanischen Küste ablieferte, desto mehr Tonnen Tabak lud Amerika an Englands Gestaden ab. Die diabolische Anziehungskraft, die diese Pflanze von Anfang an auf viele Menschen ausübte, wird vielleicht erklärlich, wenn man sich daran erinnert, daß der englische Dichter Edmund Spenser

---

* Die Kursivschrift stammt von uns.

den Tabak schon vier Jahre, nachdem Sir Francis Drake das Pfeiferauchen am Hof der Königin Elisabeth eingeführt hatte, in seinen *Gesängen der Feenkönigin* als «göttlich» pries.

Für manche Menschen war der Tabak ein Geschenk des Himmels, für andere jedoch ein Teufelskraut. Der englische König James I. donnerte 1604, Tabak sei «ein Abkömmling von den Sünden der Trunkenheit, welche die Wurzel aller Sünden darstellt», und der viktorianische Schriftsteller und Maler John Ruskin glaubte felsenfest, der Zigarettenkonsum sei für den Sittenverfall verantwortlich, den er bei den Jünglingen auf dem europäischen Festland zu beobachten glaubte. Seit dreieinhalb Jahrhunderten haben viele Persönlichkeiten aus Politik und Literatur den Tabak verdammt – freilich nur mit geringer Wirkung, gab es doch für jeden angesehenen Schriftsteller, der vom Tabakrauchen abriet, mindestens zwei andere, die dazu aufforderten. Charles Lamb schrieb sehnsuchtsvoll: «Für dich, o Tabak, würde ich fast mein Leben lassen.» Lord Byron bezeichnete den Tabak als «sublim», und Charles Kingsley meinte, «unter dem Himmelszelt gibt es kein Kraut, das dir gleicht».

Der Tabakkonsum blüht hauptsächlich deshalb, weil er wirtschaftliche Vorteile bringt. Millionen von Menschen verdanken ihm den Arbeitsplatz. Vielleicht ist es noch wichtiger, daß die Regierung den Tabak – wie andere Produkte, die sie nicht gutheißen kann – unbarmherzig besteuert. Regierungen entschuldigen sich natürlich damit, daß diese hohen Steuern vom Tabakkonsum abschrecken.

Leider haben sie sich jedoch an die lukrative Einnahmequelle gewöhnt. Regierungen schrecken davor zurück, Erzeugnisse – selbst Opium – zu verbieten, wenn sie glänzende Gewinne bringen, und sei es auch ein Lohn der Sünde. Falls Sie das für Phantastereien halten, versuchen Sie nur einmal, einen einzigen Bundestagsabgeordneten aus einer Stadt mit bedeutender Zigarettenindustrie zu nennen, der für ein Verbot des Zigarettenrauchens eingetreten wäre!

Zu den weittragendsten historischen Folgen des Tabakkonsums im Westen kam es beim Krimkrieg, als britische und französische Soldaten den türkischen Brauch kennenlernten, kurze, dünne Papierröhrchen mit feingeschnittenem Tabak zu rauchen – eben Zigaretten. Wie schnell hat das Zigarettenrauchen seitdem alle anderen Formen des Tabakgenusses verdrängt! Es war angenehm zu betrachten und erregte keinen ästhetischen oder körperlichen Abscheu, es schien einen milderen, sanfteren Genuß zu vermitteln und erforderte so wenig Mühe und Arbeit – nur eine kleine Bewegung mit dem Streichholz, und alles andere ging fast automatisch. Oscar Wilde faßte diese Vorteile 1891 mit folgenden Worten zusammen: «Eine Zigarette ist die vollkommene Art eines vollkommenen Genusses.»

Aber dieser «vollkommene Genuß» und die trügerische Milde verführten die Bürger des Westens zu einer Angewohnheit, vor der sich Pfeifen- und Zigarrenraucher mehr oder weniger gehütet hatten – zum Lungenzug. Normalerweise entnimmt die Lunge der eingeatmeten Luft die Substanzen, die dem Körper gut tun, und befördert alle nutzlosen und schädlichen Stoffe, die der Körper wieder loswerden will, mit der ausgeatmeten Luft ins Freie. Wenn der Zigarettenraucher aber Rauch inhaliert, entnimmt die Lunge das darin enthaltene Nikotin, Kohlenmonoxid und andere Kohle- und Teerprodukte und belastet den Körper damit. Die mit dem Rauch inhalierte Luft atmet sie dagegen relativ gereinigt wieder aus. Der Zigarettenraucher benutzt seine Lunge grob gesagt als Kloake, in der die Luft, die er mit dem Rauch einatmet, nur ihre Schadstoffe hinterläßt.

Trotz dieses gefährlichen Rollentausches, den das Zigarettenrauchen mit sich bringt, wird diese Angewohnheit immer beliebter. Vielleicht lassen Sie sich von Statistiken beeindrucken: In Amerika ist der durchschnittliche Zigarettenkonsum in den letzten fünfzig Jahren um über 8000 Prozent gestiegen!

Sie werden zweifellos schon gemerkt haben, daß wir diesen Zustand nicht gerade erfreulich finden. Wie fast alle Ärzte sind auch wir *todsicher*, daß Rauchen für über 95 Prozent aller Fälle von Lungen-, Rachen- und Zungenkrebs sowie für einen sehr großen Prozentsatz aller gefährlichen Emphyseme (Lungenüberblähungen) verantwortlich ist. Wie steht es aber mit der Beziehung zwischen Zigarettenrauchen und Koronararterienleiden? Starke Zigarettenraucher – Personen mit einem Tageskonsum von mehr als zehn Zigaretten – entwickeln mindestens dreimal so oft frühzeitige Koronarkrankheiten wie Nichtraucher, das steht fest. Wir kennen keine einzige amerikanische epidemiologische Untersuchung, aus der nicht hervorgeht, daß starke Zigarettenraucher verstärkt zu Koronarkrankheiten tendieren.

Warum sind sich manche Fachleute angesichts dieser Statistiken immer noch nicht über die Rolle im klaren, die das Zigarettenrauchen bei der Entstehung von Koronararterienleiden spielt? Warum kam ein ausgewähltes Gremium, das vor einigen Jahren vom Leiter des US-Gesundheitsdienstes mit der Untersuchung dieses Zusammenhangs beauftragt wurde, nach langem Abwägen zu dem Schluß, männliche Zigarettenraucher stürben zwar öfter an Koronarkrankheiten als männliche Nichtraucher, aber man könne aus diesem statistischen Zusammenhang noch keine Kausalbeziehung herleiten? Dafür gibt es mehrere Gründe.

Erstens wies der Ausschuß des US-Gesundheitsdienstes – im Gegensatz zu dem Komitee, das 1960 von der *American Heart Association* gebildet worden war – nachdrücklich darauf hin, daß die Studien, in denen man das erhöhte Herzrisiko starker Raucher festgestellt hatte, auch erklärten, Pfeifenraucher (und Zigarrenraucher) schienen *nicht* häufiger an Koronarerkrankungen zu leiden als Nichtraucher. Diese scheinbare Immunität selbst stärkster Pfeifenraucher kann auch nicht darauf beruhen, daß sie weniger Nikotin aufnehmen. Pfeifentabak enthält noch mehr Nikotin als Zigarettentabak, und diese Substanz wird vom Mund etwa ebensoleicht absorbiert wie von der Lunge. Schon lange bevor diese raffinierten Untersuchungen durchgeführt wurden, erkannten kleine Jungen nach einigen verbotenen Zügen aus der väterlichen Pfeife, wie leicht einem wegen des Nikotins schlecht werden kann, den man aus Pfeifenrauch absorbiert – obgleich der Rauch bei ihnen nur den Mund und höchstens noch die Kehle erreichte. Anders gesagt: Warum haben Pfeifenraucher nicht das gleiche Risiko, wenn das Nikotin der Hauptschuldige ist? Dem Gremium des US-Gesundheitsdienstes gelang es nicht, diese Frage zu beantworten – vielleicht einer der Hauptgründe, weshalb der Ausschuß davor zurückschreckte, das Zigarettenrauchen als eine Ursache für Koronarerkrankungen zu brandmarken.

Aber der Regierungsausschuß ging noch in anderen Punkten weiser und differenzierter vor als die Herzforscher von der *American Heart Association*. Ihm fiel auf, daß Menschen, die unter emotionalem Stress stehen und stressanfällig sind, weit mehr rauchen als Menschen mit anderen Stressverhältnissen: Vielleicht führe dieser Stress nicht nur zu erhöhtem Zigarettenkonsum, sondern auch zur erhöhten Anfälligkeit gegen Koronarerkrankungen. Wissenschaftlich gesehen, war das natürlich ein recht gewagter Gedankengang, so daß sich der Ausschuß schnell auf eine recht uninteressante, aber weit sicherere Position zurückzog. Er kam zu dem Schluß, daß seine Ergebnisse keine «definitiven Aussagen» über die relative Rolle erlaubten, die Rauchen und psychologische Faktoren bei der Entstehung von Koronarkrankheiten spielten. Wir werden den Zusammenhang zwischen Persönlichkeitsbild und Zigarettenrauchen später noch erörtern, und wir werden dabei einige «definitive Aussagen» machen.

Das Regierungsgremium schreckte wahrscheinlich auch deshalb vor einer Verurteilung des Zigarettenrauchens zurück, weil es sich durchaus über die Tatsache klar war, daß zahlreiche Patienten mit Koronarleiden in ihrem ganzen Leben noch nie eine Zigarette angerührt haben. Schon diese Tatsache beweise, daß Zigarettenrauchen keinesfalls die einzige Ursache sein könne, wenn es tatsächlich zu Koronarstörungen führen sollte.

Ebenso rätselhaft fand der Ausschuß die japanischen Statistiken. Die Japaner rauchen zwar fast ebenso viele Zigaretten wie die Bewohner westlicher Länder, laufen aber weit weniger Gefahr, ein Koronarleiden zu entwickeln. Erwachsene Japaner rauchen beispielsweise im Durchschnitt 1667 Zigaretten jährlich, also nur knapp ein Sechstel weniger als die Finnen (1925 Zigaretten), aber neun Finnen, die jährlich an Koronarkrankheiten sterben, steht nur ein Japaner gegenüber, der diesen Tod erleidet. Eine ähnliche Diskrepanz besteht zwischen der amerikanischen und der japanischen Koronartodziffer. Warum scheint die Zigarette den Japanern so wenig zu schaden und für Bewohner westlicher Länder so gefährlich zu sein? Eine rassisch bedingte Immunität kommt zweifellos nicht in Frage, weil die Koronartodziffer bei Japanern, die in die USA auswandern, auf denselben Stand steigt wie bei weißen Amerikanern, die im Land geboren wurden.

Diese verblüffenden Statistiken wurden und werden noch heute von vielen amerikanischen Epidemiologen «unter den Teppich gefegt». Zugegeben, vielleicht glauben diese Wissenschaftler nur, wenn man die Widersprüche in der Öffentlichkeit breitträte, würde es zu einer «Verunsicherung und Verwirrung» der Öffentlichkeit kommen. Man bedenke aber den *Vertrauensverlust*, zu dem es – neben der Verwirrung und Verunsicherung – käme, wenn dieselbe Öffentlichkeit schließlich feststellen würde, daß ihre führenden Gesundheitsvertreter mit der Wahrheit hinter dem Berg hielten? Und sie wird es bestimmt feststellen. Besteht nicht die Gefahr, daß sie dann selbst die vernünftigsten Ratschläge ignorieren würde (wie es unsere desillusionierte Jugend schon heute tut)?

Es gibt noch einen anderen Grund, weshalb Herzforscher unklug wären, wenn sie die eigentümliche japanische Immunität gegen die koronarschädigenden Eigenschaften der Zigarette übersähen. Er besteht darin, daß gerade solche Ausnahmen in der Vergangenheit oft zur Entdeckung allgemeiner Regeln oder Wahrheiten führten, die noch wichtiger waren als die vorher akzeptierte Regel. Ausnahmen von der Regel können also Erkenntnisse bergen, die eine größere praktische Bedeutung haben als eben diese Regel.

Nikotin, einer der Bestandteile von Zigarettenrauch (wenn auch nicht der einzige schädliche und möglicherweise noch nicht einmal der schädlichste), wurde in zahlreichen Forschungslabors ausgiebig untersucht. Es wirkt zweifellos anregend auf das Nervensystem, zu dem nicht nur das Gehirn, sondern auch periphere Nerven gehören. Besonders stark regt es Nerven an, die unabhängig von unserem Willen arbeiten, also den Teil des Nervensystems, den wir *sympathisches Nervensystem* nennen. Es hat die Aufgabe, in jedem Sekundenbruchteil unseres Lebens unsere inneren Organe zu steuern und zu überwachen. Die Nikotinstimulierung kann diese Nerven zur Überproduktion von zwei bestimmten Substanzen veranlassen – Epinephrin (Adrenalin) und Norepinephrin (Noradrenalin). Wahrscheinlich findet diese Überproduktion bei Nikotingenuß tatsächlich statt. Wenn eines dieser beiden Nervenprodukte in zu großen Mengen im Blut zirkuliert, ist das für die empfindlichen Gefäßinnenwände alles andere als gesund. Blutgefäße, die zu lange einer zu hohen Konzentration einer oder beider Substanzen ausgesetzt sind, tragen unweigerlich schwerwiegende Schäden davon. Wenn der Blutgehalt an diesen Stoffen hoch genug ist, kann die Arterie sogar ziemlich schnell zerstört werden. Soweit wir jedoch wissen, enthält selbst das Blut der stärksten Zigarettenraucher nie so hohe Adrenalin- oder Noradrenalinkonzentrationen. Es ist aber gut möglich, daß im Blut dieser Menschen soviel Adrenalin oder Noradrenalin enthalten ist, daß die Gefäße leichte Schäden davontragen können. Sicher, dieser Blutgehalt ist vielleicht gar nicht furchtbar hoch, aber wenn er zwanzig- bis vierzigmal am Tag erreicht wird (indem der Betreffende zwanzig bis vierzig Zigaretten raucht) und wenn das Jahr für Jahr anhält, kann es durchaus zu ernstlichen, chronischen Arterienschäden führen.

Konnten Wissenschaftler bei Versuchstieren Koronarleiden herbeiführen, indem sie ihnen Nikotin injizierten oder sie konzentriertem Zigarettenrauch aussetzten? Nein, das nicht. Wenn man aber bestimmten Tieren exzessive Cholesterinmengen verabreicht und außerdem noch Nikotin einspritzt, kann man bestehende Koronarleiden verschlimmern. Die Indizien, die darauf hinweisen, sind allerdings etwas widersprüchlich.

Man hat außerdem schwache Indizien dafür gefunden, daß sich bestimmte gerinnfähige Bestandteile des Blutes starker Zigarettenraucher verändern. Sie vergrößern ihre Bereitschaft, sich an den Innenwänden der Koronararterien anzusammeln. Man sollte diese Indizien nicht leichtfertig von der Hand weisen; beim Menschen entwickeln sich schwerwiegende Koronarleiden nicht in einem Tag, einer Woche, einem Monat oder einem Jahr, sondern erst im Laufe mehrerer Jahrzehnte. Welche körperlichen Defekte es also auch sein mögen, die diese Krankheit begünstigen – sie springen nicht allzu deutlich ins Auge, wenn sie, sagen wir einmal, am 12775. Tag der durchschnittlichen Lebenserwartung von 25550 Tagen untersucht werden. Wenn man diese Defekte während einer bestimmten Versuchszeit beobachtet, können sie daher völlig nebensächlich scheinen, obgleich sie von allergrößter Wichtigkeit sind.

Die unstrittige Gefahr des Rauchens liegt natürlich in dem Kausalzusammenhang zwischen Tabakkonsum und Krebs. Bei der Behandlung von Patienten mit Koronarkrankheiten haben wir uns immer wieder mit einem Pyrrhussieg abfinden müssen. Wenn wir zum Beispiel einen zweiten Herzinfarkt verhinderten, mußten wir erleben, daß der Kranke einem weit schlimmeren Schicksal zum Opfer fiel – dem Lungenkrebs. Koronararterienleiden und akute Koronarkrankheiten sind recht häufig bei Menschen zu beobachten, die noch nie eine Zigarette, Zigarre oder Pfeife geraucht haben, aber wir können uns an keinen Fall aus unserer Praxis erinnern, bei dem ein Patient mit *primärem* Lungenkrebs vorher nicht Zigaretten geraucht hätte. Sicher, wir wissen, daß in der Fachliteratur einige Patienten mit primärem Lungenkrebs geschildert werden, die niemals rauchten. Aber die Kollegen, mit denen wir in Verbindung stehen, haben so etwas auch nur selten erlebt.

Wir glauben, daß Zigarettenrauchen Ihren Koronararterien und Ihren anderen Blutgefäßen schaden kann. Bei der Zuckerkrankheit und beim erhöhten Blutdruck war es ja ganz ähnlich: auch sie haben wahrscheinlich einen unmittelbaren, schädlichen Einfluß auf die Blutgefäße. Wir glauben aber auch, daß das Krankheitsrisiko Ihrer Arterien nicht größer ist als bei einem stark rauchenden Japaner, wenn Sie Ihre Herzkranzgefäße *nicht noch auf andere Weise* mißhandeln. Wenn Sie außer dieser kleinen Arterienmißhandlung Ihr Leben lang übermäßige Mengen von Cholesterin und tierischen Fetten konsumieren, wie es so viele Menschen aus westlichen Ländern tun, könnte die kombinierte Wirkung dieser beiden schlechten Angewohnheiten drei- oder viermal so groß sein wie der schädliche Effekt einer einzigen.

Allerdings können wir noch nicht einmal die letzte Aussage mit hundertprozentiger Gewißheit unterschreiben. Versuchspersonen vom A-Typ rauchen weit mehr Zigaretten als Versuchspersonen vom B-Typ, und wir wissen, daß der A-Typ weit anfälliger für Koronarleiden und Koronarerkrankungen ist als der B-Typ – ob er nun raucht oder nicht. Vielleicht schreiben wir einem Merkmal (also dem Zigarettenrauchen), das untrennbar mit einer Verhaltensstruktur verbunden ist, die Schuld an einer Krankheit –

nämlich dem Koronarleiden – zu, die in Wirklichkeit von der Verhaltensstruktur selbst ausgelöst wird. Sie mögen es kaum für möglich halten, daß so viele Herzforscher so naiv sein können, den Schwanz des Pferdes mit dem Pferd zu verwechseln. Aber wir haben vor einigen Seiten bereits auf einen ganz ähnlichen Irrtum hingewiesen: Lange Zeit wurde allgemein angenommen, hoher Blutzuckergehalt trüge die Hauptschuld am Diabetes. Wir haben außerdem erklärt, daß auch ein hoher Cholesterinspiegel vielleicht nicht selbst zur Entstehung von Koronararterienleiden beiträgt, sondern nur verrät, daß andere, weit schlimmere Kräfte am Werke sind.

Mangel an Bewegung

Wir möchten Ihnen von Anfang an sagen, daß wir körperliche Bewegung und Sport für einen außerordentlich wichtigen Beitrag zur Gesundheit halten. Man muß sich nur die richtige Betätigung aussuchen und darf nicht übertreiben. Das ist nicht nur unsere persönliche Ansicht, sondern auch die Meinung aller Ärzte, die wir je gekannt haben. Wir haben übrigens fasziniert und entsetzt beobachtet, mit welchem Einfallsreichtum die Bewohner westlicher Länder die menschliche Muskelkraft auf allen nur denkbaren Gebieten – zum Beispiel beim Rasenmähen und beim Anrühren von Puddingen – durch andere Energieformen ersetzen.

Diese von den verschiedensten Maschinen und Geräten ermöglichte Trägheit hat sich in Amerika ungefähr mit der gleichen Geschwindigkeit verbreitet wie die Koronarerkrankungen, und man hegt den begründeten Verdacht, daß hier ein Kausalzusammenhang besteht. Eine ganze Reihe von Kardiologen vertritt diese Annahme mit allem Nachdruck. Einige von ihnen, die nicht herzleidend sind, führen ihre Immunität auf ihre jeweilige Lieblingsbetätigung oder auf ihren Lieblingssport zurück. Andere, die sich früher nie körperlich betätigten, herzkrank wurden und dieses Leiden besiegten, sind fest davon überzeugt, daß der Sport zu ihrer Rettung beitrug. Die Vertreter beider Richtungen haben mit beinahe messianischem Eifer versucht, ihre Mitbürger in den Massenmedien über die Vorzüge der körperlichen Betätigung im allgemeinen und ihres Lieblingssports im besonderen «aufzuklären». Hunderte von anderen Ärzten und Tausende von Sportpädagogen schlossen sich diesem Propagandafeldzug an. Man veröffentlichte Dutzende von Büchern und Hunderte von Broschüren und brachte Tausende von Fernseh- und Rundfunksendungen. Wie zu erwarten, gaben auch zahlreiche Scharlatane und Quacksalber ihren Senf dazu.

Die Folge ist, daß heute Zigtausende von Menschen marschieren, dauerlaufen, sprinten, marathonlaufen, radfahren, schwimmen, bergsteigen und alle möglichen Bälle – von Tischtennis- bis Volleybällen – schlagen, treten oder werfen. Mit Murmeln scheinen allerdings noch nicht viele zu spielen.

Aber auch hier lautet die Frage, ob Mangel an Bewegung (also körperliche Trägheit) unmittelbar zu Koronarleiden führt. Haben wir solide, unumstößliche Beweise dafür, daß körperliche Betätigung einen Schutz vor diesem Leiden darstellt? Wir haben sie im Grunde nicht. Für viele Leser ist das sicher eine Überraschung, und wir täten vielleicht gut daran, einige von den Studien zu besprechen, die man auf diesem Gebiet durchgeführt hat.

Früher war es für Mediziner außerordentlich schwierig, die Wirkung von körperlicher Betätigung auf die Koronararterien zu untersuchen, weil es bis vor wenigen Jahren kein Gerät gab, mit dem man den inneren Durchmesser dieser Gefäße messen oder auch nur schätzen konnte. Heute haben wir diese Instrumente zwar, aber sie sind nicht ganz ungefährlich (siehe Seite 32). Kein Mediziner darf gesunde Versuchspersonen, die sich freiwillig zur Verfügung gestellt haben, einem Test unterziehen, bei dem auch nur das kleinste Risiko besteht. Infolgedessen haben wir immer noch keine Studien, die zweifelsfrei beweisen, daß es einen Zusammenhang zwischen körperlicher Betätigung, dem Normalzustand der Koronararterien und Koronararterienleiden gibt. Nichts weist unmittelbar darauf hin, daß irgendeine Form von Sport oder körperlicher Betätigung die Struktur der Koronararterien verändert! Man bedenke aber, daß körperliche Betätigung arteriosklerotische Verengungen der Arterien verhindern müßte, wenn sie vor Koronarleiden schützen soll. Mit anderen Worten: Körperliche Betätigung kann zwar noch so gut für die Muskeln Ihres Herzens sein, trägt aber nicht unbedingt dazu bei, die Verengung Ihrer Koronararterien zu verhindern und kann deshalb auch kein frühes Koronarleiden zum Stillstand bringen. Wir möchten noch einmal betonen, daß Koronarerkrankungen nie bei den Muskeln des Herzens *anfangen.*

Als der amerikanische Football-Star Chuck Hughes, Mitglied der Detroit Lions, am 24. Oktober 1971 im Stadion zusammenbrach und starb, nachdem er gerade eine Vorlage angenommen hatte, wurde er nicht etwa von seinem ausgezeichneten, gesunden, fabelhaft trainierten und konditionierten Herzmuskel im Stich gelassen. Er starb vielmehr an einem Blutklumpen, einer Thrombose, die sich in einer schwerkranken Koronararterie gebildet hatte.

Allein dieser Todesfall widerlegt die weitverbreitete Annahme, daß Sport auch für die Koronararterien gut sein muß, weil er das Herz darauf «trainiert», langsamer und kräftiger zu schlagen. Nichts dergleichen! Sport und körperliche Betätigung vergrößern lediglich die Kraft des Herzmuskels und seine Abhängigkeit von der Nervenkontrolle, haben aber keinerlei Auswirkungen auf den Zustand der Koronararterien. Wenn Sie jetzt zum Beispiel anfangen, täglich Gymnastik zu machen, und später beobachten, daß Sie bei den gleichen Übungen viel leichter atmen können und daß Ihr Pulsschlag sich nicht beschleunigt, sollten Sie sich ruhig über die größere Leistungsfähigkeit Ihres Herzmuskels freuen. Glauben Sie aber *nicht,* daß sich Ihre Koronararterien auch nur ein Jota geändert haben, ob in der Größe oder in der Menge von Cholesterin- und/oder Fettablagerungen, die sie ursprünglich enthielten.

Denken Sie daran, daß es viele achtzigjährige Damen gibt, deren Herzmuskel fast so zart ist wie die Spitzen, die sie so gern um den Hals tragen. Solange ihre Koronararterien jedoch ausreichend offen bleiben, wird sie der zarte Herzmuskel nie in Schwierigkeiten bringen, selbst wenn noch ein paar Jahrzehnte vergehen.

Hören Sie also ruhig zu, wenn Sportlehrer, ehemalige Trainer und sogar Ärzte – die eigentlich vorsichtiger sein sollten – davon schwärmen, daß ihnen der Sport zu einem niedrigen Puls und zu einer besseren Atmung verholfen hat, aber lassen Sie sich keinesfalls zu dem Gedanken verleiten, daß diese Phänomene auch zu einem besseren Zustand der Herzkranzschlagadern geführt hätten. Eines Tages werden wir vielleicht imstande sein, die Koronararterien von Versuchspersonen ohne jedes Risiko vor, bei und nach körperlichen Anstrengungen zu untersuchen. Dann – aber nur dann – könnten wir *demonstrieren*, ob Bewegung und Sport die Herzkranzgefäße vor krankhaften Veränderungen schützen oder nicht.

Vielleicht wird das nie geschehen. Forschungsmediziner *konnten* die Wirkung körperlicher Betätigung auf die Koronararterien verschiedener Versuchstiere studieren. Sie wollten herausfinden, ob dabei die Bildung neuer Gefäßzweige (sogenannter Kollateralgefäße) gefördert wird, die diejenigen Stellen «umgehen», an denen die ursprünglichen Arterien stark verengt sind. Meist konnte man bei diesen Untersuchungen nicht zeigen, daß körperliche Betätigung irgendwelche derartigen Auswirkungen hat. Das waren niederschmetternde Nachrichten für alle Leute, die gehofft hatten und vielleicht immer noch hoffen, daß körperliche Betätigung zur Entstehung neuer Gefäße an den Herzen von Patienten führen kann, bei denen eine oder mehrere der drei Hauptkoronararterien völlig blockiert sind.

Versuche mit Tieren wie Hunden, Kaninchen, Ratten oder Hühnern gaben uns auch nicht viel Grund zu der Annahme, daß körperliche Betätigung den Blutgehalt an Cholesterin ändern oder den für die Verengung der Koronararterien verantwortlichen arteriosklerotischen Prozeß verhindern kann. Ein Wissenschaftler stellte sogar fest, daß der durchschnittliche Cholesterinspiegel und die arteriosklerotischen Erscheinungen bei seinen «sportlichen» Hunden viel ausgeprägter waren als bei den Hunden, denen er erlaubt hatte, sich auf die faule Haut zu legen! Sicher, es gibt auch einige Ergebnisse, wonach zumindest andere Tierarten (zum Beispiel Kaninchen und Hühner) bei körperlicher Betätigung ihren Cholesterinspiegel niedrig halten und den Verengungsprozeß der Koronararterien verlangsamen können, wenn man ihnen große Cholesterinmengen verabreicht. Alles in allem sind die Versuchsergebnisse jedoch bestenfalls dürftig.

Auch Epidemiologen beschäftigen sich mit dem Problem, ob körperliche Betätigung und Sport die Koronararterien beeinflussen. Es ist ihnen aber nur gelungen, einander zu widersprechen oder – schlimmer noch – Schlußfolgerungen zu ziehen, die sich noch nicht einmal mit ihren eigenen Daten vereinbaren lassen.

Vor einigen Jahren führte man eine offenbar fabelhaft durchdachte Untersuchung mit Fahrern und Schaffnern von Londoner Doppeldeckerbussen durch. Die Ergebnisse ließen auf den ersten Blick vermuten, daß die Schaffner, die in ihrer Arbeitszeit aller Wahrscheinlichkeit nach oft hochsteigen mußten (körperliche Betätigung!), auffallend weniger Koronarerkrankungen hatten als die Fahrer, die sich bei der Arbeit nicht körperlich betätigten. Als wir die Daten jedoch kritisch unter die Lupe nahmen, stellte sich heraus, daß die englischen Kollegen eine wichtige Tatsache außer acht gelassen hatten: Im Gegensatz zu den Schaffnern waren die Fahrer ständig einem anderen Faktor ausgesetzt, nämlich dem akuten emotionalen Stress des Fahrens selbst.

Die mögliche Bedeutung dieser Stressart zeigte sich, als wir die Fahrer und Schaffner von Bussen der verkehrsreichen Londoner Innenstadt von ihren Kollegen trennten, die hauptsächlich in den Randbezirken Dienst taten. Wir stellten fest, daß die Fahrer von Bussen der Peripherie Londons – die Gruppe, die sich körperlich am wenigsten betätigte – *seltener* herzkrank waren als die Schaffner aus der Innenstadt, die Gruppe also, die sich körperlich am meisten betätigte und eigentlich am widerstandsfähigsten sein sollte. Schon diese Analyse bewies, daß die ursprünglichen Schlußfolgerungen der Autoren nicht stichhaltig waren, um es vorsichtig auszudrücken.

Nachdem wir unsere Auswertung der von ihnen veröffentlichten Daten publiziert hatten, schrieb der Leiter der Londoner Untersuchung dem Herausgeber des betreffenden medizinischen Fachblatts einen Protestbrief. Er gab zwar zu, daß unsere Analysen richtig seien und daß er sie nicht erklären könne, bestand aber darauf, der Verkehr in den Londoner Vororten und Randbezirken sei genauso dicht wie in der Innenstadt. Als wir ein paar Wochen später erfuhren, daß ein Untersuchungsausschuß des britischen Parlaments daran arbeitete, die katastrophalen Verkehrsverhältnisse in der «inneren Quadratmeile» von London zu verbessern, freuten wir uns natürlich. Irgendwann werden die Wissenschaftler vielleicht begreifen, daß sie *alle* möglichen Variablen berücksichtigen müssen, wenn sie versuchen, die Ursachen von Krankheiten durch Vergleiche größerer Bevölkerungsgruppen festzustellen. Forscher gefährden nicht nur den eigenen Ruf, sondern auch das Ansehen der Medizin selbst, wenn sie fortfahren, Abweichungen zu ignorieren oder wegzudiskutieren, die sie zu unbequem oder «störend» finden.

Diese Gefahr, die vor allem Epidemiologen bedroht, mißachtete man zum Beispiel auch bei der vergleichenden Studie von Bostoner Iren und ihren Brüdern in Irland; die Studie wurde übrigens von der Universität Harvard finanziert. Die beteiligten Wissenschaftler waren wiederholt darauf hingewiesen worden, daß sie einen *spezifischen* emotionalen Komplex berücksichtigen müßten, der vielleicht bei einer der beiden Gruppen mitwirkte. Sie befolgten den Rat nicht. Trotz des Aufwands an Zeit (mindestens sieben Jahre) und Geld (wahrscheinlich Hunderttausende von Dollar) und trotz der ausgeklügelten statistischen Methoden, mit denen sie ihre Rohdaten auswerteten, gelangten sie in ihrem Schlußreport deshalb bloß zu der *Annahme*, daß die größere körperliche Betätigung der Brüder in Irland wahrscheinlich für ihre relativ ausgeprägte Immunität gegen Koronarerkrankungen verantwortlich sei – *beweisen* konnten sie es nicht. Wir würden gern erfahren, wie diese Harvard-Wissenschaftler die unglaublich hohe Verbreitung von Koronarkrankheiten bei den ländlichen Finnen erklären würden, die sich körperlich sicher ebensoviel betätigen wie die Iren.

Die beste epidemiologische Studie über körperliche Betätigung und Koronarerkrankungen wurde vielleicht bei Tausenden von amerikanischen Eisenbahnangestellten durchgeführt. Ihre Ergebnisse weisen darauf hin, daß die Angestellten, die körperlich arbeiten (zum Beispiel Bremser), genausooft Koronarkrankheiten bekommen wie die Angestellten, die nicht körperlich arbeiten (zum Beispiel Schalterbeamte). Aber wir wissen auch bei dieser Untersuchung nicht, wie sorgfältig man andere variable Größen berücksichtigte.

Schließlich führt man im amerikanischen Bundesstaat Georgia gerade eine Studie durch, um eventuelle Zusammenhänge zwischen dem Einkommensniveau und Koronarerkrankungen festzustellen. Auch hier ist es nicht gelungen, *alle* variablen Größen in Betracht zu ziehen. Der unvoreingenommene Beobachter kann beim gegenwärtigen Stand der Untersuchungen nur zu dem Schluß kommen, daß die festgestellten Indizien – die für eine relative Immunität niedriger Einkommensschichten sprechen – nicht stichhaltiger sind als die Erkenntnisse der Harvard-Forscher. Was es auch sein mag, das die niedrige Einkommensgruppe vor Koronarkrankheiten schützt – in der Ernährung, dem Blutgehalt an Cholesterin und den Rauchgewohnheiten äußert es sich jedenfalls nicht.

Es gab noch eine dritte Methode, die möglichen Auswirkungen körperlicher Betätigung auf den Zustand der Koronararterien zu untersuchen: die Autopsie. Man hat mehrere vergleichende Untersuchungen über die Herzkranzschlagadern von Menschen durchgeführt, die sich zu Lebzeiten häufig und viel körperlich betätigten oder untätig blieben. Die Ergebnisse lassen darauf schließen, daß aktive Menschen genausoviel Koronarleiden und Koronarkrankheiten bekommen wie untätige. Wir zweifeln jedoch stark daran, daß die Daten, die man bei diesen Studien erarbeitete, zuverlässig sind. Wir glauben, daß die endgültige und einwandfreie Studie erst noch durchgeführt werden muß.

Die Ärzte, die begeistert dauerlaufen oder einen anderen Sport treiben, sind selbst nicht von der Zuverlässigkeit der pathologischen Untersuchungen überzeugt. Sie werden sicher fast einstimmig auf einen gewissen Herrn De Mar hinweisen, der fünfzig Jahre lang an Marathonläufen teilnahm und bei seinem Tod wundervolle Koronararterien besaß – das Lumen war fast dreimal so groß wie bei den meisten normalen Menschen. Herr De Mar starb schon vor weit über zehn Jahren, doch die Anhänger des Dauerlaufens und Sprintens werden sicher noch 1990 von seinen riesigen Herzkranzschlagadern schwärmen und erklären, sie wüßten, was sie dazu veranlaßte, so riesig zu werden.

Wenn der Dauerlauf jemals einen Schutzpatron brauchen sollte, wird man gewiß Herrn De Mar wählen. Gut und schön. Die begeisterten Sportler unter unseren Kollegen sollten sich aber auch an den ebenfalls verstorbenen Paavo Nurmi, den finnischen Athleten erinnern, der sich mit seinen Langlauffähigkeiten vor einem halben Jahrhundert olympische Ehren und einen Platz im Sportlerwalhall sicherte. All diese Strapazen konnten nicht verhindern, daß Herr Nurmi als Sechziger einen Myokardinfarkt bekam. Als wir vor ein paar Jahren in Helsinki das Vergnügen hatten, mit ihm zu speisen, fragte er uns, was wir für die Hauptursache von Koronarerkrankungen hielten. «A-Typ-Verhalten», antworteten wir und erklärten ihm mit Hilfe unseres Dolmetschers genau, worin dieses Verhaltensmuster besteht. Er hörte uns aufmerksam zu. Dann sagte er ganz aufgeregt: «Stimmt. Genau das hat wahrscheinlich meinen ersten Herzinfarkt verursacht.»

Wenn die wissenschaftlichen Anhaltspunkte den hundertprozentigen Glauben an die vorbeugenden Wirkungen von Sport und körperlicher Betätigung nicht unterstützen können, so ist es bei dem möglichen Einfluß von Sport und Bewegung auf Blutcholesterin und Blutfettgehalt noch schlimmer. Hier sind die Indizien nämlich noch dürftiger. Die vorhandenen Ergebnisse sind bestenfalls unbestimmt, schlimmstenfalls widersprüchlich. So wurde der niedrige Cholesterinspiegel der Massai von verschiedenen Forschern auf körperliche Tätigkeit zurückgeführt, obgleich die Angehörigen dieses Stammes nur noch herumsitzen, wenn sie vierzig Jahre alt geworden sind – ohne daß sich der Blutgehalt an Cholesterin vergrößert. Wir sind auch nicht unbedingt davon überzeugt, daß man sich nur deshalb körperlich stark betätigt, weil man tagaus tagein Rinder hütet. In neuester Zeit sind die Massai-Beobachter übrigens dazu übergegangen, die Rolle der körperlichen Betätigung für die Immunität gegen Koronarkrankheiten herunterzuspielen. Sie führen die Immunität jetzt lieber auf erbliche Faktoren zurück.

Es gab auch verschiedene Gruppen amerikanischer Studenten und Geschäftsleute, die sich freiwillig bereit erklärten, täglich eine bestimmte Zeitlang Gymnastik zu machen und eine vorgeschriebene Standardnahrung zu essen. Aus den Ergebnissen einiger dieser Studien geht hervor, daß der Blutgehalt an Cholesterin durch die Gymnastik- und Essenvorschriften gesenkt wird, doch bei anderen, ganz ähnlichen Forschungsprojekten konnte man keine derartige Wirkung feststellen. Der Leser ist jetzt vielleicht ein bißchen verwirrt. Wir waren es jedenfalls, als wir all diese Studien durchgingen.

Es gibt keine unumstößlichen Indizien dafür, daß körperliche Untätigkeit zu Koronarleiden führt oder daß körperliche Tätigkeit davor schützt. Trotz der wenigen und lückenhaften Daten, die uns im Augenblick zur Verfügung stehen, glauben wir – und die meisten anderen Ärzte – aber trotzdem, daß körperliche Bewegung auf diese oder jene Weise dazu beitragen kann, den Ausbruch *akuter Koronarkrankheiten* hinauszuschieben, selbst wenn sie das zugrunde liegende Koronarleiden nicht verhütet oder auch nur verlangsamt. Unserer Ansicht nach ist es durchaus möglich, daß körperliche Betätigung das Entstehen von Kollateralgefäßen fördert, wenn sich eine Koronararterie krankhaft verengt. Und wenn Sie uns fragen, ob unsere Annahme vielleicht auf Wunschdenken beruht, können wir nur antworten: «Ein bißchen schon.»

Wir sind uns natürlich darüber klar, daß körperliche Betätigung bestenfalls nur bescheidene prophylaktische Wirkungen haben kann. Wenn Sie zum Beispiel eine *der krankhaften Störungen* haben, die als gesicherte Ursache für Koronararterienleiden gelten (siehe Kapitel 10), oder wenn Sie zum A-Typ gehören, könnte es trügerisch und gefährlich sein, allein auf die vorbeugende Wirkung von körperlicher Betätigung zu bauen. Unter bestimmten Umständen, die wir später besprechen werden, kann Sport oder körperliche Betätigung sogar zu akuten Ausbrüchen von Koronarkrankheiten führen. Einige unserer sportberauschten Kollegen weigern sich immer noch standhaft, dieser schrecklichen Möglichkeit ins Auge zu sehen.

Erbliche Faktoren

«In jenem Sommer des Jahres 1887, in Amerika, begann ich zu glauben, daß sich meine Zeit auf Erden tatsächlich dem Ende näherte. Ich hatte stechende Schmerzen in der Brust, das Zeichen einer Krankheit, die sowohl meinen Vater als auch meinen Großvater in der Blüte ihres Lebens dahinraffte, lange bevor sie mein jetziges Alter erreicht hatten.»

Das schrieb der bekannte englische Dichter und Essayist Arnold Matthew in einem Brief an einen Freund. Er dürfte also der erste gewesen sein, der den Verdacht äußerte, erbliche Faktoren trügen zur Entstehung von Koronarkrankheiten bei. Heute sind fast alle Ärzte und Forschungsmediziner der Ansicht, daß diese Faktoren an der Entwicklung von Koronararterienleiden beteiligt sein können und auch oft beteiligt sind.

Es herrscht also fast hundertprozentige Übereinstimmung darüber, daß sich die Erbmasse wahrscheinlich auf den Verlauf von Koronarleiden auswirkt. Über die spezifischen Mechanismen, die durch erbliche Faktoren geändert oder ausgelöst werden, besteht aber noch Unklarheit. Sicher teilen alle Ärzte die Meinung, daß einer dieser Mechanismen an der Steuerung der Cholesterinumsetzung beteiligt ist. Wie wir bereits erklärten, sind bestimmte Arten der Hypercholesterinämie erblich und führen unweigerlich zuerst zu Koronarleiden und dann zu akuten Koronarkrankheiten. Auch erhöhter Blutdruck und Zuckerkrankheit können erblich sein und den Verlauf von Koronarleiden beschleunigen oder verschlimmern. Auch das sagten wir schon.

Kinder von Eltern, die – ob Vater oder Mutter – unter Koronarerkrankungen litten, haben aber auch dann ein größeres Koronarrisiko als Kinder von Eltern ohne Herzleiden, wenn weder erbliche Hypercholesterinämie noch erbliche Hypertonie oder erblicher Diabetes mitspielt. Sind diese Personen besonders anfällig für Koronarkrankheiten, weil sie zuerst ein besonders schweres Koronarleiden entwickeln? Oder sind sie anfälliger, weil sie stärker zu krankhaften Veränderungen oder Verengungen ihrer Kranzgefäße neigen (und zwar neben den fundamentalen arteriosklerotischen Erscheinungen in den Herzkranzgefäßen)? Oder werden sie etwa häufiger koronarkrank, weil sie Herzkranzgefäße «geerbt» haben, denen die normale Fähigkeit mangelt, sich zu erweitern und mehr Blut zu befördern, wenn sich eines oder mehrere der drei Hauptgefäße zu stark oder zu abrupt verengen? Es gibt noch eine Möglichkeit: Bilden sich an den Plaques in ihren Herzkranzschlagadern vielleicht mehr Blutgerinnsel, die den Blutfluß behindern oder gar blockieren? Die Spezialisten können diese Fragen immer noch nicht beantworten.

Die Forschungsmediziner wissen also nicht, welche Defekte außer der erblichen Hypercholesterinämie, Hypertonie und dem Diabetes diese Menschen erben. Es ist durchaus möglich, daß sie von einem herzkranken Elternteil einen bestimmten Persönlichkeitstypus erben, der wiederum zu einem bestimmten Verhaltensmuster führen kann – und erst das Verhaltensmuster verursacht das Koronarleiden.

Die Medizin sollte sich bei diesem Stand der Dinge natürlich nicht damit begnügen, immer wieder Statistiken zusammenzustellen, aus denen hervorgeht, daß Erkrankungen der Herzkranzgefäße erblich sind. Es ist vielmehr höchste Zeit, daß man die *spezifischen* Mechanismen oder Faktoren ermittelt, die vererbt werden. Über ein halbes Jahrhundert lang hat man in dieser Angelegenheit «hilflos die Hände gerungen». Wir müssen unsere Hände endlich benutzen, um die beteiligten Prozesse aufzudecken.

Sind Sie gnadenlos zu einer Koronarkrankheit verurteilt, wenn ein oder beide Elternteile unter der gleichen Krankheit litten? Mitnichten. Die Statistiken weisen lediglich darauf hin, daß Ihre *Möglichkeit*, diese Krankheit zu bekommen, etwa doppelt so groß sein kann wie bei Freunden oder Bekannten, deren Eltern in dieser Hinsicht gesund waren. Können Sie also sagen, daß Sie die Krankheit mit einiger Wahrscheinlichkeit nicht bekommen werden, wenn beide Elternteile sie nicht haben oder hatten? Sie können sich dann etwas sicherer fühlen, viel mehr aber auch nicht. Wie wir später noch erläutern werden, sind Sie heute einer völlig anderen Umwelt ausgesetzt als Ihre Eltern und müssen darauf natürlich entsprechend anders reagieren.

Bei der Pathogenese oder Entstehung von Leiden der Herzkranzgefäße scheinen tatsächlich erbliche Einflüsse am Werk zu sein. Wenn Ihr Vater und Ihre Mutter erhöhten Blutdruck oder einen erhöhten Cholesterinspiegel oder Diabetes haben, sind Ihre Chancen, einem schwerwiegenden Koronararterienleiden zu entgehen, nur durchschnittlich. Wenn aber nur ein Elternteil eines oder mehrere dieser drei Leiden hat, sollten Sie alle erfolgversprechenden Vorbeugemaßnahmen treffen, die heute oder in Zukunft möglich sind.

Leider können außer diesen drei krankhaften Störungen noch andere Anomalien erblich sein und sehr entscheidend zu Koronarleiden und den sich eventuell daraus entwickelnden Koronarkrankheiten beitragen. Es ist ziemlich wahrscheinlich, daß bestimmte erbliche Faktoren «nur» das zugrunde liegende oder auslösende Leiden (Arteriosklerose der Herzkranzgefäße) beeinflussen, während andere bei schon bestehenden Koronarleiden zu schwerwiegenden Komplikationen führen und damit die eigentliche Koronarkrankheit verursachen. Deshalb kann der eine Mensch durchaus 75 Jahre alt werden, ohne jemals diesbezügliche Symptome zu haben, obgleich das Koronar*leiden* schon relativ fortgeschritten ist, während ein anderer Mensch bereits mit 35 Jahren eine akute Koronar*krankheit* hat, obgleich das zugrunde liegende Koronarleiden bei ihm nicht weiter fortgeschritten ist als beim ersten. Welche Faktoren und Mechanismen zu solchen Schicksalsschlägen führen, muß die Medizin erst noch feststellen.

Fettleibigkeit

Was für ein häßliches Wort! Wenn Sie einmal einige Nachmittage im Wartezimmer eines Herzspezialisten säßen und seine Patienten beobachteten, würde Ihnen gar nicht auffallen, daß sie besonders «fettleibig» sind. Sicher, von den dreißig bis fünfzig Leuten sind vielleicht zwei oder drei recht korpulent, aber doch nicht gleich ausgesprochen fett – gutgenährt, vielleicht ein bißchen zu mollig, pummelig oder beleibt, aber keinesfalls fettleibig oder stark übergewichtig. Wahrscheinlich würden Sie auch keinen größeren (über 1,80 m) Patienten sehen, der sehr schlank oder beinahe dürr ist. Wir können uns jedenfalls an keinen 1,80er unter 65 Jahren erinnern, der ein Koronarleiden oder eine Koronarkrankheit hatte, obgleich er weniger als siebzig Kilo wog. Sicher gibt es auch solche Menschen, die unter den betreffenden Krankheiten leiden, aber wir haben bis jetzt noch keine gesehen.

Wenn der Herzspezialist Sie nun aufforderte, in sein Sprechzimmer zu kommen und dieselben Personen im unbekleideten Zustand zu betrachten, würde Ihnen bestimmt auffallen, daß sehr viele von ihnen, ob Männer oder Frauen, etwa zehn bis zwanzig

Pfund überschüssiges Fettgewebe an ihren Bäuchen, Hüften oder Schenkeln mitschleppen. Im Wartezimmer bemerkten Sie dieses überschüssige Körpergewicht nur deshalb nicht, weil es in erheblichem Grad von den Kunststücken der modernen Bekleidungsindustrie kaschiert wurde. Sicher, diese Herzpatienten tragen zu große Fettmengen mit sich herum, aber den meisten Europäern und Amerikanern in mittlerem oder fortgeschrittenem Alter geht es ebenso. Die leichte bis mäßige Fettleibigkeit des durchschnittlichen Koronarpatienten ist also kein Hinweis auf seine Krankheit, sondern eher auf seinen Status als Angehöriger der westlichen Zivilisation.

Diese Erkenntnis ist der Hauptgrund, weshalb die eigentliche Rolle der Fettleibigkeit für die Entstehung von Koronararterienleiden noch so unklar und umstritten ist. Verschiedene Studien ergaben, daß Vergleichspersonen ohne Koronarerkrankungen im Durchschnitt ebenso übergewichtig waren wie Personen mit Koronarleiden oder Koronarerkrankungen. Die meisten einwandfrei durchgeführten epidemiologischen Untersuchungen weisen nichtsdestoweniger darauf hin, daß fettleibige Menschen stärker zu schweren Koronarleiden neigen als Menschen mit Normalgewicht. Möglicherweise ist die größere Diabetesanfälligkeit fettleibiger Menschen für die überdurchschnittliche Verbreitung von Koronarleiden in den Reihen der Dicken verantwortlich. Wenn wir nämlich nur die fettleibigen Personen untersuchten, die keinerlei Anlagen zur späteren Entwicklung von Zuckerkrankheit zeigen, würden wir höchstwahrscheinlich feststellen, daß sie nicht öfter Koronarleiden bekommen als ihre schlanken Zeitgenossen. Wenn Fettleibigkeit oder starke Übergewichtigkeit also zu Koronararterienleiden führen soll, muß sie zunächst zu Diabetes führen. Und noch etwas: Die meisten Diabetiker sind zwar übergewichtig, aber nur relativ wenige Übergewichtige bekommen Diabetes.

Warum hat man dann überhaupt angenommen, daß einfache und unkomplizierte Fettleibigkeit die Entstehung von Koronarleiden und Koronarkrankheiten auslöst, begünstigt oder beschleunigt? Weil viele Lebensversicherungsgesellschaften die Sterblichkeitsrate ihrer Policeninhaber vor Jahren nach dem Körpergewicht aufschlüsselten und die betreffenden Statistiken veröffentlichten. Diese Statistiken zeigten auch einen bescheidenen Zusammenhang zwischen Körpergewicht und Koronartod. Das Körpergewicht wird allerdings nicht allein durch die im Körper enthaltenen Fettmengen, sondern auch durch das Gewicht der Knochen und Muskeln entschieden. Im allgemeinen haben Männer, die zu Koronarkrankheiten neigen, mehr Muskeln (Anthropologen nennen solche muskulösen Menschen *mesomorph*) und wahrscheinlich auch einen schwereren Knochenbau als andere Männer. Einige Kardiologen haben sich tatsächlich lange mit der Möglichkeit beschäftigt, daß die Korpulenz beim Mann zur frühen Entstehung von Herzkrankheiten führen könnte. Wir glauben, daß ihre Begeisterung größer war als ihre Fähigkeit, aus den von ihnen gesammelten Daten die richtigen Schlußfolgerungen zu ziehen. Wir sagen so unfreundliche Dinge, weil einige dieser Herren in den Chor anderer Ärzte einstimmen und allen Leuten raten, möglichst Sport zu treiben, also auch möglichst viel Muskeln zu entwickeln. Wollen sie sich damit vielleicht mehr Patienten verschaffen? Wir können nicht erwarten, daß jeder Arzt ein Pasteur oder Virchow ist, aber ein bißchen gesunden Menschenverstand sollten wir auch bei unseren Medizinern voraussetzen dürfen.

Wenn zwischen mäßiger Fettleibigkeit (ohne Diabetes) und Koronararterienleiden kein eindeutiger Zusammenhang besteht, so kann die Sache bei starker Fettleibigkeit allerdings schon ganz anders aussehen. Schließlich werden nur sehr wenige «dickste Frauen der Welt» siebzig Jahre alt. Wir selbst haben noch keine extrem fettleibigen Menschen auf Herzkrankheiten behandelt. Ein Freund von uns betätigte sich als junger Mann jedoch als Agent für eine Dame, die als «dickste Frau der Welt» in Schaubuden und Zirkussen auftrat. Er erzählte uns, daß sie mit 35 Jahren starb. Er wußte zwar nicht mehr, ob sie einen Herztod erlitt, erinnert sich aber noch daran, daß sie über vier Zentner wog und einen Horror vor körperlicher Betätigung hatte.

Trotz aller Einschränkungen sind wir ziemlich sicher, daß die Ernährung zur Entstehung von Koronararterienleiden beitragen kann. Die entscheidende Frage lautet aber nicht, wieviel man ißt, sondern was man ißt – und vermutlich auch, wie oft man ißt. Wenn Fettleibigkeit oder starkes Übergewicht die Verbreitung von Koronarleiden tatsächlich beeinflußt, tut sie es wahrscheinlich, indem sie zunächst Diabetes verursacht. Doch selbst wenn wir alle unsere Zeitgenossen schlank machen könnten, würden wir die Verbreitung von Leiden der Herzkranzgefäße damit nicht sehr stark eindämmen. Es gibt viele Krankheiten, an denen die Fettleibigkeit schuld sein soll. Der Leser wäre sicher gut beraten, wenn er dieses Ergebnis menschlicher Schwäche nicht auch noch allzu lautstark als Ursache von Koronarleiden brandmarkte.

Kapitel 11

Essen? Rauchen? Sport?

Wenn Sie keine der krankhaften Störungen haben, die mit Sicherheit zu Koronararterienleiden und koronaren Herzkrankheiten führen (und glücklicherweise ist das bei den meisten Menschen der Fall), und wenn Sie noch ein jüngerer Mann (also unter 40) sind, ist die Gefahr, einen Herzinfarkt zu bekommen, bevor Sie 70 oder 80 Jahre alt geworden sind, außerordentlich gering – vorausgesetzt, daß Sie *alle* Anweisungen, die wir in diesem und den übrigen Kapiteln geben, *hundertprozentig* befolgen!

Das ist nicht etwa eine leere Behauptung. Welchen Beweis können wir für ihre Richtigkeit erbringen? Einfach diesen: In den nächsten beiden Kapiteln werden wir davon ausgehen, daß nicht nur *unsere* Meinung über die Infarktursachen zutrifft, sondern auch die Meinung unserer Kollegen. Wenn wir also alle erwähnten Faktoren ausschalten, spielt es keine Rolle mehr, welchen Stellenwert wir – oder andere Ärzte – jedem einzelnen im Rahmen des gesamten Ursachengerüstes beilegen. Voraussetzung ist natürlich, daß man jeden Faktor ohne Risiko oder schädliche Nebenerscheinungen für den betreffenden Menschen eliminieren kann.

Könnte es aber noch Faktoren geben, die wir bisher nicht entdeckt haben, also auch nicht berücksichtigen können? Könnte es, anders gesagt, Faktoren geben, die alle unsere Bemühungen zunichte machen? Nein. Wir glauben, daß die Medizin heute alle Ursachen für diese Krankheit kennt, obgleich sich die einzelnen Fachleute noch über ihre jeweilige Rolle streiten. Die Schwierigkeit der Behandlung von Koronarkrankheiten liegt nicht darin, daß wir ihre Ursachen nicht kennen, sondern darin, daß es so viele Ursachen gibt.

Ernährungsratschläge, die unmöglich schaden, aber sehr viel nützen können

Wenn alle Bewohner der Industrienationen niemals geraucht und sich nie das A-Typ-Verhaltensmuster angewöhnt hätten, wäre dieses Kapitel überflüssig. Kein einziges Indiz weist nämlich darauf hin, daß ein Mensch, der weder Diabetes noch erhöhten Blutdruck hat, *nie* Zigaretten rauchte und ein B-Typ gewesen ist und bleiben wird, jemals einen Herzinfarkt bekommen wird, nur weil er viel Cholesterin und tierische Fette konsumiert.

Damit wollen wir sagen, daß Cholesterin und tierische Fette, die in der Nahrung enthalten sind, *allein genommen* wahrscheinlich keine Koronarkrankheiten verursachen. Wenn sie aber mit übermäßigem Zigarettenkonsum (also mehr als zehn Zigaretten täglich) oder ausgeprägtem A-Typ-Verhalten zusammentreffen, können sie tödlich sein. Schon aus unserer eigenen Praxis kennen wir höchstens eine Handvoll Menschen, die sechzig Jahre alt wurden, ohne an Koronarkrankheiten, erhöhtem Blutdruck oder Lungenkrebs zu leiden, wenn sie (1) mehr als zwanzig Zigaretten täglich geraucht, (2) eine *ausgeprägte* Form des A-Typ-Verhaltens entwickelt und (3) Nahrung mit viel Cholesterin und tierischen Fetten zu sich genommen hatten.

Da zum Beispiel über die Hälfte aller amerikanischen Stadtbewohner entweder übermäßig raucht oder ein A-Typ-Verhaltensmuster aufweist, finden wir es sehr nützlich, eine Ernährung zu befürworten, die gewährleisten wird, daß diese Menschen den Zustand ihrer Koronararterien nicht noch verschlimmern.

Aber Sie könnten jetzt fragen: «Angenommen, ich gebe das Rauchen auf und verhalte mich nicht mehr wie ein A-Typ. Muß ich meine Eßgewohnheiten dann trotzdem noch ändern?» Wir glauben, daß Sie es tun müssen, weil Ihre Arterien wahrscheinlich schon durch den Tabak oder die Verhaltensstruktur geschädigt wurden. Wir haben die unheimliche Zielsicherheit beschrieben, mit der sich das überschüssige Nahrungscholesterin an den krankhaft veränderten Arterienstellen ansammelt und den Heilungsprozeß durcheinanderbringt, sobald es einmal in den Blutkreislauf gelangt ist. Wir kannten Patienten, die eine Koronarkrankheit entwickelten, obgleich sie das übermäßige Zigarettenrauchen schon seit zehn Jahren aufgegeben hatten, und wir kannten noch mehr Patienten, die an Krebs starben, obgleich sie die krebsauslösende Angewohnheit – nämlich eben diesen Zigarettenkonsum – schon vor vielen Jahren eingestellt hatten.

Das erste Ziel jeder Ernährungsempfehlung zur Verhütung von Koronarerkrankungen besteht darin, den Blutgehalt an Cholesterin *so niedrig wie möglich* zu halten, also nicht nur auf dem sogenannten «Normalstand». Wir betonen das noch einmal, weil die sogenannten «normalen» Cholesterinspiegel (bei erwachsenen Amerikanern zum Beispiel 275 mg/100 ml, bei Personen bis einundzwanzig Jahren unter 200 mg/100 ml) wahrscheinlich nicht niedrig genug sind, um sicheren Schutz zu bieten. Ideal wäre bei Erwachsenen ein Cholesterinspiegel, der ebensohoch ist wie bei den Angehörigen von Rassen, die nie Koronarkrankheiten bekommen. Ein solcher Wert würde ungefähr 150–175 mg/100 ml betragen.

Das zweite Ziel besteht darin, nicht nur für ausreichende Mengen von Proteinen, Fett und Kohlehydraten, sondern auch für eine genügende Zufuhr der notwendigen Mineralien und Vitamine zu sorgen. Das dritte Ziel aller Ernährungsempfehlungen besteht darin, daß die Ratschläge einfach zu befolgen sind und daß man keinen Rechenschieber oder Computer braucht, um sie zu verstehen.

Viertens muß man Gerichte vorschlagen, die ebenso lecker sind wie die Mahlzeiten, die sie ersetzen sollen. Dieses Ziel wird von vielen Ernährungsfachleuten ignoriert, weil sie sich damit zufriedengeben, die genauen Kalorien- und Vitaminmengen zu berücksichtigen. Das Essen, das man Krankenhauspatienten vorsetzt, ist in ernährungswissenschaftlicher Hinsicht vielleicht vollkommen, stößt Auge und Gaumen aber nur allzu oft ab. Zum Glück wird die Leitung von Krankenhausküchen (in Amerika) immer mehr von Meisterköchen übernommen, so daß diese Erscheinung etwas nachläßt.

Wir möchten zunächst die Dinge betrachten, die man gewöhnlich ißt, und untersuchen, wieviel Cholesterin, Fett, Protein, Kohlehydrat und einfachen Zucker sie enthalten. In Tabelle 1 werden

Tabelle 1:
Durchschnittliche Zusammensetzung verschiedener Speisen*

Speise	Cholesterin (mg pro 100 g)	Fett (g pro 100 g)	Protein (g pro 100 g)	Kohlehydrate (g pro 100 g)	Einfache Zucker (g pro 100 g)	Kalorien (pro 100 g)
A *Fleisch (mager)*						
Schwein	68	20	20	0	0	258
Rind	77	17	17	0	0	222
Lamm	57	17	17	0	0	222
Kalb	85	9	26	0	0	178
Innereien (z. B. Leber)	258	3	23	0	0	116
B *Fisch***	68	6	14	0	0	108
C *Schalentiere*						
Kraben und Mittelkrebse	119	1,5	14	0	0	71
Hummer	187	1,5	17	0	0	82
Muscheln	142	1,5	17	0	0	82
Garnelen («Shrimps»)	142	1,5	17	1,5	0	88
D *Geflügel* (nur Huhn und Pute)	57	3	23	0	0	116
E *Molkereiprodukte*						
Vollmilch	9	4,5	3	3	3	60
Fettarme Milch	6	3	3	3	3	60
Magermilch (100 %)	0	0	3	3	3	48
Buttermilch	0	0	3	3	3	23
Sahne	86	40	3	3	3	381
Butter	235	68	0,5	0	0	227
Quark (Magerstufe)	3	1,5	6	0	0	34
F *Eier*						
1 ganzes Ei	781	17	10	0	0	193
G *Gemüse*	0	0,6	2,3	9	3	45
H *Früchte****	0	0,3	0,6	11	6	48
I *Nüsse*	0	51	20	17	6	608

Speise	Cholesterin (mg pro 100 g)	Fett (g pro 100 g)	Protein (g pro 100 g)	Kohlehydrate (g pro 100 g)	Einfache Zucker (g pro 100 g)	Kalorien (pro 100 g)
J *Getreideprodukte*						
Cornflakes u. ä.	0	0	1,1	74	3	298
Brot	30	3	6,2	45	6	234
Kuchen	71	14	4,5	57	43	372
Gebäck	99	20	6	62	43	452
Waffeln	156	11	7	34	23	270

* Alle Angaben gelten für den Rohzustand.

** Bestimmte Fischarten (z. B. Lachs und Dorsch oder Kabeljau) enthalten mehr Cholesterin und Fett.

*** Avocados und Oliven sind weit fettreicher als die meisten anderen Früchte.

die annähernden Mengen dieser Bestandteile mit ihren annähernden Kalorienwerten aufgeführt. Manche Gemüse- und Obstsorten enthalten natürlich mehr Proteine, Fette oder Kohlehydrate als andere, aber wir haben die *durchschnittliche* Zusammensetzung von häufig gegessenen Nahrungsmitteln berechnet, um es Ihnen leichter zu machen. Sicher, wenn Sie nur Avocados essen, werden Ihnen unsere «Früchtewerte» nicht viel nützen. Und wenn Endivien Ihr Lieblingsgemüse sind, täuschen die «Gemüsewerte» ebenfalls.

Tabelle 2 beschreibt Zusammensetzung und Kalorienwert von normalen Portionen verschiedener Speisen (von denen einige – zugegebenermaßen – gewollt «mager» sind). Wenn Sie bereit sind, unsere Ratschläge für eine Ernährung zu befolgen, die wenig Cholesterin und tierische Fette enthält, werden Sie einsehen, daß einige dieser Dinge – zum Beispiel Innereien, Schalentiere und Eier – einfach nicht für Sie in Frage kommen.

Tabelle 2 gibt Ihnen Empfehlungen für eine tägliche Kost, die arm an Cholesterin und tierischen Fetten ist. Sie können jeden Tag zwei Portionen Fisch, mageres (von Fett befreites) Fleisch oder Huhn bzw. Pute essen. Sicher, eine Portion Fisch, mageres Fleisch oder Huhn bzw. Pute, die in ungekochtem Zustand nur gut 140 Gramm wiegt, ist nicht groß, aber doch einigermaßen zufriedenstellend. Von diesen vierzehn «Wochenportionen» sollten mög-

lichst sieben oder mehr aus Fisch – aber nicht aus Schalentieren –
bestehen. Fisch enthält vielfach ungesättigte Fettsäuren, während
Fleisch die möglicherweise gefährlichen gesättigten Fettsäuren
enthält.

Tabelle 2:
Ein täglicher Speiseplan mit niedrigem Cholesterinanteil*

Speise	Tägl. Gesamtmenge (g)	Ann. Cholesterinmenge (mg pro Tag)	Ann. Fettmenge (g pro Tag)	Ann. Proteinmenge (g pro Tag)	Ann. Kohlehydratmenge (g pro Tag)	Ann. Kalorienmenge pro Tag
A 2 Portionen mageres Fleisch, Fisch oder Huhn bzw. Puter	280	240	70	70	0	910
B 4 Portionen Gemüse	450	0	3	13	48	271
C 2 Portionen Salat**	220	0	30	4	12	334
D 2 Gläser Magermilch (100 %)	450	0	0	16	16	128
E 2 Scheiben Brot	55	20	2	4,4	32	164
F Pflanzenmargarine***	55	0	53	0	0	477
G Früchte	170	0	0	1	24	100
H Eine Portion Cornflakes o. ä.	55	0	0	1	52	212
Gesamtmenge pro Tag	1735	260	158	109,4	184	2596

* Alle Gewichtsangaben gelten für den Rohzustand.
** Einschließlich 2 Eßlöffel Ölsoße.
*** Einschließlich Margarine, die bei der Speisenzubereitung benutzt
wird.

A Meiden Sie unbedingt folgende Speisen:
1. Eidotter
2. Innereien einschließlich Fischrogen oder -milch
3. Wurst und Bockwurst
4. Schalentiere, besonders Garnelen («Shrimps»)
5. Butter, Sahne, Eiskrem (oder Speisen, in denen diese enthalten sind)
6. Hamburger mit Käse («Cheeseburger») und Pizza
7. Alle Käsesorten außer Magerquark und cholesterinfreiem Schmelzkäse
8. Fast alle gekochten Horsd'œuvres

B Halten Sie sich bei folgenden Speisen möglichst stark zurück:
1. Zucker, Sirup, Marmeladen und Gelees, Honig
2. Süßigkeiten (Bonbons, Konfekt usw.)
3. Gebäck
4. Kuchen außer leichtem Sandkuchen (aus Mehl, wenig Zucker und Eiweiß)

C Essen Sie von folgenden Speisen soviel, wie es Ihre Badezimmerwaage erlaubt:
1. Alle Gemüse
2. Alle Pflanzenöle (außer Kokosnußöl)
3. Alle Nüsse (außer Kokosnüsse)
4. Eiweiß
5. Magermilch, Buttermilch, Joghurt

Und wenn wir gerade von Fetten sprechen, möchten wir Sie noch darauf hinweisen, daß es kein pflanzliches – also vielfach ungesättigtes – Fett gibt, das Ihren Blutgehalt an Cholesterin *senken* könnte. Man kann bestenfalls sagen, daß pflanzliche Fette den Cholesterinspiegel nicht *erhöhen*, und das ist nicht zu verachten. Tierische Fette erhöhen den Blutgehalt an Cholesterin, weil man bei ihrem Genuß auch das darin verteilte Cholesterin konsumiert. Es gibt aber kein pflanzliches Fett, das Cholesterin enthält. Sie können den möglicherweise schädlichen Wirkungen des Nahrungsanteils an Cholesterin oder tierischen Fetten auch nicht dadurch begegnen, daß Sie zusätzlich Maisöl schlucken. Denken Sie bitte daran. Wir haben schon Patienten gekannt, die ihre Spiegeleier in Maisöl brieten, weil sie glaubten, das Maisöl würde sie vor dem Cholesterin des Eidotters schützen. Wir wünschten, das träfe zu, aber es ist leider eine Illusion.

Wie gesagt, Sie dürfen wöchentlich vierzehn Portionen Fisch, mageres Fleisch oder Huhn bzw. Pute essen. Wenn Sie sieben oder mehr Portionen in Form von Fisch nehmen, sollten *einige* der anderen sieben erlaubten Portionen aus den genannten Geflügelarten bestehen, die Sie so zubereiten dürfen, wie Sie möchten.

Wie Sie dem Ernährungsplan entnehmen können, sind pro Tag zwei Portionen beliebiges Gemüse, zwei Portionen Salat, zwei Glas Magermilch, zwei Scheiben Brot, eine großzügige Portion Obst und Cornflakes zum Frühstück gestattet. Sie können außerdem soviel Pflanzenmargarine nehmen, wie Sie für Ihre «Butterbrote» oder zum Zubereiten der erlaubten Speisen benötigen (bitte aber nicht mehr als 55 g).

Unser Speiseplan wird Sie bestimmt auf den ersten Blick überraschen, weil er sich *anscheinend* kaum von Ihrem gewohnten Essen unterscheidet. Er scheint sogar ungeahnt viel zu erlauben. In der Liste der verbotenen Speisen (Tabelle 2) werden Sie jedoch Dinge entdecken, die Sie bisher sicher regelmäßig gegessen haben. Eigelb ist zum Beispiel nicht nur bei den eigentlichen Eiergerichten, sondern auch als Zusatz zu allen anderen Speisen verboten. Achten Sie auch auf das Totalverbot von Butter, Sahne, Eiskrem und allen Käsesorten bis auf Magerquark (und cholesterinfreie Schmelzkäse, die sich allerdings erst in Amerika durchgesetzt haben). Und merken Sie sich, daß Innereien, zum Beispiel Leber, Hirn und Bries, Nieren, Kaviar und andere Fischrogen ebenfalls verboten sind. Unsere Diät gestattet auch kein *Übermaß* an Zucker, Sirup, Marmeladen und Gelees, Honig, Kuchen oder Gebäck.

Viele von Ihnen werden sicher nicht mit den zwei Gläsern Magermilch pro Tag einverstanden sein. Unter Umständen haben Sie frische Milch bereits von Ihrem Speiseplan gestrichen; unter Umständen mögen Sie Magermilch auch nicht. Es ist jedoch schwierig, ein besseres Nahrungsmittel als fettfreie Milch zu finden, sorgt sie doch so gut für Proteine, Mineralien und die wichtigsten Vitamine. Wenn Sie den typischen Vollmilchgeschmack bevorzugen, schütten Sie einen oder zwei Teelöffel Maisöl in ein Glas Magermilch und mixen Sie das Ganze etwa eine Minute mit einem elektrischen Schneebesen durch. Sie dürften über den «satten» Geschmack staunen, den die Milch jetzt hat.

Die meisten Männer – besonders Männer vom A-Typ – begin-

nen schließlich jede Diät zu hassen, die ihnen die Fleisch-, Fisch-
und Geflügelgerichte raubt, die sie am liebsten haben. Und ganz
gleich, wie raffiniert ausgetüftelte Ersatzmahlzeiten man ihnen
serviert – früher oder später wird sich der angestaute Ärger in
ausgesprochen schlechter Laune oder gar in Wutausbrüchen ent-
laden. Da sie sich des wahren Grundes ihrer Gereiztheit schämen,
werden sie wahrscheinlich eine andere Ursache vortäuschen, zum
Beispiel über irgendein Thema in Wut geraten, das beim Essen zur
Sprache kommt. Die verwirrte und manchmal zutiefst verletzte
Ehefrau begreift meist erst nach einer ganzen Reihe solcher Ex-
plosionen, daß die Reizbarkeit ihres Mannes in Wirklichkeit eine
Entzugserscheinung ist. Dagegen ist auf lange Sicht buchstäblich
kein Kraut gewachsen, das heißt, kein Gewürz und keine exoti-
sche Zutat kann den geliebten Schweinebraten mit Knödeln ersetzen.

Unser Ernährungsplan berücksichtigt auch das. Wer ihn befolgt, braucht weder auf Fleisch, Fisch noch Geflügel (aber nur
Huhn oder Pute) zu verzichten und muß nur eine Beschränkung
auf sich nehmen – er darf nicht mehr *die gleiche Menge* von seinen
Lieblingsgerichten essen. So wiegt zum Beispiel jede Fleischportion in gekochtem Zustand nur etwa 120 Gramm, also ungefähr
ein Drittel oder die Hälfte weniger als vorher. Kann eine so
mäßige – und weise – Beschränkung jemanden zur Raserei treiben? Wohl kaum. Wer diese Eßtisch-Psychologie begreift, hat
mehr gewonnen als mit dem Auswendiglernen von hundert Diät-
vorschriften. Auch erfolgreiche Restaurantbesitzer müssen eine
Grundwahrheit lernen: Die Gäste werden ihn nie verlassen, weil
die servierten Portionen nicht groß genug sind, sondern nur dann
seine Adresse vergessen, wenn die Qualität nachläßt. Und es gibt
auch keine Frau, die von ihrem Mann sitzengelassen wird, weil sie
ihm die gewohnten Gerichte, so wunderbar zubereitet wie immer,
aber in etwas kleineren Mengen als sonst, vorsetzt. Wenn Sie sich
ohnehin ein neues Eßservice kaufen wollten, nehmen Sie am
besten etwas kleinere Teller. Vielleicht wird «er» den Trick nicht
durchschauen.

Unser Speiseplan wird Ihnen helfen, weniger Cholesterin und
mehr pflanzliche als tierische Fette zu konsumieren. Ihr zweites

Ziel sollte darin bestehen, das Körpergewicht zu behalten oder wieder zu erreichen, das Sie mit achtzehn Jahren hatten.

Wie Tabelle 2 zeigt, enthält die vorgeschlagene Diät rund 2600 Kalorien täglich. Wenn Sie abnehmen müssen oder sich nur wenig körperlich betätigen, ist das zuviel. Es kann selbst dann zuviel sein, wenn Sie schlank genug sind und Ihr Gewicht halten wollen. In diesen Fällen müssen Sie Ihr Gewicht *täglich* auf der Badezimmerwaage prüfen. Wenn Sie abnehmen möchten und es bei unserer Diät nicht tun, müssen Sie die erlaubten Mengen ändern. Die ersten Speisen, die gestrichen oder eingeschränkt werden sollten, sind Brot und andere Getreideprodukte. Wenn Sie alle diesbezüglichen Dinge gestrichen haben und trotzdem nicht die überschüssigen Pfunde verlieren (oder trotzdem noch zunehmen), müssen Sie den Konsum an Pflanzenmargarine und Salatöl einschränken. Sollte das immer noch nicht nützen, halbieren Sie bitte die Milchration. Verkleinern Sie aber nicht die Fleisch-, Fisch- oder Geflügelportionen. Sie brauchen die darin enthaltenen Proteine.

Wenn Sie soviel Sport treiben, daß Sie bei dem Kaloriengehalt unseres Speiseplans Ihr Idealgewicht nicht halten können, oder wenn Sie bisher übergewichtig waren und jetzt plötzlich über ein Kilo in der Woche abnehmen, müssen Sie natürlich ein bißchen mehr essen. Versuchen Sie es zuerst mit einem dritten Glas fettfreier Milch (mit einem oder zwei Teelöffeln Maisöl angereichert). Sollten Sie trotzdem noch zu schnell abnehmen, essen Sie mehr Pflanzenmargarine und beträufeln Sie Ihre Salate und die Gemüsegänge freigebiger mit Öl. Schließlich können Sie auch noch 50 bis 100 Gramm Nüsse pro Tag essen (keine Kokosnüsse!) Ändern Sie aber keinesfalls die Fleisch-, Fisch- oder Geflügelportionen.

Wenn Sie wissen, daß Sie zum A-Typ gehören, sollten Sie den Speiseplan sehr genau einhalten. Wir möchten auch noch einmal betonen, daß Sie in diesem Fall besonders darauf achten müssen, nur sehr kleine Mengen Zucker, Sirup, Marmelade, Honig und möglichst wenig Süßigkeiten, Torten und Kuchen zu verspeisen. Es gibt nämlich sehr stichhaltige Indizien, die darauf hinweisen, daß der übermäßige Genuß einfacher Zucker besonders geeignet ist, den Cholesterinspiegel von A-Typ-Persönlichkeiten zu heben. Ersetzen Sie Zucker also möglichst durch Saccharin.

Wie ist es bei Kindern? Soll man auch ihnen die Diät geben? Wir glauben, daß man allen Kindern aus den Industrienationen diese oder eine ähnliche Diät geben sollte, wenn keine bestimmten medizinischen Gründe dagegen sprechen. In manchen Fällen kann man die Vorschriften auch geringfügig ändern. Je nach körperlicher Betätigung und Alter werden viele Kinder sicher größere Mengen brauchen, als wir in Tabelle 2 vorgeschlagen haben.

Sie sollten zum Beispiel nicht 450, sondern 675 Gramm (3 Gläser) Magermilch am Tag bekommen. Man kann bei ihnen auch die anderen Portionen vergrößern – nur nicht die Fleisch-, Fisch- oder Geflügelrationen. Sie dürfen so viele Nüsse (keine Kokosnüsse!) essen, wie sie wollen. Sie können auch mehr Süßigkeiten, Kuchen und Gebäck naschen, vorausgesetzt, darin ist kein Eigelb enthalten. Aber bitte nicht mit den süßen Sachen übertreiben.

Eiskrem verdient unserer Ansicht nach einen der vordersten Plätze auf der Anklagebank. Wenn zum Beispiel die amerikanische Durchschnittsernährung an der gegenwärtigen Flut von Herzinfarkten mitschuldig ist, dann nicht nur wegen ihres Butter- oder Milchgehalts. Der Konsum dieser Substanzen ist in den letzten dreißig Jahren nicht gestiegen, er hat sich vielmehr deutlich verringert. Eiskrem jedoch, der bis 1930 relativ wenig gegessen wurde, ist besonders bei Kindern und Jugendlichen immer beliebter geworden. Wer in den zwanziger Jahren groß wurde, konnte meist nur ein paarmal im Monat Eis essen, während die Kinder und Jugendlichen der folgenden Jahrzehnte sehr oft drei- oder viermal in der Woche Eis verzehrten. Da es heute in fast allen Haushalten einen Kühlschrank mit Gefrierfach gibt und moderne Mütter immer mehr davor zurückschrecken, die Nachspeise selbst zuzubereiten, ist Speiseeis in dieser oder jener Form zum Schnuller geworden, mit dem man störrische Kinder – und häufig auch Jugendliche – besänftigt. Und es enthält selbstverständlich viel Cholesterin und tierische Fette.

Vor vierzig Jahren aßen Jugendliche und Teenager auch noch keine präfabrizierten Hamburger oder Cheeseburger (die aus sehr

fettem Fleisch und cholesterinreichem Käse bestehen), Bockwürste, Pizzas, Pommes frites oder dicke Spaghettisoßen. Sie tranken
kaum fette Milchmixgetränke. Wenn wir uns wirklich den Herzinfarkt anfuttern, dann wahrscheinlich deshalb, weil es diese Dinge heute praktisch überall gibt und weil sie so viel konsumiert
werden. Vielleicht trägt die Wohlstandsgesellschaft die Hauptschuld, weil sie ihrem Nachwuchs solche «Zwischenmahlzeiten»
ermöglicht.

Wir haben keine Ahnung, wie Eltern ihre Kinder herumkriegen
können, den Speisen aus dem Weg zu gehen, die ihnen von profitsüchtigen Kaufleuten aufgeschwatzt werden, aber es lohnt den
Versuch. Es wird Ihrem Kind sicher nicht schaden, Warnungen
vor den Gefahren zu hören, die eine cholesterinreiche Nahrung
für das spätere Leben bedeutet. Es gibt nämlich nur wenige Kinder, die gefährliche, suchterregende Drogen nehmen, ohne sich
irgendwie darüber klar zu sein, daß sie eines Tages für diese
Angewohnheit büßen müssen. Leider glauben heutzutage aber
sehr viele Kinder, das «Hier und Heute» sei unendlich wichtiger
als das «Dort und Später». Ein Großteil der westlichen Jugend ist
nicht etwa von Unkenntnis, sondern von einer merkwürdigen
Gleichgültigkeit befallen. Wir schätzen uns glücklich, daß wir
kein Buch über Kindererziehung schreiben müssen.

Müssen sich *alle* Erwachsenen nach unseren Ernährungsempffehlungen richten? Nein. Wenn Sie noch nie Zigaretten geraucht
haben und wenn Sie sehr, *sehr* sicher sind, zum B-Typ zu gehören
und nie unter Stress zu stehen, ist die Diät wahrscheinlich nicht
nötig. Wenn Sie aber jemals ein starker Zigarettenraucher waren
oder es noch sind und wenn Sie auch nur vermuten, daß Sie eine
A-Typ-Verhaltensstruktur haben oder gehabt haben, müssen wir
Sie bitten, unseren Speiseplan zu befolgen. Auch wenn Ihr Blutgehalt an Cholesterin mehr als 225 mg/100 ml beträgt, sollten Sie ihn
lieber einhalten – selbst wenn Sie nicht rauchen und mit hundertprozentiger Sicherheit wissen, daß Sie kein A-Typ sind.

Leser, die schon erfahren haben, daß ihr Cholesterinspiegel zu
hoch ist, fragen sich jetzt vielleicht, ob sich die von uns empfohlene Ernährung auch für sie eignet. Wahrscheinlich sind sie in
ärztlicher Behandlung (wenn nicht, wird es höchste Zeit). Der

Arzt wird unserer Diät sicher ebenfalls zustimmen und zusätzlich bestimmte Medikamente gegen das Cholesterin verschreiben.

Müssen Sie den Speiseplan mit religiösem Eifer befolgen? Sie sollten ihn einigermaßen gewissenhaft einhalten, brauchen dabei aber nicht zum Fanatiker zu werden. Das wichtigste Ziel, das man nie aus den Augen verlieren sollte, ist der *Tageskonsum* an Cholesterin, also nicht die genaue Einhaltung der einzelnen Speisen bzw. Mengen. Wenn Sie zum Beispiel einmal den Wunsch haben, ein bißchen Eiskrem oder Butter zu essen oder ein Glas Vollmilch zu trinken, tun Sie es ruhig. Verkleinern Sie dann aber die Fleisch- oder Fischportion so, daß Sie auch an diesem Tag weniger als 300 mg Cholesterin zu sich nehmen.

Noch ein kleiner Tip: Besprechen Sie den Speiseplan und etwaige Veränderungen nur mit Ihrem Arzt. Sie können Ihre Fähigkeit, die Diät einzuhalten, noch so sehr bewundern und noch soviel Stolz über Ihren Gewichtsverlust empfinden, doch wenn Sie diese Einzelheiten vor anderen Leuten ausbreiten, werden Sie nur auf Unverständnis treffen und Langeweile erregen. Denken Sie daran. Ihre Bekannten haben schon seit der Geburt gegessen, und sie interessieren sich im Grunde einzig und allein dafür, wie ein Gericht ihnen selbst schmeckt.

Sie brauchen auch nicht in Verzweiflung zu geraten, wenn man Sie zum Essen eingeladen hat. Die Gastgeberin wird gar nicht bemerken oder sich nicht darum kümmern, ob Sie die ganze Suppe oder den ganzen Salat aufgegessen haben. Es wird ihr auch ziemlich gleichgültig sein, ob Sie zum Essen Brot oder Semmeln – oder gar Butter – nehmen, und sie achtet wahrscheinlich ebensowenig darauf, wieviel Gemüse Sie sich auf den Teller tun. Es spricht jedoch alles dafür, daß sie aufpaßt, ob Ihnen der Fisch oder das Fleisch schmeckt. Vergessen Sie in solchen Fällen Ihre Diät und essen Sie das Hauptgericht ganz oder fast ganz auf (schließlich wird man Ihnen nicht gerade Hirn oder Bries, Leber oder Nieren servieren), hüten Sie sich aber vor der Soße oder dem Bratensaft. Wenn anschließend die Nachspeise gereicht wird, lächeln Sie und sagen Sie freundlich: «Nein, vielen Dank, aber ich möchte nur noch Kaffee. Es hat mir so gut geschmeckt und ich habe soviel gegessen, daß ich einfach keinen Nachtisch mehr kann.»

158

Das wäre also unser Plan, wie Sie Ihr Idealgewicht halten oder wieder erreichen und schädliche Mengen von Cholesterin und tierischen Fetten vermeiden können. Sie müßten ihn allerdings Ihr Leben lang befolgen.

Drücken Sie schleunigst die Zigarette aus!

Wir sagten bereits, daß starker Zigarettenkonsum unseres Erachtens Koronarleiden begünstigt und deshalb zum vorzeitigen Herzinfarkt führen kann. Seitdem wir dieses Kapitel geschrieben haben, sind etwa sechs Monate vergangen, und wir haben heute noch mehr Grund zu der Annahme, daß Zigaretten den Koronararterien ziemlich schnell schaden können. In diesem halben Jahr studierten wir nämlich die Lebensgeschichte von Männern, die im Gebiet der Bucht von San Francisco unvermittelt an Herzinfarkt starben. Die Studie ergab, daß die meisten dieser Herzopfer seit Jahren zwanzig bis achtzig Zigaretten täglich geraucht hatten.

Sicher, die Hälfte aller erwachsenen Männer raucht Zigaretten, und starkes Zigarettenrauchen gehört zu den charakteristischen Merkmalen des A-Typs. Der dauernd zu beobachtende Zusammenhang zwischen starkem Zigarettenkonsum und plötzlichem Herztod überzeugt uns trotzdem immer mehr davon, daß das «Kraut» selbst der Bösewicht sein kann.

Ein besonders trauriger Aspekt des Problems ist die Tatsache, daß sich eine Arterie mit schwerwiegenden krankhaften Veränderungen nie wieder völlig erholt. Deshalb heilen selbst die Herzkranzgefäße von Menschen, die sich von der Nikotinsklaverei befreit haben, vielleicht nie ab und leiden weiterhin unter den Plaques, die durch den Blutgehalt an Nikotin und Teerstoffen entstanden sind.

Es ist immer schwer, sich eine Sucht abzugewöhnen, und wenn Sie täglich zwanzig oder mehr Zigaretten rauchen, läßt sich die Sucht vielleicht ebenso schwer beseitigen wie die Abhängigkeit von Heroin oder Morphium. Man ist nicht nur dem Nikotin verfallen, das im Zigarettenrauch enthalten ist; man hat sich auch an die *unmittelbare* Befriedigung gewöhnt, die der Kontakt des Rauchs mit den Zellen verschafft, die die Lunge auskleiden. Von dieser Befriedigung ist man oft völlig abhängig. Der Verlust des «Rauch-Lungen-Kontakts» macht einem in den ersten Wochen der Totalentwöhnung am meisten zu schaffen.

Seltsamerweise gibt es über dieses Schlüsselphänomen des Zigarettenrauchens so gut wie keine psychologischen Untersuchungen. Leider wurden auch nur sehr wenige pathophysiologische Studien darüber durchgeführt. Es besteht nämlich die entfernte Möglichkeit, daß die chronische Wiederholung des Rauch-Lungen-Kontakts und die dadurch ausgelösten, weitreichenden Reflexreize sogar dazu beitragen können, den Verlauf von Koronararterienleiden zu beschleunigen.

Nun sind starke Zigarren- oder Pfeifenraucher offenbar weniger anfällig für Koronarleiden als starke Zigarettenraucher. Das kann man aber bestimmt nicht der Tatsache zuschreiben, daß bei ihnen weniger Nikotin in den Körper gelangt, und es dürfte auch nicht nur auf ihrer spezifischen Verhaltensstruktur beruhen. Ihre relative Immunität ist wohl zum Teil darauf zurückzuführen, daß sie den Rauch längst nicht so oft inhalieren und daher nicht den schädlichen Wirkungen des Rauch-Lungen-Kontakts ausgesetzt sind. Gerade wegen der emotionalen Befriedigung dieses Kontakts können viele starke Zigarettenraucher nicht begreifen, daß es auch Genuß bereiten könne, den Rauch nur bis an die Kehle zu lassen und dann wieder auszuatmen.

Wenn Sie das Zigarettenrauchen aufgeben und wenn die Entzugserscheinungen, die auf das fehlende Nikotin und den ausbleibenden Rauch-Lungen-Kontakt zurückgehen, nicht allzu schlimm sind, werden Sie vielleicht auch folgende Dinge vermissen: das Hantieren mit der Zigarette, die Bewegung, mit der Sie sich den Glimmstengel zwischen die Lippen stecken, sogar das Anzünden. Diese Entzugssymptome sind aber wirklich nur nebensächlich, wenn man sie mit dem Verlust des Nikotins und des Rauch-Lungen-Kontakts vergleicht.

Gibt es eine leichte, bequeme Methode, sich die Sucht abzugewöhnen? Wir kennen leider keine. Trotzdem haben es in den letzten fünf Jahren Hunderttausende von Europäern und Amerikanern geschafft, das Zigarettenrauchen aufzugeben. Die Massenmedien weisen immer wieder auf den alarmierenden Anstieg der

Lungenkrebsfälle hin, die allein auf Zigaretten zurückgehen, so daß wir uns langsam über die Folgen der Angewohnheit klar werden. Und falls in den Todesanzeigen der Zeitungen auch die wahre Todesursache genannt würde, wenn jemand an Lungenkrebs gestorben ist, würden sich noch viel mehr Menschen entschließen, nie mehr eine Zigarette anzurühren. In solchen Fällen umschreiben die Angehörigen die Ursache nämlich meist mit der stereotypen Wendung «nach langer Krankheit». Wenn man dafür immer «an Lungenkrebs» einsetzte, wäre man nicht allzuweit von der Wahrheit entfernt.

Natürlich werden alle möglichen Techniken propagiert, um sich das Zigarettenrauchen abzugewöhnen – Kaugummi, Hypnosebehandlung und sogar «Encountergruppen». Da sie fast nie schaden können, dürfen Sie ruhig ein bißchen experimentieren. Wenn Sie sich aber vom Tabak freimachen möchten, müssen Sie sich diese Absicht zuerst lange genug *einhämmern*, damit Sie genügend Ansporn haben. Dadurch mobilisieren Sie vielleicht die *Willenskraft*, ohne die Sie Ihre Absicht nicht verwirklichen können.

Noch ein kleiner Rat. Wenn Sie beschließen, das Rauchen aufzugeben, machen Sie es nicht stufenweise – zuerst nur noch zwölf Zigaretten, dann nur noch acht, sechs etc. Hören Sie ganz auf! Es reicht nicht, das Übel Stück für Stück abzubauen – dann flammt es allzuleicht wieder auf. Sie müssen es an der Wurzel packen und ausreißen.

Sport, Bewegung, Fitnessübungen – aber in Grenzen

Die Indizien für einen eindeutigen Kausalzusammenhang zwischen körperlicher Trägheit und Koronarleiden oder Koronarkrankheiten sind zwar nur dünn, aber es gibt auch keine Beweise dafür, daß *mäßige* körperliche Betätigung die Verwandlung kleiner, asymptomatischer Arterienplaques in gefährliche Thromben beschleunigt; diese Thromben kündigen den Herzinfarkt an. Achten Sie aber bitte darauf, daß wir das Wort «mäßig» unterstrichen haben. Wie wir noch erläutern werden, können *übermäßige* körperliche Anstrengungen schon nach kurzer Zeit zum Tod führen. Sie können sogar einen Menschen umbringen, der angeblich ein kerngesundes Herz hat.

Wenn man noch nicht an einer akuten Koronarkrankheit leidet, sollte man sich möglichst oft körperlich betätigen, ganz gleich, wie alt man ist – aber nur mäßig. Man darf keinesfalls übertreiben und zum Beispiel plötzlich Leistungssport machen. Es ist ratsam, die Arme und Beine mindestens eine Stunde täglich (besser noch länger) zu bewegen.

Mit mäßiger körperlicher Betätigung meinen wir jede Tätigkeit, bei der man nicht nach Luft schnappen muß oder starkes Herzklopfen (über 120 Schläge in der Minute) bekommt oder anschließend völlig erschöpft auf der Strecke bleibt. Spazierengehen, vielleicht in einer sanften Hügellandschaft, eine Treppe hinaufsteigen (oder mehrere Treppen hinuntersteigen), schwimmen (kein Leistungsschwimmen), Golf spielen, radfahren, Tennis spielen (aber nur Doppel und möglichst gemischte Doppel), angeln, jagen (aber keine Rotwildjagd in großen Höhen und nicht hinter abgeschossenen Wildenten herwaten), Tontaubenschießen, Boccia spielen, kegeln, Billard – diese und ähnliche Hobbies oder Sportarten können wir empfehlen.

Menschen über 35 sollten auch dann keine anstrengenden Sportarten treiben, wenn sie sich früher wer weiß wie lange und wie oft in dieser Hinsicht betätigten oder sich für kerngesund halten – es sei denn, sie lassen zuerst ein Elektrokardiogramm machen. Das EKG muß allerdings unmittelbar nach einem strammen Spaziergang oder nach einer «Fahrt» auf dem Trimm-Dich-Fahrrad (ca. fünfzehn Stundenkilometer) aufgenommen werden. Wenn der Arzt auch dann noch nichts gegen die gewünschte Betätigung einzuwenden hat, kann man sie einigermaßen beruhigt ausüben – aber in Grenzen!

Ein EKG, das aufgenommen wird, während man auf dem Ruhebett liegt, reicht also nicht. Die Hälfte aller Menschen, bei denen eine oder mehrere Herzkranzschlagadern blockiert sind, hat im Ruhezustand nämlich noch ein ganz normales EKG. Ein EKG, das während der Betätigung eines Trimm-Fahrrads gemacht wird, läßt eine solche Blockierung *mit einiger Wahrscheinlichkeit* erkennen.

162

Noch einmal: Wenn Sie über 35, offenbar gesund und absolut entschlossen sind, ein anstrengendes Fitneßprogramm fortzusetzen oder anzufangen, gehen Sie vorher zum Arzt und lassen Sie ein Leistungs-EKG aufnehmen. Es könnte Ihnen das Leben retten.

Im letzten Jahr sind zum Beispiel rund 200000 amerikanische Männer, die noch nie in ihrem Leben Symptome einer Koronarerkrankung hatten, ganz plötzlich gestorben. Wenn wir solche Fälle untersuchten, entdeckten wir zwei Tatsachen. Erstens: Selbst wenn diese Männer vor ihrem Tod keine Symptome von Koronarkrankheiten hatten, ergab sich bei der Autopsie jedesmal eine krankhafte Veränderung der Herzkranzgefäße, die so ausgeprägt war, daß man sie bei einem Leistungs-EKG durchaus hätte erkennen können. Zweitens starb über ein Drittel dieser Männer bei oder kurz nach anstrengenden körperlichen Tätigkeiten. In vielen Fällen hatten sich die Männer allerdings regelmäßig körperlich angestrengt, und zwar schon seit einigen Jahren.

Wir möchten noch einmal betonen, daß die Koronararterien keine Herzmuskeln sind – sie «gewöhnen» sich auch dann nicht an regelmäßige körperliche Betätigung, wenn diese sehr anstrengend oder häufig ist. Es ist noch keinem Menschen gelungen, eine krankhaft veränderte Herzkranzschlagader körperlich wieder «fit» zu machen. Wenn Sie das merkwürdig finden, beobachten Sie einmal eine Plaque in Ihren Herzkranzgefäßen daraufhin, ob sie nach der Aufnahme eines Sports oder Fitness-Hobbies kleiner wird. Denken Sie daran, daß die krankhaften Veränderungen eines Herzkranzgefäßes – also das Koronararterienleiden – von den Plaques in den betreffenden Gefäßen hervorgerufen werden. Das Leiden wird erst dann gefährlich, wenn diese Plaques wuchern und aufbrechen.

Welche schweren oder anstrengenden Betätigungen soll nun jeder über 35 meiden wie die Pest? An der ersten Stelle unserer schwarzen Liste steht das Dauerlaufen. Dieser Sportersatz trimmbewußter Spät-Twens hat zum Beispiel in den USA Dutzende, wahrscheinlich sogar Hunderte von Menschen getötet. Wir glauben, daß der folgende Brief und der darin geschilderte Todesfall für sich sprechen. Leider ist es nicht der erste Brief dieser Art, den wir erhielten, und es wird auch mit Sicherheit nicht der letzte bleiben:

Lieber Dr. Friedman,
wie Sie wissen, bin ich seit Jahren ein überzeugter Anhänger des Dauerlaufens gewesen. Kürzlich hat mich jedoch ein tragisches Ereignis dazu veranlaßt, die Vor- und Nachteile des Dauerlaufens noch einmal abzuwägen und mich für einen anderen Sport zu entscheiden.

Als ich mich von den akuten Stadien meiner Herzgeschichte erholt hatte, drückte mein Kamerad die Hoffnung aus, ich würde bald wieder auf die Aschenbahn zurückkehren. Ich folgte Ihrem Rat und lehnte ab, aber mein Bekannter – Dr. Louis Rothenberg, 48 Jahre, ein hervorragender Forschungschemiker – lief allein weiter, wie er es auch während meiner Krankheit regelmäßig getan hatte. Louis hatte sich erst vor kurzer Zeit gründlich untersuchen lassen, wobei auch ein EKG gemacht worden war. Der Arzt hatte festgestellt, daß er kerngesund war. Er hatte auch noch nie etwas mit dem Herzen gehabt. Letzte Woche fiel er jedoch auf dem Sportplatz tot um.

Das Dauerlaufen verhütete nicht etwa meinen Herzinfarkt, sondern trug mit Sicherheit noch dazu bei. Da ich Ihre Sorge um mein persönliches Wohlbefinden kenne und weiß, daß Sie sich mit der Untersuchung plötzlicher Todesfälle beschäftigen, dachte ich, diese Ereignisse würden Sie interessieren.

Mit freundlichen Grüßen,
Al Brown (jetzt Schwimmer)

Dauerlauf und Langlauf sind Sportarten, bei denen man sich in eine Maschine verwandelt. Man hastet vorwärts, blickt weder nach links noch nach rechts, keucht und kommt ins Schwitzen und hastet weiter. Und welches Ziel hat diese «Maschine»? Sie versucht, schneller zu sein und mehr zu schaffen als gestern – das ist alles. Und was ist ihr einziges Vergnügen? Das alles durchdringende, wunderbare Gefühl der Erleichterung, wenn das Keuchen und Hasten *vorbei* ist. Wenn es je einen Sport gab, der Menschen vom A-Typ auf den Leib geschneidert wurde, dann das Dauerlaufen. Ja, einige unserer besten Freunde sind Dauerläufer!

Handballwettkämpfe, Tenniseinzel und ähnliche Leistungssportarten sind nach dem Dauerlauf die gefährlichsten körperlichen Betätigungen für Herren mittleren Alters. Man sollte sie – ob einmal im Monat oder einmal in der Woche – höchstens dann ausüben, wenn man vorher ein Leistungs-EKG machen läßt (das leider auch keine Garantie ist). Genauso tödlich wie diese Hobbies kann Eisschnellauf sein. Rechnen Sie auch dann irgendwann mit dem Herztod, wenn Sie nach dem Essen (selbst nach leichten Mahlzeiten) öfter mit Ihren heranwachsenden Söhnen Fußball oder Korbball spielen.

Sie könnten jetzt natürlich fragen, weshalb wir überhaupt mäßige körperliche Betätigung empfehlen, wenn wir sogar selbst bezweifeln, daß sie zur Verhütung von Koronarleiden beiträgt. Wir würden antworten, daß es dem Menschen nach körperlicher Betätigung schon seit uralten Zeiten in physischer und psychischer Hinsicht besser ging.

Ärzte und Laien haben diese Tatsache seit vielen Jahrhunderten beobachtet und akzeptiert. Wir glauben nicht, daß es Ihren Herzkranzgefäßen schaden wird, wenn Sie regelmäßig ein leichtes körperliches Training haben. Und es besteht nach wie vor die Möglichkeit, daß diese leichte Betätigung letztlich doch die Erweiterung der Koronargefäße und die Bildung neuer, gesunder Kollateralgefäße begünstigt. Der Beweis dafür muß allerdings noch erbracht werden.

Kapitel 12

Das fehlende Glied
in der Kette

Seltsamerweise haben früher nur sehr wenige Forschungsmediziner geglaubt, daß unser Gehirn und seine Funktionen den Zustand des Herzens und der Koronararterien beeinflussen können. Selbst heute gibt es kaum Herzforscher, die sich mit diesem möglichen Zusammenhang beschäftigen. Noch schlimmer ist es, daß man sich nach wie vor gegen diesbezügliche Vorhaben sträubt. Manche Forscher reagieren beinahe feindselig, wenn jemand wagt, das «Niemandsland» zu betreten, wo sich Geist und Körper begegnen und gegenseitig beeinflussen.

Warum hegten und hegen so viele von unseren Kollegen dieses Vorurteil? Und warum schreckten so viele Ärzte noch mehr davor zurück, die Informationen der Forscher zu akzeptieren oder auch nur ernsthaft in Betracht zu ziehen, die es trotzdem wagten, in die unbekannten Gebiete einzudringen, wo der Geist auf den Körper trifft? Für diese medizinische und naturwissenschaftliche Zurückhaltung gibt es eine ganze Reihe von Gründen.

Erstens wollen fast alle Wissenschaftler die beobachteten Phänomene mit feststehenden, verständlichen Maßeinheiten messen – Kilo, Gramm, Volt, Erg, Grad der Farbveränderung, radioaktive Strahlung etc. Phänomene oder Prozesse, die sich nicht auf diese Art quantifizieren lassen, bringen viele Gelehrte völlig aus der Fassung. Häufig vermeiden sie solche ärgerlichen Konfrontationen, indem sie das Phänomen oder den Prozeß einfach ignorieren.

Diese Reaktion beschränkt sich selbstverständlich nicht auf Mediziner. So versuchte Walter Laqueur, der angesehene Leiter des Londoner Instituts für zeitgenössische Geschichte, kürzlich zu erklären, weshalb die Sozialwissenschaft das Problem der politischen Gewalttätigkeit vernachlässigt. Er schrieb in der britischen Wochenzeitung *Encounter*, daß die «Gewalttätigkeit nicht gerade das angenehmste Thema ist und sich nicht sehr gut für die Anwendung *quantitativer* Methoden und anderer Techniken der Sozialwissenschaft eignet». Der englische Romancier Goronwy Rees sagte, «das typische Merkmal unserer Zeit besteht darin, daß man Beweise erst dann akzeptiert, wenn sie statistisch sind, sich also in Zahlen ausdrücken lassen. Man könnte sagen, daß nichts zählt, was sich nicht zählen läßt.»

Trotzdem wissen wir alle, daß politische Gewalttätigkeit nicht einfach deshalb verschwinden wird, weil unsere Sozialwissenschaftler weiterhin so tun, als existiere sie kaum. Entsprechend kann auch das Gelüst eines Mannes auf die Ehefrau seines Nachbarn sehr real sein, obgleich die Soziologen nicht imstande sind, den Intensitätsgrad dieses Gefühls in quantitativen Einheiten auszudrücken.

Übertreiben wir jetzt nicht den Widerwillen der Wissenschaftler, Dinge in Erwägung zu ziehen, die sich nicht mit Zahlen ausdrücken lassen? Als Antwort nur ein Beispiel. In einer eindrucksvollen Studie über die Ursachen von Koronarkrankheiten, die 1971 von einem Sonderausschuß der neuseeländischen Royal Society veröffentlicht wurde, wird der Faktor, den wir für den wichtigsten halten, mit einem einzigen Satz abgetan: «Einige Ausschußmitglieder sind der Meinung, daß man über die Rolle des Stress-Risikos bei KK [Koronarkrankheiten] erst dann endgültige Schlußfolgerungen ziehen sollte, *wenn man befriedigendere Methoden hat, den Stress zu messen.*»* Beachten Sie, daß der Ausschuß nicht etwa dringend empfahl, eine Methode zur Messung von Stresserscheinungen zu entwickeln. Im Gegenteil, seine Erklärung besagt, daß man emotionalen Stress als möglichen Auslösefaktor im Augenblick und auf unbestimmte Zukunft beruhigt zu den Akten legen kann. Was der Ausschuß tatsächlich empfahl? Eine sofortige Untersuchung der Rolle, die das weiche Trinkwasser bei der unglaublich großen Verbreitung von Koronarerkrankungen in Neuseeland spielen könnte.

* Die Kursivschrift stammt von uns.

Zahlenorientierte Herzforscher haben emotionalen Stress aller Art jedenfalls sträflich vernachlässigt, weil sie ihn nicht genau messen können. Wenn man das Zigarettenrauchen nicht mit der *Zahl* der täglich gerauchten Zigaretten messen könnte, wenn man den Konsum an gesättigten Fettsäuren nicht mit der *Zahl* der konsumierten Kalorien messen könnte und wenn man die körperliche Betätigung nicht ganz ähnlich mit der *Zahl* der Stunden messen könnte, die dafür aufgebracht werden, würde man diese Faktoren vielleicht noch heute als harmlos betrachten (siehe Kapitel 10). Die Natur kümmert sich leider nicht darum, ob der Mensch imstande ist, ihre Phänomene mit annehmbaren Begriffen zu messen. Aber wir wollen nicht mit Verallgemeinerungen vom eigentlichen Problem ablenken. Hunderttausende von Europäern und Amerikanern sind an dem tragischen Komplex nervöser Faktoren gestorben, die wir unter der Bezeichnung A-Typ-Verhalten zusammenfassen, und sicher werden noch weitere Hunderttausende daran sterben. Trotzdem hat die Wissenschaft dieses Verhaltensmuster bisher kaum beachtet, weil sie es noch nicht mit annehmbaren quantitativen Begriffen erfassen kann.

Es gibt jedoch noch einen Grund, weshalb die Herzforscher der Vergangenheit den Persönlichkeitsbeitrag zur Entstehung von Koronarleiden ignorierten: Sie wußten nicht genug über die psychischen oder emotionalen Prozesse des Menschen oder interessierten sich nicht genug dafür. Deshalb sind die verschiedenen Fakten, die sie anhäuften, die Geräte und Methoden, mit denen sie zu arbeiten lernten, für diesen Forschungsansatz relativ ungeeignet. Auch ihre wissenschaftliche Philosophie ließ sich nicht mit diesem Ansatz vereinbaren.

Kein Mensch, wie klug und weise er auch sein mag, wirft gern seine früheren Erfahrungen, seine Ausbildung und sogar seine bisherigen Grundprinzipien über den Haufen, um noch einmal von vorn anzufangen – vor allem nicht auf einem Gebiet, auf dem es praktisch noch keine Wegweiser gibt. Der bekannte Harvard-Physiker Dr. Harvey Brooks unterstrich diese allgemein verbreitete Abneigung kürzlich in einem Vortrag: «Es ist immer schwer, Kritik an seinen geistigen Produkten zu akzeptieren, und vielleicht gilt das besonders für Ingenieure oder Techniker, die unter

Umständen einen großen Teil ihrer Laufbahn für ein einziges Ziel geopfert haben.» Dr. Brooks hätte ruhig die Mediziner hinzufügen können. Zunächst schreckten auch wir davor zurück, auf unsere genauen biochemischen und physiologischen Methoden und die damit verbundene Sicherheit zu verzichten und jenes Gebiet, halb Dschungel, halb Wüste, zu betreten, wo Geist und Körper aufeinandertreffen und sich gegenseitig beeinflussen.

Auf der Suche nach einem Grund, der die epidemiehafte Verbreitung der Koronarleiden im letzten halben Jahrhundert erklären könnte, konzentrierten sich die meisten Wissenschaftler auf die Substanzen, die man essen, trinken und inhalieren kann. Daß auch in der geistigen Umgebung des westlichen Menschen Veränderungen stattfanden, drang ihnen nicht richtig ins Bewußtsein, obgleich ihre eigenen Kollegen die Hauptverantwortung dafür trugen.

Wir alle konnten uns diesem Wandel «anpassen», weil sich die einzelnen Veränderungen allmählich vollzogen. Wir haben es zwar geschafft, uns bewußtseinsmäßig auf die emotionalen Belastungen des heutigen Lebens einzustellen, doch die eigentliche Frage lautet, ob wir es auch geschafft haben, unsere unbewußten geistigen und körperlichen Funktionen diesen emotionalen Belastungen anzupassen.

Einige äußerst genaue und scharfsinnige Beobachter der westlichen Zivilisation zweifelten daran, ob wir jemals die Fähigkeit entwickeln könnten, uns den Veränderungen der Umwelt anzupassen. Der französische Staatstheoretiker Alexis de Tocqueville, der amerikanische Schriftsteller Henry Thoreau, der Historiker Henry Brooks Adams und der kanadische Mediziner Sir William Osler gehörten zu den führenden Geisteswissenschaftlern des vergangenen und jetzigen Jahrhunderts, die vor den Gefahren des zunehmenden Lebenstempos in der westlichen Zivilisation im allgemeinen und der amerikanischen Gesellschaft im besonderen warnten.

Die meisten von uns sind sich durchaus der Tatsache bewußt, daß verschiedene umweltmäßig und sozial bedingte Faktoren uns zwingen, immer schneller zu leben und zu arbeiten. Wir müssen lernen, wie man die ständigen Veränderungen in unseren Arbeits-,

Eß-, Spiel-, Liebes- und sogar Sterbegewohnheiten bewältigen und akzeptieren kann.

Nach einem grandiosen Überblick der zyklischen Fortschritte und Rückschläge, die der Mensch in den fünftausend Jahren seiner historischen Existenz verzeichnete, kam der große englische Historiker Arnold Toynbee zu folgendem Schluß:

> «Schon die ältesten Indizien der Geschichte zeigen, daß die Menschheit nicht nur in Bewegung geraten ist, sondern sich immer schneller bewegt. Dieses Crescendo der Geschwindigkeit dauert noch heute an. In unserer Generation ist es vielleicht das schwierigste und gefährlichste Problem, vor dem die Menschheit steht.»

Obgleich Toynbee diese Worte vor mehr als zehn Jahren schrieb, hat sich noch kein einziger Wissenschaftler – ob Ökonom, Soziologe, Psychologe oder Psychiater – dem Problem gestellt.

Die beharrliche Weigerung der Herzspezialisten, die Persönlichkeit des Menschen in ihren Forschungsradius einzubeziehen, geht zum Teil darauf zurück, daß die meisten Psychiater nicht imstande sind, in der Persönlichkeit von Koronarpatienten irgendwelche Besonderheiten oder unverwechselbaren Merkmale zu identifizieren. Dieses diagnostische Unvermögen wiederum beruht ganz einfach auf der Tatsache, daß es früher nur sehr wenige Koronarpatienten nötig fanden, vor oder nach den ersten Herzsymptomen einen Psychiater aufzusuchen. Die meisten von ihnen fanden den Besuch beim Psychiater nicht nur unnötig, sondern waren schon empört, wenn man auch nur eine diesbezügliche Empfehlung äußerte. Als eine Gruppe von Harvard-Kardiologen etwa hundert jungen Koronarkranken riet, die Gratisleistungen in Anspruch zu nehmen, die ihnen von erfahrenen Psychiatern geboten wurden, weigerten sie sich fast alle, mehr als einmal zur Untersuchung zu gehen.

In Anbetracht dieser früheren – und noch heute bestehenden – Abneigung gegen eine psychiatrische Behandlung kann man natürlich nicht erwarten, daß ein Psychiater diagnostische oder kausale Besonderheiten bei Leuten entdeckt, die er vielleicht noch nicht einmal auf gesellschaftlicher Ebene kennt. Heute wissen wir selbstverständlich, daß uns am Verhalten von Koronarpatienten schon deshalb etwas hätte auffallen müssen, weil sie es fast ausnahmslos überflüssig fanden, zum Psychiater zu gehen. Schließlich gehen heutzutage jedes Jahr Hunderttausende von Patienten zu einem solchen Spezialisten. Die Psychiater müßten also schon nach dem Gesetz der Wahrscheinlichkeit Tausende von potentiellen oder tatsächlichen Herzopfern kennenlernen, vorausgesetzt, diese Menschen weigerten sich nicht *prinzipiell*, zum Seelenarzt zu gehen – was sie aber tun!

Dieses Phänomen, die eindeutige Abneigung des potentiellen Koronarpatienten gegen Psychiater, beruht natürlich auf seinem unerschütterlichen Vertrauen in die Integrität seiner emotionalen Fähigkeiten. Dieses Selbstbewußtsein trägt oft dazu bei, daß ein Internist gar nicht erst auf den Gedanken kommt, die Verhaltensstruktur eines Koronarkranken könne in einem ausgeprägten Kausalzusammenhang mit seinem Herzleiden stehen. Auch dem Patienten kann man nicht anlasten, daß er sein Verhalten vollkommen gesund findet, denn bis vor kurzem galt das A-Typ-Verhalten – jedenfalls in seinen weniger entwickelten Stadien – nicht nur als völlig normal, sondern als erstrebenswert. Zumindest in Amerika wurde von allen jungen Männern und Frauen erwartet, daß sie sich bemühten, diesen Idealzustand zu erreichen. In Anbetracht dieser Tatsachen versteht man vielleicht, wie ein A-Typ-Patient seinen Herzspezialisten – der oft ebenfalls zum A-Typ gehört – aufsuchen kann, ohne daß einer der beiden auf den Gedanken kommt, an ihrem Verhalten stimme etwas nicht. Das A-Typ-Verhalten ist heute so tief in unserer Zivilisation verwurzelt, daß es beinahe als charakteristisches Merkmal der Zivilisation gelten kann, und vielleicht beantwortet schon diese Tatsache die Frage, die wir im nächsten Kapitel stellen werden: Woher kommt das A-Typ-Verhalten?

Kapitel 13

Woher kommt das A-Typ-Verhalten?

Wahrscheinlich bestand das Leben vieler Menschen schon in der Vergangenheit, auch in der prähistorischen Zeit, aus einem ständigen Kampf um «Zahlen». Manche Menschen hatten zweifellos soviel Aggressivität angestaut, daß sie sich dauernd mit ihren Familienangehörigen zankten, mit ihren Nachbarn stritten oder mit ihren Gegnern schlugen. Man kann sagen, daß sie bereits an einer frühen Form des A-Typ-Verhaltens litten.

Aber in der Vergangenheit waren solche Menschen die Ausnahme, heute dagegen fast schon die Regel. Wodurch kam das? Warum ist die A-Verhaltensstruktur zu einer so typischen Krankheit unserer Zeit geworden?

Die – wenigstens in den Vereinigten Staaten – wichtigste Einzelursache ist vielleicht die Entwicklung der pragmatischen Lebenseinstellung des 19. Jahrhunderts zum ungezügelten Erwerbstrieb des 20. Jahrhunderts. Man will sich immer größere Scheiben vom Wohlstandskuchen sichern. Tocqueville staunte schon 1835 über die Gier der Amerikaner nach weltlichen Gütern:

«In den Vereinigten Staaten baut der Mann ein Haus, um seinen Lebensabend darin zu verbringen, und verkauft es wieder, ehe das Dach aufgesetzt ist. Er legt einen Garten an und läßt ihn liegen, sobald die Bäume die ersten Früchte zu tragen beginnen. Wenn ihm die persönlichen Angelegenheiten eine gewisse Muße erlauben, stürzt er sich unverzüglich in den Strudel der Politik; wenn er nach einem Jahr unermüdlicher Arbeit feststellt, daß er ein paar Tage Ferien übrig hat, läßt er sich von seiner unersättlichen Neugier über die unermeßliche Weite der

Vereinigten Staaten wirbeln und reist in wenigen Tagen viertausend Kilometer, um sein Glück abzuschütteln . . . All sein Sinnen und Trachten steht nach materiellem Wohlergehen, und er ist ständig in Eile, weil die Zeit, es zu erreichen, zu fassen und zu genießen, nur begrenzt ist.»

Die Amerikaner wurden also schon damals immer hektischer und materieller. Die Bewohner der meisten westeuropäischen Staaten folgten ihnen auf dem Fuße. Die industrielle Entwicklung des 20. Jahrhunderts hat diesen Prozeß lediglich zum logischen Höhepunkt gebracht und erfaßt heute die Nachkommen jener Menschen, die der Überzeugung waren, man könne fast alles in seinen Besitz bringen, was die Sinne wahrnehmen. Wenn eine solche blinde Gier nicht mehr durch Qualität, sondern nur noch durch Quantität, also durch Zahlen, gestillt werden kann, ist der Betreffende ein A-Typ geworden.

Ein anderer Aspekt des Phänomens ist unser Geschwindigkeitsrausch. Wir haben Objekte entwickelt, die mit immer größerer Geschwindigkeit fahren, kommunizieren oder andere Objekte herstellen können, und scheinen bereit, uns ihren Forderungen jetzt auch selbst zu unterwerfen.

Ihr Urgroßvater hätte seine gemütliche Kutschfahrt sicher gern für zehn Minuten oder länger unterbrochen, um sich mit einem vorbeikommenden Nachbarn zu unterhalten. Wir in unseren Autokäfigen müssen schon Glück haben, wenn wir einen vorbeikommenden Nachbarn auch nur erkennen wollen. Daß man anhält und kostbare Zeit vergeudet, ist fast undenkbar. Es ist fast, als sei das Auto nicht mit der Fahrtunterbrechung einverstanden. Denken Sie ein bißchen darüber nach, wenn es Ihnen albern vorkommt. Je schneller eine Maschine arbeitet, desto mehr fühlt sich der Maschinist zu schnellem Denken und Handeln getrieben – steckt in diesem Gedanken nicht ein Körnchen Wahrheit?

Unsere Hast wird durch die zunehmende Urbanisierung der Gesellschaft noch verstärkt. Diese Urbanisierung vergrößert zwangsläufig unsere Abhängigkeit von den Aktionen und Dienstleistungen der anderen. Immer in der Hoffnung, der Austausch werde uns ein bißchen Zeit sparen, verkaufen wir uns gegenseitig

Dienstleistungen. Da wir aber Leute «bedienen», die ebenfalls zeit-bewußt sind, versuchen wir ständig, unsere Arbeit etwas schneller zu machen, um sie erstens zufriedenzustellen und zweitens noch ein bißchen Zeit für uns selbst herauszuholen. Wenn diese Tendenz zum Lebensprinzip wird, führt sie zum A-Typ-Verhalten.

Die Begriffe «offene Gesellschaft» und «Chancengleichheit» bedeuten, daß jedermann zumindest theoretisch die gleichen Möglichkeiten hat. Infolgedessen bedeuten sie aber auch, daß das Leistungs- und Wettbewerbsprinzip zum Universalgesetz wird. Ältere Gesellschaftsordnungen, die auf einem Klassensystem beruhten, konnten für viele Menschen eine Zwangsjacke sein, aus der es kein Entrinnen gab. Sie befreiten aber auch viele Menschen von der Notwendigkeit, ständig zu kämpfen, um oben zu bleiben, und förderten deshalb nicht die Entwicklung des A-Verhaltens.

Nicht nur de Tocqueville, Thoreau und Adams, sondern auch zahlreiche andere Beobachter haben auf den Wettbewerbsdruck hingewiesen, der die amerikanische Gesellschaft des 19. Jahrhunderts kennzeichnete. Der Kampf ist in unserem Jahrhundert ständig heftiger geworden und hat inzwischen längst die anderen Industrienationen erfaßt. Heute sind fast alle sehr großen Unternehmen in den Händen von Aktionären, staatlichen Stellen und Stiftungen, so daß nur besonders fähige Leute auf einen leitenden Posten hoffen dürfen – familiäre Verbindungen helfen nur noch begrenzt weiter. Es ist die Leistung und nicht die Abstammung, die zu einem gehobenen ökonomischen Status berechtigt. Millionen von Menschen waren sich dieser Lage bewußt und nahmen alles auf sich, um der darin enthaltenen Herausforderung gewachsen zu sein. Sie reagierten «global». Der Leistungs- und Wettbewerbsdruck beherrscht *alle* Bereiche ihres Lebens – nicht nur die beruflichen und geschäftlichen Aktivitäten, sondern auch die Freizeit. Und solch eine Einstellung führt unweigerlich zum A-Typ-Verhalten. Übermäßiger Rivalitätsgeist zieht nämlich einen ständigen Kampf gegen die Zeit nach sich.

Es gibt wohl noch ein Merkmal der modernen Zivilisation, das zur Vermehrung der Menschen vom A-Typ beigetragen hat: unsere Neigung, Menschen zu Zahlen zu reduzieren, sie ihrer einzigartigen menschlichen Züge zu berauben und zu standardisieren. Für Ihre Bank sind Sie bereits eine Nummer – betrachten Sie die Computerzahlen, mit denen man Sie auf Ihren Schecks und Kontoauszügen kenntlich macht. Das gleiche gilt für die Regierung, Ihren Versicherungsvertreter und Börsenmakler, sogar für die Firmen, die Sie mit Kleidung und Essen versorgen und in Ihren Fernsehgewohnheiten herumschnüffeln.

Eine Gesellschaft, die versucht, ihre Angehörigen auf Zahlen oder Statistiken zu reduzieren, hätte natürlich kaum Erfolg damit, wenn sie sich nicht auf eine allgemeine Tendenz stützen könnte – auf die Tendenz der Menschen, ihre individuelle Persönlichkeit zu vergessen und die emotionalen Bezugspunkte zu mißachten, die sie miteinander verbinden. Der Glaube an die schützende Allmacht eines Gottes (oder einer Gruppe von Göttern) erlaubte es dem Menschen vergangener Zeiten, sich als geschütztes Individuum zu begreifen. Er war stolz auf die – lebenden und toten – Menschen seiner kleinen Welt und vertraute ihnen. Sein Stolz und sein Vertrauen schenkten ihm ein Gefühl emotionaler Verbundenheit. Diese religiösen und – mangels eines besseren Ausdrucks – patriotischen Kräfte, die von Mythen und Ritualen gestützt wurden, sind aber zunehmend von den Kräften zurückgedrängt worden, die einen automatisierten Menschen anstreben.

Zugegeben, Millionen von Europäern und Amerikanern gehen nach wie vor in die Kirche, doch die Zahl derer, die in irgendeinem echten Sinn «mit ihrem Gott» leben, sinkt ständig. Die Mythen und Rituale der Religionen haben unter den zerstörerischen Kräften der Säkularisierung und des sogenannten wissenschaftlichen Rationalismus fast ihr Leben ausgehaucht. Der englische Schriftsteller J. B. Priestley hatte leider nur zu recht, als er unsere westliche Zivilisation nicht nur für unreligiös, sondern antireligiös erklärte – ganz gleich, was sie zu sein vorgebe.

Wir können nicht mit Bestimmtheit sagen, daß die zunehmende Verbreitung des A-Typ-Verhaltensmusters unmittelbar von dem fortgesetzten Verlust des Glaubens und der Mythen und Rituale beeinflußt wurde, die als Stützpfeiler dienten. Wir können jedoch mit einiger Gewißheit erklären, daß wir dieses Verhaltensmuster nur sehr selten bei Menschen angetroffen haben, bei denen die religiösen und patriotischen Prinzipien stärker sind als das Streben nach «Zahlen» oder nach persönlicher Macht. In diesem Zusammenhang sei auf ein interessantes Phänomen hingewiesen: Die Mitglieder der amerikanischen Glaubensgemeinschaft der *Christian Scientists* lassen sich weit seltener wegen Koronarerkrankungen behandeln als durchschnittliche Amerikaner. Das geht sicher nicht allein auf ihre Abneigung gegen die Medizin zurück. Es könnte gut sein, daß die Christlichen Wissenschafter vor dem A-Typ-Verhalten – und Koronarerkrankungen – geschützt sind, weil sie sich vorrangig mit den Idealen und Zielen der Religion beschäftigen.

Wir haben bereits gesagt, daß viele neue arbeitsparende Geräte das Ausmaß an körperlicher Betätigung beschneiden. Vielleicht fördern diese Geräte auch verschiedene psychische Spannungen – Spannungen, die entstehen könnten, wenn große Teile des Gehirns, die von der Evolution allein dazu entwickelt und bestimmt wurden, Muskelbewegungen auszulösen und zu lenken, nicht mehr gebraucht werden und entweder nur noch unregelmäßig arbeiten oder völlig brachliegen.

Wir sind keine Neurophysiologen. Wir wissen durchaus, daß diese Spezialisten oft schon vor der bloßen Annahme zurückschrecken, eine solche Änderung oder Ausschaltung bestimmter Gehirntätigkeiten könnte zu emotionalen Spannungen und Belastungen führen. Aber fast alle Menschen (einschließlich der Ärzte) sind überzeugt davon, daß sie sich einfach durch kurze körperliche Betätigung von solchen Spannungen befreien können. Schon der amerikanische Philosoph und Dichter Ralph Waldo Emerson gestand, daß er nur in den Garten gehen und ein paar Karotten auszupfen mußte, wenn ihn innere Aufregungen oder Spannungen am Weiterschreiben hinderten. Das genügte meist, um sein Gleichgewicht wiederherzustellen.

Wir haben viele Kräfte unserer westlichen Zivilisation beschrieben, die den gewaltigen Anstieg des A-Typ-Verhaltens unserer Ansicht nach gefördert haben. Trägt unsere Gesellschaft aber die alleinige Schuld? Warum widersteht dann beinahe die Hälfte ihrer Mitglieder diesen Einflüssen und ist sogar gegen die weniger ausgeprägten Formen dieser Verhaltensstruktur immun? Psychiater und Psychologen könnten unter dem Einfluß ihrer akademischen Erfahrung mit anderen emotionalen Störungen behaupten, daß verschiedene traumatische Erlebnisse im früheren Leben eine wichtige, vielleicht entscheidende Rolle für die Entstehung des A-Verhaltens spielten. Sie könnten sogar versuchen, die möglichen schädlichen Auswirkungen dieser Verhaltensstruktur durch eine Therapie abzuschwächen oder zu verhindern. Wir hoffen jedoch, daß sie sich nicht auf angebliche Traumata der Kindheit, Vorpubertät oder sogar Nachpubertät beschränken, sondern auch die oben besprochenen Einflüsse berücksichtigen werden.

Kollegen haben uns wiederholt gefragt, ob bei Entwicklung dieser Verhaltensstruktur nicht auch erbliche oder genetische Faktoren mitspielen könnten. Wir glauben, daß erbliche Einflüsse in manchen, vielleicht in vielen Fällen eine gewisse Rolle gespielt haben. Wir vermuten, daß in solchen Fällen ein aggressiver Leistungstrieb geerbt wurde. Die Intensität dieses ererbten Charakterzugs ist natürlich unterschiedlich. Zu schädlichen Folgen kommt es erst, wenn Umwelt oder Milieu dazu verleiten oder herausfordern, diesem Trieb zu folgen. Und das A-Typ-Verhalten wird nicht allein durch ein ererbtes Charaktermerkmal oder durch bestimmte Umwelteinflüsse ausgelöst; es wird durch den Kampf ausgelöst, der sich entwickelt, wenn ein Mensch dieses Merkmal besitzt und verschiedenen Umwelteinflüssen ausgesetzt ist, die ihn gewissermaßen zu den Waffen greifen lassen.

Kapitel 14

Die verheerenden Auswirkungen des A-Typ-Verhaltens

Bevor wir zu den wichtigsten Kapiteln dieses Buches, nämlich zu den genauen Ratschlägen für eine Änderung des A-Typ-Verhaltens kommen, möchten wir noch untersuchen, *auf welche Weise* dieses Verhalten die Entwicklung von Koronarerkrankungen begünstigt. Viele der folgenden Aussagen enthalten ein spekulatives Element, sind aber (wie wir meinen) so fundiert, daß sie mit beantworten können, weshalb ein «Irrtum des Geistes» letzten Endes zu einem tragischen «Versagen der Materie» führt.

Keine Bakterie, kein Virus und kein Tumor ist für das Koronararterienleiden verantwortlich, das in vielen Industriestaaten schon fast die Hälfte der Bevölkerung befallen hat. Die krankhaften Veränderungen der Herzkranzgefäße werden zweifellos durch die gesicherten oder wahrscheinlichen Ursachen ausgelöst, die wir in den vorigen Kapiteln schilderten. Manchmal ist dabei nur einer dieser Faktoren wirksam, manchmal mehrere.

Früher oder später weisen die meisten Menschen vom A-Typ viele dieser Faktoren auf. A-Typ-Menschen haben als Gruppe einen höheren Blutgehalt an Cholesterin und Fett, eine größere Diabetes-Tendenz, einen höheren Zigarettenkonsum und weniger körperliche Bewegung (weil sie nicht die Zeit dafür finden können) als Menschen vom B-Typ. Außerdem «beanspruchen» sie ihre endokrinen Drüsen auf eine Weise, die ihren Herzkranzgefäßen wahrscheinlich schadet, nehmen besonders viel Cholesterin und tierische Fette zu sich und leiden anomal häufig unter erhöhtem Blutdruck.

Wie wir bereits zu verstehen gaben, würde ein einziger von diesen Risikofaktoren nicht genügen, einen Menschen zum A-

Typ zu machen. Ganz gleich, was Cholesterin anrichten kann und anrichtet – selbst die übermäßige Ansammlung dieser Substanz in Ihrem Blut könnte Sie nie zu dem Verlangen treiben, immer mehr Dinge in immer kürzerer Zeit zu erledigen. Ein besonders hoher Cholesterinspiegel kann Sie auch nicht aggressiver oder bösartiger machen, als Sie normalerweise sind. Wenn Sie aber solche Charakterzüge entfalten, steigt Ihr Blutgehalt an Cholesterin und Fett. Das haben wir wiederholt bei Experimenten nachgewiesen. Diese und ähnliche Charaktermerkmale können auch die anderen Risikofaktoren wachrufen, die wir oben genannt haben, und dadurch Koronarstörungen verursachen. Deshalb leiden so viele Menschen vom A-Typ, aber nur so wenige Menschen vom B-Typ unter dieser Krankheit.

Betrachten Sie zunächst die physischen und biochemischen Folgen emotionaler Belastungen. Jede Art von Emotion wird in bestimmten Teilen unseres Gehirns – nämlich im Neocortex und im limbischen System – wahrgenommen. Wenn diese Teile des Gehirns die entsprechenden sensorischen oder intellektuellen Signale empfangen, reagieren sie unverzüglich, indem sie ihre eigenen, genauestens verschlüsselten Anweisungen an einen anderen, sehr komplizierten Teil des Gehirns, den Hypothalamus weiterleiten. Der Hypothalamus ist das höchste Zentrum des autonomen oder vegetativen Nervensystems und liegt am unteren Rand des Zwischenhirns, direkt über der Hypophyse oder Hirnanhangdrüse. Der Hypothalamus hat hauptsächlich die Aufgabe, Emotionen, die von den höheren Gehirnzentren wahrgenommen werden, zu «konkretisieren», er hat aber auch etwas mit der Art einer Emotion zu tun. Wenn man zum Beispiel bei einem Tier sämtliche Verbindungen zwischen dem Hypothalamus und den höheren Gehirnzentren durchtrennt, den Hypothalamus also von jedem Zwang befreit, spielt das Tier völlig verrückt und wird außerordentlich gefährlich.

In der Regel sendet der stimulierte Hypothalamus feststehende, verschlüsselte Signale, deren genauer Inhalt von der jeweils wahrgenommenen Emotion abhängt. Wenn Sie zum Beispiel plötzlich von Sorge und Leid heimgesucht werden, schickt der Hypothalamus Signale an Ihre Tränendrüsen, an die Blutgefäße Ihres Gesichts und an die Nervenkomplexe, die Ihre Lunge und Ihr Herz steuern. Sie werden dann blaß, brechen in Tränen aus, beginnen zu schluchzen oder zu weinen, und Ihr Herz schlägt wahrscheinlich langsamer.

Wenn man dagegen über irgendeine Sache in große Wut gerät, sendet der Hypothalamus unverzüglich Signale an alle oder fast alle Nervenenden des sympathischen Nervensystems (den Teil des Nervensystems, den man nicht unmittelbar kontrolliert) und veranlaßt sie, relativ große Mengen von Adrenalin und Noradrenalin (auch als Epinephrin und Norepinephrin oder unter der Sammelbezeichnung Katecholamine bekannt) abzusondern. Wahrscheinlich wird der Wutanfall den Hypothalamus noch zu Extrabotschaften an die Hypophyse, die Herrin aller endokrinen Drüsen, veranlassen; diese sondert dann eines der Hormone ab, die nur sie produziert (zum Beispiel das Wachstumshormon), und schickt ihrerseits chemische Signale an die Nebennieren-, Geschlechts-, Schild- und Bauchspeicheldrüse, die ebenfalls überschüssige Mengen ihrer Hormone ausstoßen. Wenn Sie zornig sind, werden Ihre Körpergewebe also nicht nur in großen Mengen von Katecholaminen gebadet, sondern vielleicht auch besonders großen Mengen von verschiedenen Hypophysen- und Nebennierenhormonen, Testosteron (bzw. Östrogen), Thyroxin (Hormon der Schilddrüse) und Insulin ausgesetzt sein.

Wenn ein Mensch oder Tier in irgendeinen Kampf verwickelt ist, werden die emotionalen Auswirkungen dieses Kampfes den Hypothalamus veranlassen, die gleiche Serie von Signalen auszusenden. Es werden etwa die gleichen Nervensekrete und endokrinen Hormone abgesondert wie bei dem zornigen Individuum. Schließlich sind kämpfende Menschen in den meisten Fällen auch zornig.

Wenn der Kampf aber *chronisch* wird, kommt es auch zu einer *chronischen* Überproduktion von diesen verschiedenen Hormonen. Es ist natürlich offensichtlich, daß der A-Mensch in einen chronischen, mehr oder weniger kontinuierlichen Kampf verwickelt ist. Es war für uns keine Überraschung, als wir feststellten, daß Menschen vom A-Typ nicht nur mehr Noradrenalin und Adrenalin (Nervenhormone oder Katecholamine) absondern,

sondern auch ihre Hypophyse zu einer übermäßigen Sekretion von Wachstumshormon und ACTH (adrenocorticotropes Hormon oder Corticotropin) veranlassen. ACTH wiederum regt die Nebennierenrinde zur Absonderung von Cortison und anderen Hormonen an. Außerdem haben die meisten Menschen vom A-Typ einen überdurchschnittlich hohen Blutgehalt am Bauchspeicheldrüsenhormon Insulin – was nach allgemeiner Ansicht darauf hindeutet, daß die Verteilung von Zucker und Fett im Körper ernstlich gestört ist. Wegen dieser unnormalen Absonderungen von Katecholaminen aus den Nervenenden und Hormonen aus der Hypophyse sowie der Nebennieren- und Bauchspeicheldrüse haben die meisten Menschen vom A-Typ erstens einen erhöhten Blutgehalt an Cholesterin und Fett, zweitens eine erheblich geringere Fähigkeit, ihr Blut von dem Nahrungscholesterin zu befreien, drittens ein Prä-Diabetesstadium und viertens eine erhöhte Neigung zu Blutverklumpungen, das heißt, die gerinnfähigen Blutbestandteile (Blutplättchen und Fibrinogen) sondern sich bei ihnen leichter vom Blut ab und gerinnen. Menschen vom A-Typ setzen ihre Herzkranzgefäße gewissermaßen auch dann «chemischen Hochspannungen» aus, wenn sie eigentlich gar nicht unter Spannung stehen dürften – zum Beispiel in ihrer Freizeit und bei relativ stressfreien Beschäftigungen.

Da wir diese Veränderungen bei den meisten unserer ausgeprägten A-Patienten beobachtet hatten und wußten, daß sie vom Hypothalamus ausgelöst werden, vermuteten wir, das ganze Syndrom auch bei einer Versuchsratte herbeiführen zu können, wenn wir ihre Hypothalamus-Funktion änderten. Wir haben bereits berichtet, daß dieses Experiment vor einigen Jahren gelungen ist. Die operierte Ratte hatte nicht nur eine Verhaltensstruktur, die dem Verhaltensmuster des A-Typs ähnelte, sondern wies auch die meisten der oben beschriebenen hormonalen und biochemischen Anomalien auf.

Bei diesen Anomalien kann man sich ziemlich leicht vorstellen, daß ein Koronararterienleiden entsteht. Es läßt sich jedoch schwer bestimmen, welchen *Schuldanteil* jeder einzelne Faktor trägt.

Die meisten A-Menschen haben zum Beispiel nicht nur einen höheren Cholesterinspiegel als B-Menschen (was auch bei den

Ratten mit einoperiertem A-Verhalten der Fall ist), sondern brauchen nach jeder Mahlzeit auch drei- bis viermal länger, um ihr Blut vom Nahrungscholesterin zu befreien. Die Innenwände ihrer Koronargefäße sind also ständig großen Mengen von Cholesterin in seiner gefährlichsten Form ausgesetzt. Gewöhnlich lassen diese Innenwände nur sehr kleine Cholesterinmengen aus dem Blut in die anderen Bindegewebsschichten der Arterien dringen. Je mehr Cholesterin aber im Blut enthalten ist, desto mehr wird schließlich einsickern. Und Nahrungscholesterin, das einmal in die Arterienwände eingedrungen ist, wird natürlich nicht leicht wieder herausgespült, sondern verschwindet unter Umständen erst nach Wochen oder Monaten, in denen es erheblichen Schaden anrichtet: Es löst Zellenwucherungen und die Bildung von Plaques aus. Kein Wunder, daß eine betroffene Arterie schließlich völlig verstopft ist, wenn sich dieser Prozeß über mehrere Jahrzehnte erstrecken darf; man könnte sich höchstens darüber wundern, daß es nicht schon viel früher zu der Verstopfung kommt. Bei den unglücklichen Kindern mit einem anomal hohen Cholesterinspiegel (1000 mg/100 ml) verdicken und schließen sich die Kranzgefäße natürlich oft schon lange vor der Pubertät.

Es sind aber nicht allein die verhaltensbedingten Cholesterinänderungen, die bei Menschen vom A-Typ die Herzkranzgefäße bedrohen. Wie wir oben erklärt haben, produzieren und sekretieren diese Menschen auch zuviel Adrenalin und Noradrenalin. Übermäßige Mengen eines dieser Katecholamine führen leider dazu, daß sich die gerinnfähigen Blutbestandteile vermehrt an den Gefäßwänden ablagern. Zu diesen Ablagerungen kommt es besonders an den Plaques der Koronararterien. Die geronnenen Blutbestandteile verwandeln sich allmählich in gewebeähnliche Substanzen, die nicht mehr von der ursprünglichen Plaque zu unterscheiden sind. Auf diese Weise vergrößern sich die Plaques ständig. Die Herzforscher sind allgemein der Ansicht, daß die Plaques durch diesen Prozeß an Größe zunehmen, und die meisten englischen Pathologen glauben sogar, das sei der wichtigste, vielleicht sogar der einzige Grund, weshalb die Plaques (die sonst klein und harmlos bleiben) lebensgefährlich werden können. Menschen vom A-Typ können also Arterienplaques haben, die innen – durch das eindringende Cholesterin – sondern auch von außen, nämlich durch die Ablagerung der gerinnfähigen Stoffe, vergrößert werden. Diese Ablagerungen gehen auf das Übermaß an Katecholaminen zurück, die der A-Mensch wegen seines ständigen Kampfes gegen die Zeit und andere Menschen (oder beides) in seinem Blutkreislauf freisetzt. Wir führten bei Dutzenden von A-Menschen Autopsien durch und stellten bei der Untersuchung ihrer Koronararterien fest, daß genau dieses passiert war.

Die Herzkranzarterien von A-Menschen können auch unter einer dritten krankhaften Veränderung leiden, die ebenfalls auf den erhöhten Katecholaminanteil in ihrem Blut zurückgeht. Diese überschüssigen Katecholamine fördern nämlich nicht nur die erwähnte Ablagerung von gerinnfähigen Blutbestandteilen, sondern können auch gefährliche Verengungen der kleinen Kapillargefäße verursachen, die die Herzkranzarterien und die daran hängenden Plaques mit Blut versorgen, also ernähren. Wenn dieser Verengungsprozeß chronisch ist, kann er erstens die Ernährung der intakten Arterienteile und zweitens – noch wichtiger – die Lebensfähigkeit der inneren Plaquesteile gefährden. Die letzte Gefahr droht ständig, weil das Anwachsen einer Plaque selten mit der Bildung von genügend neuen Blutgefäßen einhergeht, die sie ausreichend ernähren. Wenn die ohnehin unzulängliche Blutzufuhr also weiter eingeschränkt wird, können große Teile der Plaque absterben. Wie wir bereits betonten, besteht die eigentliche Gefahr einer Plaque nicht nur in ihrer Größe, sondern im Stadium ihres inneren Zerfalls und ihrer inneren Geschwürbildung. Erst diese Eigenschaften verwandeln das asymptomatische und relativ harmlose Koronarleiden so oft in eine Koronarkrankheit, die zum Tod führen kann.

Aber dieses dreifache Vernichtungspotential der überschüssigen Katecholamine ist nicht alles. Die Koronararterien der meisten Menschen vom A-Typ werden noch von einem vierten Risiko bedroht. Weil der Hypothalamus das sympathische Nervensystem übermäßig reizt, beginnen sich große Mengen von Insulin im Blut anzusammeln. Von allen uns bekannten Störungen, die zu Koronarleiden führen können, ist aber keine so schlimm wie eine übermäßige Insulinkonzentration im Blut. Oft geht der Insulinkonzentration eine anomale Fett- und Zuckerumsetzung voraus; vielleicht gibt es sogar einen ursächlichen Zusammenhang zwischen diesen Stoffwechselstörungen und der Insulinansammlung. Welche Erscheinung ist aber für die krankhaften Veränderungen der Gefäßstruktur verantwortlich, zu denen es dann unweigerlich und schnell kommt? Diese Frage kann noch kein Forscher mit Bestimmtheit beantworten. Leider treten die beiden Störungen aber bei so vielen Menschen vom A-Typ gleichzeitig auf, daß eine Antwort nur akademischen Wert hätte. Wenn beide Störungen zusammenwirken, werden die Arterien *in jedem Fall* in Mitleidenschaft gezogen.

Wir kennen also verschiedene anomale Mechanismen, die durch chronisches A-Typ-Verhalten ausgelöst werden. Welcher von ihnen bedroht die Arterien am meisten? Auch diese Frage läßt sich im Augenblick kaum beantworten, da wir insbesondere noch nicht genau sagen können, ob das A-Typ-Verhalten nicht auch andere biochemische und biophysikalische Störungen verursacht, die bisher verborgen geblieben sind. Wenn man uns jedoch zwänge, uns für den größten chemischen Übeltäter zu entscheiden, würden wir die chronische Überproduktion von Katecholaminen nennen. Sie spielt vielleicht die wichtigste Rolle beim Prozeß des Arterienleidens und der Thrombosenbildung. Wir haben viele Patienten erlebt, bei denen plötzlich Koronarerkrankungen ausbrachen, obgleich der Blutgehalt an Insulin und die Umsetzung von Cholesterin, Fett und Zucker ziemlich normal waren. Bei Menschen, die nachweislich oder allem Anschein nach normale Mengen von Katecholaminen produzierten und absonderten, haben wir den Ausbruch solcher Krankheiten aber nur sehr selten beobachtet.

Möglicherweise wird man eines Tages imstande sein, die überschüssigen Katecholamine, die der A-Typ absondert, mit irgendeiner neuen Chemikalie oder Droge unschädlich zu machen. Vielleicht wird man die übermäßigen Mengen an Fett, Cholesterin und Insulin sowie die anomale ACTH-Sekretion, die den A-Menschen kennzeichnen, eines Tages ebenfalls kontrollieren können. Das wird aber nicht schon 1976, 1977 oder 1980 geschehen, sondern erst viel später. Bis dahin müssen wir also das A-Typ-Verhalten bekämpfen: Es löst die gefährlichen biochemischen Störungen schließlich aus und ist die Wurzel allen Übels. Der folgende Teil unseres Buches ist deshalb dem «Kampf gegen das A-Verhalten» gewidmet.

Kapitel 15

Was soll man tun,
wenn man ein A-Typ ist?
Richtlinien

Wir haben in den USA, in Kanada und Europa häufig vor Tausenden von Ärzten gesprochen. Angesichts der klinischen und wissenschaftlichen Daten, die wir in Kapitel 6 beschrieben haben, war die überwiegende Mehrheit dieser Ärzte durchaus bereit, unsere Ergebnisse zu akzeptieren: Das A-Typ-Verhalten hat Auswirkungen, die Koronararterienleiden verschlimmern und zu vorzeitigen Koronarerkrankungen führen.

Aber dann stellen die Kollegen uns oft eine Frage, die weder wir noch jemand anders beantworten kann: Ist es möglich, bei einem Menschen vom A-Typ den Ausbruch der Koronarkrankheit zu verhindern, wenn er seine Verhaltensstruktur ändert oder erheblich verbessert? Es ist praktisch die gleiche Frage, die man oft Krebsspezialisten stellt: Kann ein starker Zigarettenraucher dem drohenden Lungenkrebs entgehen, wenn er *jetzt* mit dem Rauchen aufhört?

Im Grunde fragt man folgendes: Ist es *zu spät*, die Koronarkrankheit (oder den Lungenkrebs) zu verhüten, wenn man die Faktoren ausschaltet, die diese Leiden aller Wahrscheinlichkeit nach auslösen? Die Antwort ist seit Hippokrates dieselbe geblieben. Wenn man die Ursache oder eine der Ursachen eines Leidens findet und sie ohne ernstlichen Schaden für den Patienten beheben kann, soll man sie beheben, und zwar ohne Rücksicht auf das Stadium des Leidens. Dieses Prinzip veranlaßt Ärzte dazu, Alkoholiker dringend zu bitten, das Trinken aufzugeben, selbst wenn die Leber schon stark vergrößert ist. Es veranlaßt Lungenspezialisten, auch denjenigen Patienten vom Rauchen abzuraten, denen man bereits einen krebsbefallenen Lungenflügel entfernt hat. Wir befolgen das gleiche Prinzip und bemühen uns, das A-Typ-Verhalten eines 6ojährigen Patienten, der bereits einen oder zwei Herzanfälle überstanden hat, genauso zu ändern wie das A-Typ-Verhalten eines ansonsten völlig gesunden 35jährigen. *Wir sind absolut überzeugt, daß es niemals zu spät sein kann, einem solchen Menschen zu helfen, indem man eine der Hauptursachen seines Leidens aus der Welt schafft.*

In den nächsten Jahren werden sicher große Gruppen von A-Menschen an Versuchen teilnehmen, bei denen man der Hälfte von ihnen mit Rat und Tat hilft, ihre A-Typ-Verhaltensstruktur abzubauen. Die andere Hälfte wird man nicht behandeln, weil sie als Kontrollgruppe dienen soll. Diese Experimente werden den wissenschaftlichen Beweis liefern, den viele unserer Kollegen unbedingt haben wollen. Man wird die Testpersonen im Laufe der Jahre häufig untersuchen. Wie wir schon heute mit Sicherheit annehmen, werden die Ergebnisse zeigen, daß es den Menschen, die ihr A-Verhalten geändert haben, unweigerlich besser gehen wird, ganz gleich, in welchem Alter sie mit der Therapie begannen. Wir glauben, daß sie weit stärker gegen akute Koronarerkrankungen gefeit sein werden als ihre unbehandelten Zeitgenossen vom A-Typ. In unserer Privatpraxis machten wir in den vergangenen Jahrzehnten immer wieder die Erfahrung, daß nicht etwa diejenigen Koronarpatienten einen zweiten Herzanfall bekamen oder plötzlich starben, die ihr Verhalten geändert hatten. Es waren vielmehr die Patienten, die ihr A-Typ-Verhalten entweder nicht ändern konnten oder nicht ändern wollten. Die meisten Ärzte werden sich unserer Meinung anschließen, wenn sie an Fälle aus der eigenen Praxis zurückdenken: Es lohnt sich wahrscheinlich in jedem Fall, Koronarpatienten von ihrer latenten Aggressivität und von dem Gefühl zu befreien, daß sie ständig unter Zeitdruck stehen.

Bevor wir tiefer in dieses Kapitel einsteigen, möchten wir noch einige Dinge betonen. Erstens kann das A-Typ-Verhalten in den meisten Fällen geändert werden, und zwar drastisch; es wäre eine sehr gefährliche Täuschung, etwas anderes zu glauben. Ein Phänomen, das in manchen Kulturkreisen (zum Beispiel in den USA, Finnland und England) so stark verbreitet ist und in anderen (beispielsweise im Jemen, in Süditalien und Südafrika) kaum existiert, kann nicht allein auf genetische Programmierung zurückgeführt werden.

Zweitens glauben viele Männer vom A-Typ, daß sie trotz ihrer Gewohnheiten noch einmal davonkommen werden. Das ist wahrscheinlich ein Symptom des A-Verhaltens selbst. «Ja, ich weiß, daß ich viele schlechte Angewohnheiten habe, die bei vielen Menschen sicher zu Herzkrankheiten führen, aber ich werde wahrscheinlich nicht zu diesen Menschen gehören.» Mit dieser Vogel-Strauß-Philosophie bringen sich im Augenblick Hunderttausende von A-Männern mittleren Alters in eine gefährliche Sackgasse.

Vier von fünf Männern mit eindeutigem A-Verhalten werden die Intensität der Symptome nämlich abstreiten oder herunterspielen. Der A-Mensch wird seine Verhaltensstruktur besonders dann leugnen, wenn sie irgendeinen negativen Beigeschmack hat. Wir müssen uns immer vor Augen halten, daß Menschen vom A-Typ nicht leicht zugeben, daß sie irgendeinen Defekt oder eine emotionale Störung haben. Sie geben es noch nicht einmal vor sich selbst zu. A-Männer, die nicht nur unter dem Gefühl ständigen Zeitdrucks, sondern gleichzeitig unter latenter Aggressivität leiden, lassen sich am schwersten überzeugen, daß sie diese Verhaltensstruktur aufweisen. Viele von ihnen haben sich über uns lustig gemacht, weil wir versuchten, ihnen zu demonstrieren, daß sie typische A-Gewohnheiten haben. Dann gibt es auch viele Männer vom A-Typ, die gegenüber ihrem Arzt notgedrungen (und manchmal widerwillig) zugeben würden, daß sie diese Verhaltensstruktur haben. Sie würden es aber niemals ihrer Frau oder ihren Bekannten, geschweige denn ihren Mitarbeitern eingestehen.

Drittens kann man erst dann einen wirksamen Großangriff gegen das A-Typ-Verhalten führen, wenn ein Großteil der Ärzte zwei Voraussetzungen erfüllt: Unsere Kollegen müssen nicht nur begreifen, wie stark dieses Verhalten den Ausbruch von Koronarkrankheiten beschleunigt, sondern auch bereit sein, ihre ganze Arbeitskraft und Energie dafür einzusetzen, die Patienten von dieser Tatsache zu überzeugen. Wir möchten damit nicht andeuten, daß sich die Internisten über die möglichen Gefahren des

A-Typ-Verhaltens im unklaren sind. Die meisten von ihnen vermuten durchaus, daß es wahrscheinlich zur Entstehung oder wenigstens zur Verschlimmerung eines Koronararterienleidens beiträgt. Aber sie begnügen sich gewöhnlich mit dem Rat, der Patient solle ein bißchen «ausspannen» oder «das Tempo drosseln».

Ein Internist hilft seinen A-Patienten auch nicht unbedingt, wenn er ihnen empfiehlt, ihren Kampf gegen die Zeit und/oder andere Menschen auf der Couch eines Psychiaters auszutragen. Die meisten A-Männer werden die Überweisung an den Seelenarzt in den Papierkorb werfen, und selbst wenn sie über ihren eigenen Schatten springen und einen Psychiater aufsuchen, werden sie kaum einen finden, der das Rüstzeug besitzt, ihnen zu helfen. Im Idealfall sollte der praktische Arzt oder der Internist das Problem anpacken. Um das zu tun, muß er jedoch alle Aspekte der A-Verhaltensstruktur ausmachen können und gefühlsmäßig – nicht nur verstandesmäßig! – davon überzeugt sein, daß sie die Hauptschuld an der Entstehung von Koronarkrankheiten trägt.

Sobald der betreffende Patient auch nur die Möglichkeit riecht, der Arzt hege noch irgendwelche Zweifel an dem ursächlichen Zusammenhang zwischen dem A-Verhalten und dem Herzleiden, wird jeder Versuch, das Verhalten zu ändern, unweigerlich fehlschlagen. Schon wenn der Arzt hundertprozentig sicher ist, daß die A-Gewohnheiten irreparable Schäden anrichten, fällt es dem Patienten schwer, diese Gewohnheiten zu ändern. Wenn er den Verdacht hätte, sein Arzt sei nicht von der Notwendigkeit dieser Maßnahme überzeugt, würde er es aber gar nicht erst versuchen.

Auch starke Zigarettenraucher hören nur dann mit dem Rauchen auf, wenn sie selbst nicht mehr daran glauben, daß sie die lebensgefährlichen Folgen des Lasters auch ohne die Entwöhnung vermeiden könnten. Sobald ein bekehrter Tabakjünger jedoch einen rüstigen achtzigjährigen Greis kennenlernt, der sein ganzes Leben Zigaretten geraucht hat, fragt er sich oft, ob sein Schritt nicht voreilig war . . .

Letzten Endes kann Ihnen, dem A-Typ, niemand die schwere Aufgabe abnehmen, sich von den Angewohnheiten loszureißen, die Sie bisher vielleicht als Tugenden betrachteten (man redete

Ihnen wenigstens ein, es wären Tugenden). Wir werden uns in den folgenden Abschnitten natürlich alle Mühe geben, Sie mit Methoden und Hilfsmitteln zu versorgen, die schon anderen geholfen haben und auch Sie von den Ketten des A-Typ-Verhaltens losreißen können. *Wir können Sie aber nicht zwingen, um diese Freiheit zu kämpfen. Das kann kein Arzt der Welt, auch nicht Ihr Hausarzt. Sie müssen die betreffenden Schritte selbst tun.*

Allgemeine Lebenshilfe

Viele Männer mit einer A-Typ-Verhaltensstruktur sind wahrscheinlich der Ansicht, erst dieses Verhalten hätte die beruflichen und privaten Erfolge herbeigeführt, die sie in ihrem bisherigen Leben verzeichnen können. Wenn man ihnen das Gegenteil erklärt und sagt, sie seien zum Sklaven stereotyper Gedankengänge und Gewohnheiten geworden, die ihr Weiterkommen in Wirklichkeit behinderten, finden sie das absurd. Dürfen wir Sie, den Leser vom A-Typ, deshalb bitten, Ihr Leben einmal genau unter die Lupe zu nehmen?

Lassen Sie zuerst Ihre Erfolge an Ihrem inneren Auge vorbeiziehen. Wie oft hatten Sie sie Ihrer Ungeduld zu verdanken? Wurden Sie je befördert oder hatten Sie jemals irgendeinen anderen beruflichen oder geschäftlichen Erfolg, weil Sie die Dinge *schneller* erledigten als andere? Oder weil Sie leichter aggressiv wurden? Wir haben Hunderte von erfolgreichen Managern und selbständigen Akademikern befragt. Als wir sie baten, über die Ursachen ihres Erfolgs nachzudenken, konnte kein einziger von ihnen ein Element des A-Verhaltens angeben, das ihm entscheidend geholfen hätte.

So erklärte uns kein einziger leitender Mitarbeiter einer Werbeagentur, er habe einen Kunden verloren, weil er einen Termin nicht eingehalten hätte (was manchmal vorgekommen war) oder weil der Kunde meinte, er brauche zu lange für den Auftrag. Es gab auch keinen einzigen Rechtsanwalt, der uns sagte, er habe einen Klienten verloren, weil er zu lange gebraucht hätte, um dessen Fall vor Gericht zu bringen. Ein Anwalt erzählte uns sogar: «Es spielt gar keine Rolle, wie lange ein Klient auf die

Verhandlung warten muß. Wenn ich den Prozeß gewinne, kommt er garantiert zu mir zurück, sobald er wieder einen Anwalt braucht. Wenn ich aber einen Fall sehr schnell vor Gericht bringe und den Prozeß verliere, werde ich den betreffenden Klienten nie wieder sehen.» Wir haben auch noch nie einen Bankkaufmann, Arzt, Fernfahrer, Blumenhändler, Herrenausstatter, Tischler oder Klempner kennengelernt, der sich an Kollegen oder Firmen erinnern konnte, die Mißerfolg gehabt hätten, *weil sie etwas länger brauchten, um eine bestimmte Arbeit gut zu erledigen.* Sie kannten aber Dutzende von Leuten oder Unternehmen, die auf der Strecke geblieben waren, *weil sie eine Arbeit zu schnell und zu schlecht gemacht hatten.*

Ständige Hektik ist fast eine Garantie dafür, daß man irgendwann einmal völlig versagt. Das gilt für alle Berufe und Tätigkeiten. Bei fast allen Vorhaben muß man schöpferische Entscheidungen treffen und einen ausgezeichneten Überblick haben, wenn es nicht schiefgehen soll – meist werden erfolgreiche Vorhaben ja auch schon durch diese kreativen Prozesse in Gang gebracht. Selbst der besonders hektische A-Typ wird (vielleicht bedauernd) zugeben, daß man bei fast jedem Projekt dem sicheren Mißerfolg entgegensteuert, wenn man übereilte Entscheidungen fällt und in ausgefahrenen Gleisen denkt, statt in aller Ruhe zu überlegen und auch unkonventionelle Lösungen zu berücksichtigen. In diesem Zusammenhang sollte man sich eine Binsenwahrheit vor Augen halten: *Wer immer wieder unter Zeitdruck handelt, bremst seine schöpferische Energie.*

Wir wollen mit alldem folgendes sagen: Wenn Sie erfolgreich gewesen sind, dann nicht *wegen,* sondern *trotz* Ihrer A-Typ-Verhaltensstruktur. Sicher, die *Queen Elizabeth* konnte auch dann noch ein Ruderboot weit hinter sich lassen, wenn sie den Anker erst halb eingeholt hatte und durch das Wasser schleppen ließ. Was würden Sie aber von ihrem Kapitän halten, wenn er erklärte, sein schleppender Anker sei der Grund für diesen Sieg, und er werde ihn deshalb auch bei allen späteren Reisen durchs Wasser ziehen? Kein einziger Freund, Bekannter, Kollege, Angestellter oder Vorgesetzter bewundert oder respektiert Sie deshalb, weil Sie versuchen, die Zeit noch schneller laufen zu lassen, als sie ohnehin schon läuft. Wenn man Sie respektiert und bewundert, dann sicher *trotz* dieser «Zeitkrankheit».

Sie könnten jetzt argumentieren, wenn Sie nicht Ihrem Erfolgs- oder Leistungstrieb nachgegeben hätten, ginge es Ihnen beruflich oder finanziell sicher nicht so gut wie heute. Das mag stimmen, aber ein solcher Trieb braucht noch lange nicht darin auszuarten, daß man sich hektisch bemüht, möglichst viele Dinge in möglichst kurzer Zeit zusammenzuraffen, ohne dabei nach links und rechts zu sehen. Viele Männer vom B-Typ haben diesen Trieb ebenfalls, sogar in großem Maß; *aber sie überwachen ihn mit dem Kalender und nicht mit der Stoppuhr.*

Wir sind überzeugt, daß es ein erstrebenswertes Ziel ist, dieses unnötige, oft lebensgefährliche Verhaltensmuster zu ändern, und wir glauben, daß Sie unsere Überzeugung teilen werden. Wir möchten nun unsere Ratschläge zur allgemeinen Lebenshilfe fortsetzen und «philosophische Richtlinien» nennen, die Ihnen die Umstellung erleichtern können.

Sie können Ihre Verhaltensstruktur ändern

«Einmal A-Typ, immer A-Typ!» Diese pessimistische Äußerung bekommen wir immer wieder von Kollegen zu hören. Sie braucht aber nicht zu stimmen, wie auch die betreffenden Ärzte leicht feststellen könnten, wenn sie sich einmal die Mühe machten, die schwindende Intensität des A-Verhaltens bei denjenigen Patienten zu beobachten, die einen schweren Myokardinfarkt überlebt haben. Diese Überlebenden werfen häufig viele typische A-Merkmale über Bord. Sie scheinen zum Beispiel nicht mehr ständig unter Zeitdruck zu stehen. Sie treiben ihre Mitmenschen nicht mehr an, schneller zu sprechen, und zwingen sich selbst nicht mehr dazu, mehrere Dinge gleichzeitig zu tun oder zu denken; sie ärgern sich nicht mehr, wenn sie auf Bedienung warten müssen, wenn ein Flugzeug verspätet abfliegt oder wenn das Auto vor ihnen für ihren Geschmack zu langsam fährt. Sie messen das Leben und ihre Lebensfreude nicht mehr an den «Zahlen», die sie geschafft haben.

Diese Überlebenden waren der «anderen Welt», in der es weder

Zeit noch Zahlen gibt, schon ganz nahe und haben begriffen, daß es in ihrem Leben nur noch eine einzige wichtige «Zahl» gibt, nämlich die Tage, die ihnen noch beschieden sind.

Lassen wir einen angesehenen New Yorker Arzt erzählen, wie er seine Verhaltensstruktur änderte, nachdem er mit neunundvierzig Jahren einen Herzanfall gehabt hatte. Er kam zu dem Schluß, er müsse sich völlig umstellen, weil er sich für den Ausbruch des Herzleidens einfach keine andere Ursache vorstellen konnte als sein A-Verhalten. (Sein Blutdruck, sein Blutzuckergehalt und sein Cholesterinspiegel waren vor dem Anfall durchaus normal gewesen.)

«In dem ersten halben Jahr nach dem Herzanfall fehlte mir einfach die Energie, meine alten Tätigkeiten wieder aufzunehmen. Ich glaube, ich brauchte alle meine Kräftereserven zum nackten Überleben. In dieser Zeit hatte ich aber auch die Möglichkeit, meine frühere Einstellung und meine früheren Tätigkeiten gründlich zu überdenken.

Ich begriff langsam, daß ich mir ständig eingebildet hatte, unter fürchterlichem Zeitdruck zu stehen, und daß dieses Gefühl zum großen Teil auf mein aggressives Bedürfnis zurückging, für möglichst viele Menschen möglichst viele Dinge zu tun. Ich begann einzusehen, daß verschiedene Leute, die ich im Vergleich zu meiner medizinischen Laufbahn immer als Riesen betrachtet hatte, im Grunde nur Zwerge waren. Schließlich wußte ich, daß mein Hauptziel darin bestand, weiterzuleben, und zwar so, daß ich die Schönheit des Lebens auskosten könnte.

Seit diesem Herzanfall sind jetzt fünf Jahre vergangen. Sie fragen, was ich geändert habe? Nun, erstens bleibe ich nur noch bis höchstens halb sechs in meiner Praxis. Vor dem Anfall hatte ich oft bis Mitternacht gearbeitet. Ich habe mein Telefon abends auf Auftragsdienst geschaltet und rufe nur noch bei den wirklich dringenden Fällen oder bei wichtigen Angelegenheiten zurück. Vorher war ich für alle neurotischen Patientinnen erreichbar, die sich nur einsam fühlten und mit mir reden wollten.

Ich halte heute nur noch halb soviel Vorlesungen und Gastvorlesungen wie früher. Ich besuche nur noch dann medizinische Tagungen, wenn ich glaube, daß ich etwas sehr Wichtiges erfahren oder beitragen kann. Jetzt wohne ich nicht mehr in Manhattan, sondern auf Long Island, wo ich einen Garten habe, um den ich mich selbst kümmere. Ich verbringe mehr Zeit mit meiner Frau und meinen Kindern, und was das wichtigste ist, ich genieße es, daß ich meine Zeit auf diese Weise verbringe. Vor meinem Herzanfall war das nicht der Fall.

Ich weiß, daß ich meine eigentliche Persönlichkeit ebensowenig geändert habe, wie ein Leopard die Tupfen auf seinem Fell ändert. Ich habe aber gelernt, meine unmittelbare Umwelt so zu beeinflussen, daß meine Persönlichkeit nicht mehr herausgefordert oder gereizt wird – sie schlummert einfach. Schließlich ist ein schlafender Tiger ebenso ungefährlich wie ein schlafendes Kaninchen; man darf ihn nur nicht reizen, indem man ihn weckt. Ich spiele gewissermaßen mit meiner Persönlichkeit, die ja im Grunde aggressiv ist: Ich versuche, sie nicht zu wecken. Es ist nicht immer leicht, und ich gebe zu, daß es eine ständige und bewußte Kontrolle bedeutet – ich muß ständig darauf achten, was ich tue, und sofort mit einer Sache aufhören, wenn es an der Zeit ist. Aber war das nicht ein kleiner Preis für das schöne neue Leben, das ich in den letzten fünf Jahren geführt habe?»

Es gibt viele Männer, die es nach einem Herzinfarkt ohne ärztliche Hilfe fertigbrachten, einige oder sogar alle Merkmale ihrer A-Verhaltensstruktur abzubauen. Die Feststellung «Einmal A-Typ, immer A-Typ» ist also unzutreffend. In Wirklichkeit schrecken viele Menschen vom A-Typ bereits vor dem Versuch zurück, ihr Verhalten zu ändern – nicht etwa, weil sie es für ein hoffnungsloses Unterfangen halten, sondern weil sie fürchten, daß sie ohne diese Verhaltensstruktur in finanzielle oder berufliche Katastrophen hineinschlittern. Wie wir schon erklärt haben, ist diese Furcht albern und unbegründet. In diesem Zusammenhang möchten wir den Arzt aus New York noch einmal zu Wort kommen lassen: «Weder mein Herzanfall noch mein geändertes Verhaltensmuster hat meiner beruflichen Karriere irgendwie geschadet. Nach der Krankheit wurden mir sogar weit bessere Positionen angeboten als vorher.»

Wir können aus unserer eigenen Erfahrung sagen, daß man diese Bemerkung ruhig verallgemeinern darf. Wir haben die berufliche Laufbahn einer ganzen Reihe von Männern beobachtet, die ihr A-Verhalten änderten, und können uns an keinen einzigen erinnern, dessen finanzieller oder sozialer Status sich nach der Änderung verschlechtert hätte.

Erkenne dich selbst!

Der englische Dichter Robert Browning schrieb einmal, der Radius eines Menschen solle seine Reichweite übertreffen. Fast alle Menschen vom A-Typ würden dieser Maxime begeistert zustimmen. Die meisten von ihnen haben sogar ihr Leben lang versucht, danach zu handeln. Es kann sicher nicht viel schaden, wenn sich ein Mann ständig bemüht, etwas zu ergreifen, was seine Fingerspitzen kaum berühren können. Man sollte jedoch seine Grenzen kennen, weil man sich damit viele Enttäuschungen ersparen kann. Leider haben nur wenige Menschen vom A-Typ eine klare Vorstellung, wie groß ihr «Radius» oder wie fest ihr Griff ist. Es ist ihnen nie gelungen, ihre wahren geistigen und emotionalen Fähigkeiten zu erkennen.

Infolgedessen haben nur wenige Menschen vom A-Typ ein sicheres Fundament. Das Sicherheitsgefühl, das A-Menschen entwickeln, ist immer nur kurzlebig und wird allein durch die Erledigung möglichst vieler Arbeiten und Aufgaben, durch das Bestehen möglichst vieler Herausforderungen genährt. Das ist wahrscheinlich der Hauptgrund, weshalb sich der A-Mensch so verzweifelt bemüht, immer mehr Dinge in immer kürzerer Zeit zu schaffen. Er versucht pausenlos, sein nagendes Gefühl der Unsicherheit mit beruflichen oder gesellschaftlichen Erfolgen zu betäuben, doch es gelingt ihm immer nur für kurze Zeit.

Dieses *tief wurzelnde* Gefühl der Unsicherheit treibt Menschen vom A-Typ dazu, möglichst aus allen Situationen, an denen sie irgendwie beteiligt sind, als Sieger hervorzugehen. A-Menschen argumentieren unbewußt, wenn sie das und das schaffen und bei jeder Sache, die sie anfangen, Erfolg haben, werde sich letzten Endes bestimmt irgendein Sicherheitsgefühl einstellen. Es scheint ihnen nie in den Sinn zu kommen, daß wahre Sicherheit von der genauen Kenntnis der eigenen Fähigkeiten und Eigenschaften abhängt. Offenbar meiden A-Menschen diese Selbsteinschätzung wie die Pest.

Wenn Sie ein A-Typ sind, haben Sie sich wahrscheinlich noch nie bemüht, Ihre grundlegenden Fähigkeiten und Eigenschaften schonungslos und objektiv unter die Lupe zu nehmen. Das müssen Sie aber wenigstens versuchen, wenn Sie vorhaben, Ihr A-Verhalten abzuschwächen. Ohne diese Selbsteinschätzung werden Sie nie genau wissen, wie stark oder schwach Ihre geistigen und emotionalen Prozesse wirklich sind. Wenn Sie sich nicht selbst «kennen», fühlen Sie sich unweigerlich unsicher. Ihre fundamentale Sicherheit hängt nicht von der Meinung Ihrer Freunde und Kollegen ab und kann auch nicht von diesen Menschen geschützt werden; sie hängt davon ab, daß Sie sich genau über Ihre positiven Eigenschaften und Fähigkeiten, aber auch über Ihre Mängel klar sind. Wenn Sie auch Ihre Unzulänglichkeiten einkalkulieren, werden Sie Ihr Sicherheitsgefühl bestimmt eher *vergrößern* als verkleinern.

Wenn Sie ein wirklich objektives Bild von sich selbst haben, werden Sie längst nicht mehr so sehr von der Meinung anderer Leute abhängig sein und sich längst nicht mehr so sehr wünschen, in möglichst kurzer Zeit möglichst viele Zahlen zu schaffen. Sie werden langsam verstehen, daß Sie sich bisher bei dem vergeblichen Versuch, Ihre innere Sicherheit von äußeren Ereignissen und anderen Menschen zu beziehen, gnadenlos angetrieben haben, obgleich die einzige begründete Hoffnung auf eine solche Sicherheit in der schonungslosen Selbsteinschätzung lag.

1. Wenn die Selbsteinschätzung einen Sinn haben soll, müssen Sie zunächst genau feststellen, wie intelligent, wie scharfsichtig und wie kreativ Sie an Ihrem Arbeitsplatz gewesen sind.

2. Sie müssen Ihren Humor untersuchen und herausfinden, wie er Ihnen gedient hat. Benutzen Sie ihn hauptsächlich für Witze und Anekdoten? Oder hilft er Ihnen – wie er es eigentlich tun sollte – auch, eigene Angewohnheiten und Charakterzüge wahrzunehmen, die anderen manchmal lächerlich vorkommen?

3. Sie müssen abschätzen, wie flexibel Sie sein können, wie schnell Sie Ihr Tempo ändern können und wie schnell Sie sich veränderten Bedingungen anpassen können.

4. Sie müssen Ihre Führungsqualitäten unter die Lupe nehmen und feststellen, wieviel sie wert sind.

5. Sie müssen alle Tätigkeiten untersuchen, die im Augenblick Ihre geistigen, emotionalen und seelischen Kräfte verzehren. Wie viele davon haben etwas mit Ihrem Interesse für Kunst, Literatur, Musik, Theater, Philosophie, Geschichte, Naturwissenschaft und den Wundern der Welt zu tun, die Sie umgibt?

6. Sie müssen feststellen, ob Sie latent aggressiv sind und wie stark diese Aggressivität ist. Versuchen Sie nicht, sich dabei durch Scheinargumente oder Spitzfindigkeiten zu täuschen!

7. Sie müssen feststellen, wieviel Mühe es Ihnen macht, Zuneigung und Loyalität zu empfangen und zu erwidern.

8. Sie müssen feststellen, wie mutig Sie sind. Und wenn Sie dabei in Ihrer Persönlichkeit größere «feige Flecken» entdecken, dürfen Sie sie nicht übersehen. Sie können Ihnen manchmal genausoviel nützen wie der stahlharte Mut, den Sie wahrscheinlich ebenfalls finden.

9. Sie müssen es wagen, Ihre ethischen und moralischen Grundsätze zu durchleuchten. Wie ehrlich war ich in meinem Leben, wie oft und unter welchen Umständen habe ich betrogen, gelogen und falsch Zeugnis wider meinen Nächsten geredet? Sie dürfen sich nicht vor diesen Fragen drücken. Versuchen Sie, sie wahrheitsgetreu zu beantworten, und wenn es noch so weh tut.

10. Sie dürfen schließlich keine Angst davor haben, sich folgende Frage so lange vorzulegen, bis Sie die richtige Antwort gefunden haben: «Was sollte, abgesehen von dem ewigen Einerlei des täglichen Lebens, der eigentliche Inhalt meines Daseins sein?»

Jetzt fragen Sie vielleicht: «Aber woran soll ich meine grundlegenden Eigenschaften, Fähigkeiten und Mängel denn messen?» Sie brauchen nur die betreffenden Eigenschaften, Fähigkeiten und Mängel bei einer Reihe von Freunden oder Bekannten abzuschätzen. Dann vergleichen Sie sich mit ihnen. Passen Sie aber bei der Auswahl der Leute auf, die als «Maßstab» dienen sollen. Nehmen Sie ebenso viele Menschen mit (Ihrer Meinung nach) überlegenen Eigenschaften und Fähigkeiten wie Menschen, von denen Sie mit gutem Grund annehmen, daß sie Ihnen unterlegen sind. Denken

Sie daran, daß diese Selbsteinschätzung den Zweck hat, Ihnen vielleicht zum erstenmal in Ihrem Leben objektive Aufschlüsse über Ihren eigentlichen Wert zu geben.

Bei dieser Selbsteinschätzung müssen Sie natürlich den wichtigen Einfluß berücksichtigen, den das Gefühl, ständig unter Zeitdruck zu stehen, auf Ihre Persönlichkeit ausgeübt hat. Sie werden wahrscheinlich erkennen, daß Sie sich immer und überall beeilt haben, ganz gleich, worum es ging. Sie werden wahrscheinlich auch entdecken, daß sich das Gefühl des ständigen Zeitdrucks ungezügelt und irrational verstärkt hat – so sehr, daß Sie es nicht einfach aus der Welt schaffen können, indem Sie sich vor Augen führen, worauf es beruht und von welchen Faktoren es gefördert wird. Es kann wohl nur noch durch das Trainingsprogramm bekämpft werden, das wir im folgenden Kapitel aufstellen.

Wenn Sie festgestellt haben, daß in Ihnen eine latente Aggressivität vorhanden ist, sollten Sie sich zu guter Letzt noch daran erinnern, daß diese destruktive emotionale Kraft nur die eine Seite einer Medaille ist, deren andere Seite Liebe heißt. Die Gewalt Ihrer Aggressivität läßt sich am besten durch Zuneigung und Liebe mildern. Menschen vom A-Typ fällt es jedoch gewöhnlich sehr schwer, Zuneigung und Liebe zu empfangen. Wer Zuneigung entgegennehmen will, muß in gewisser Hinsicht passiv und abhängig sein, und gerade diese Charakterzüge werden von den meisten A-Menschen abgelehnt. Trotzdem ist es nie zu spät. Man kann immer noch lernen, Liebe und Zuneigung zu empfangen. Und weil diese Bereitschaft vielleicht das einzige wirksame Mittel ist, die latente Aggressivität abzubauen, wären Sie gut beraten, wenn Sie sofort mit dem Lernprozeß begännen.

Seien Sie nach der «Bestandsaufnahme» nicht allzu überrascht, wenn Sie langsam ein seelisches Gleichgewicht entwickeln, das Sie vorher noch nie empfunden haben. Wenn Sie beispielsweise zu dem Ergebnis gekommen sind, daß Ihre Intelligenz nicht die eines Genies, sondern «nur» überdurchschnittlich ist, werden Sie beim Zusammentreffen mit einem intelligenteren Menschen voraussichtlich längst nicht so gereizt und streitsüchtig sein wie früher; Sie werden sich einfach mit dem Unterschied abfinden. (Kürzlich beobachteten wir einen außerordentlich charmanten Kollegen, er sich völlig natürlich und zwanglos benahm. Wir fragten ihn, wie er es geschafft habe, dem A-Typ-Verhalten aus dem Weg zu gehen. Er lächelte und sagte: «Vor ein paar Jahren fand ich mich mit der Tatsache ab, daß ich immer nur ein simpler praktischer Arzt gewesen bin und es auch immer bleiben werde. Als ich das begriffen hatte, fiel es mir ganz leicht, meine inneren Spannungen abzubauen.») Umgekehrt werden Sie kaum noch Lust verspüren, Leute in die Enge zu treiben, die nicht so intelligent sind wie Sie. Sie haben es nicht mehr nötig, solche Menschen zu verletzen, um Ihr eigenes Prestige aufzupäppeln.

Vielleicht werden Sie noch eine weitere angenehme Überraschung erleben. Wenn Sie mit Leuten zusammenkommen, bei denen die gleiche latente Aggressivität zu beobachten ist, die Sie bei sich selbst diagnostiziert und verurteilt haben, fühlen Sie nicht mehr den Drang, die aggressiven Ausfälle der anderen zu parieren. Sie könnten diese Leute und sich selbst sogar verblüffen, indem Sie die aggressive Herausforderung mit Wohlwollen und versteckten Mitgefühl erwidern. Im Grunde muß man nämlich Menschen bemitleiden, die sich das Leben selbst schwer machen.

Sie müssen Ihre Persönlichkeit wiederaufbauen

Es ist bezeichnend für A-Menschen, daß sie sich nicht für die allgemeineren Aspekte des Lebens und der Kultur interessieren. Die Beschäftigung mit den Dingen, die man als human und aufbauend betrachtet – die großen Werke und Errungenschaften der bildenden Kunst, Musik, des Theaters, der Philosophie, Naturwissenschaft und der Natur selbst –, langweilen sie häufig nur. Diese Menschen werden schließlich so sehr davon beansprucht, in möglichst kurzer Zeit möglichst viele Dinge zu schaffen oder zu bekommen, daß sie zuletzt kaum noch das Bedürfnis oder den Wunsch spüren, sich gelegentlich auch mit geistigen Dingen zu beschäftigen.

Wenn Sie bei Ihrer Selbsteinschätzung festgestellt haben, daß auch Ihnen diese Dinge ziemlich gleichgültig geworden sind, daß Sie sich kaum noch für Kunst oder Literatur oder andere geistige Phänomene interessieren und immer weniger Zeit für Ihre Freunde erübrigen können, müssen Sie einfach einsehen, daß Sie auf gefährliche Weise «inhuman» werden. Das eigentlich Humane geht Ihnen immer mehr verloren. Was wird in ein paar Jahren noch von Ihrer Persönlichkeit übrig sein, wenn dieser Entmenschlichungsprozeß weitergeht? Sie erkaufen sich doch Ihren Weg durchs Leben, indem Sie sich selbst verkaufen!

Es ist natürlich nicht leicht, eine Persönlichkeit wiederaufzubauen, die man bereits des halben ursprünglichen Fundaments beraubt hat. Es ist besonders schwer, wenn die restlichen Teile des Fundaments fast nur dazu dienen, den Erwerbs- und Leistungstrieb abzustützen. Das A-Verhalten läßt sich jedoch nur dann wirksam ändern, wenn bestimmte Elemente der Persönlichkeit wenigstens teilweise wiederhergestellt werden. Und eine solche Restaurierung ist nur möglich, wenn sich der A-Mensch nicht nur über seine defekte Persönlichkeit klar wird, sondern auch beschließt, konkrete Schritte dagegen zu unternehmen.

Wie kann man das aber schaffen? Vor allem muß man sich die Zeit neu einteilen. Benutzen Sie einen Teil Ihrer Freizeit für Dinge, die nichts mit Ihrer gewohnten Freizeitbeschäftigung zu tun haben. Benutzen Sie diese Stunden, um Ihre Interessen so zu erweitern, daß sie Ihnen mehr Spaß bringen. Der Gegenstand Ihrer Interessen ist dabei nicht so wichtig wie die persönliche Einstellung; entscheidend ist, daß Sie sich irgendwie von Ihrem engen Korsett aus Arbeit und Kurzschluß-Emotionen freimachen. Zu diesem Zweck vergrößern Sie vielleicht am besten Ihren kulturellen und intellektuellen Horizont, obgleich Ihnen das in Anbetracht Ihrer «faulen Jahre» vielleicht sehr schwerfällt. Es kann Wochen oder Monate dauern, bis Sie Spaß daran haben. Aber es wird Ihnen von Anfang an guttun.

Eine auflebende Persönlichkeit braucht aber noch andere Nahrung – die Kommunikation mit Menschen. Sie müssen nicht nur künstlerische und geistige Werte, sondern auch andere Menschen auf sich wirken lassen. Versuchen Sie also, neue Freundschaften zu schließen – möglichst mit Menschen, die Ihre neuen Interessen teilen. Wie lange ist es her, daß Sie sich zuletzt für einen neuen Bekannten erwärmten, wann haben Sie sich das letzte Mal bemüht, einem neuen Menschen Ihre Zuneigung zu schenken und ihn in Ihren näheren Kreis zu ziehen?

Unterschätzen Sie nicht die Schwierigkeiten dieses Prozesses: Der italienische Romancier Ignazio Silone hatte wahrscheinlich nur zu recht, als er erklärte, die wahre Revolution unserer Zeit sei das Verschwinden der Freundschaft. Die meisten von uns haben es sich schon so lange abgewöhnt, neue Freunde zu suchen und bestehende Freundschaften zu pflegen, daß sie es schwer, vielleicht sogar peinlich finden, wieder damit zu beginnen. Aber es gibt nichts Befriedigenderes als Erfolge auf diesem Gebiet – und nichts kann mehr dazu beitragen, die latente Aggressivität des A-Menschen unter Kontrolle zu bekommen.

Die auflebende Persönlichkeit braucht aber noch eine emotionale Nahrung: einen Vorrat von beglückenden und angenehmen Erinnerungen. Sie müssen sich jeden Tag bewußt bemühen, sich auf die Ereignisse und Erfahrungen zu konzentrieren, die Ihnen Freude machen. Genießen Sie diese Augenblicke, während Sie sie durchleben, versuchen Sie, sie bis zur Neige auszukosten. Geben Sie ihnen dann einen Platz in Ihrem Geist, damit Sie jederzeit darauf zurückgreifen können. Auf diese Weise werden Sie nicht nur intensiver leben, sondern auch mit einem neuen und besonderen Gefühl innerer Erfüllung auf das Vergangene zurückblicken können. Ihre Persönlichkeit braucht nämlich Weite, damit sie möglichst viele Wünsche, Träume, neue Hoffnungen aufnehmen kann. Nur Sie können ihr diese Weite verschaffen. Sie müssen Ihr Leben, kurz gesagt, «empfänglicher» machen, ihm das Element der Überraschung, des Unvermuteten schenken, ohne das es keine wahre Menschlichkeit geben kann.

Sie brauchen Lebensziele

Im Idealfall sollte man zwei Gruppen von Lebenszielen haben. Die erste Gruppe sollte alles umfassen, was man im Beruf erreichen möchte. Zu der zweiten Gruppe gehören die Ziele, die man im Privatleben anstrebt. Diese Zielgruppe dient nicht nur dazu, Ihrem Leben einen Sinn und Zweck zu geben. Es ist vielleicht ebenso wichtig, daß sie Sie daran hindert, einen Weg einzuschlagen, auf dem sinnvolles, überlegen gesteuertes Weiterkommen durch blindes Vorwärtshasten ersetzt wird.

Sie müssen sich deshalb ganz genau fragen, was Sie im Beruf leisten möchten – es wird gewiß nicht schaden, wenn Sie diese Ziele kurz notieren. Fragen Sie sich anschließend, was für ein Mensch Sie eigentlich sein wollen, wie Sie sich das Privatleben vorstellen. Was erwarten Sie vom Leben? Wenn Sie beginnen, Ihre Ziele und Erwartungen zu formulieren, sollten Sie noch einmal daran denken, wie wenig man im Grunde braucht, um gut und glücklich zu leben. Wenn Sie zum Beispiel schon 65 sind und Ihre familiären Verpflichtungen allmählich nachlassen, stellen Sie vielleicht fest, daß Sie zum Glück kaum noch mehr brauchen als ein gemütliches Zuhause und ausreichend Nahrung und Kleidung, genügend Mittel, um gelegentlich ein Buch und eine Theaterkarte zu kaufen oder sich eine kleine Reise zu gönnen – und genug Freunde, um nicht unter Einsamkeit zu leiden.

Denken Sie immer wieder an die Lebensziele, die Sie sich gesetzt haben. Es kann sich durchaus herausstellen, daß Ihre Erwartungen im Grunde recht bescheiden sind. Wenn Sie das wissen, wird Ihnen der Gang durchs Leben viel weniger Ärger und viel mehr Freude bereiten.

Lehnen Sie traditionelle und rituelle Gewohnheiten nicht von vornherein ab!

Eines der Merkmale der heutigen Zeit ist der rapide Verfall von Mythen, Ritualen und Traditionen im Leben der meisten Menschen. In Kürze sind wir auf diese Phänomene vielleicht nur noch genausowenig angewiesen wie eine Kuh oder ein Faultier. Tausende von Jahren waren sie jedoch wichtige, typisch menschliche Begriffe, die alle Menschen beschäftigten und allen Menschen den Weg durchs Leben erleichterten. Heute scheinen allerdings unsere Bemühungen, sie am Leben zu erhalten, entscheidend zu erschlaffen.

Als Ihre Kinder noch klein waren, haben Sie vielleicht tapfer versucht, Ihr Familienleben durch traditionelle und rituelle Gewohnheiten zu intensivieren. Leider braucht man aber schon dann eine gewisse Standhaftigkeit und einen starken Glauben an den geistigen Wert ritueller sozialer oder kultureller Bräuche, wenn man nur relativ nichtssagende Familientraditionen (wie das weihnachtliche Liedersingen) einführen und fortsetzen will. Und vielen von Ihnen ist es wie der menschlichen Gesellschaft insgesamt ergangen: Sie glauben nicht mehr recht an Traditionen und kümmern sich nicht mehr um alte Bräuche.

Vielleicht finden Sie es absurd, daß Ärzte, die ein Buch über Koronarkrankheiten schreiben, sich mit so abseitigen Dingen wie Mythen, Ritualen und Traditionen befassen – besonders da unsere Zivilisation sich im Augenblick bemüht, alle drei so schnell wie möglich loszuwerden. Vielleicht sind wir absurd, vielleicht auch abseitig. Vielleicht wird unsere westliche Zivilisation eines Tages beweisen, daß sie klug handelte, als sie diese Phänomene durch Mechanisierung, Automatisierung und hundertprozentige, bürokratisierte soziale Sicherheit zu ersetzen begann. Eines dürfen wir aber nicht vergessen: Zum erstenmal in der Geschichte versucht ein großer Teil der Menschheit, in einem so absoluten seelischen Vakuum zu existieren.

Sicher, noch können wir uns ganz auf unsere Computer und Maschinen verlassen. Ist es aber nicht traurig, daß wir ohne Hoffnung auf die Farbenpracht, den inneren Glanz und die Größe leben, die uns das Dasein gelegentlich schenken sollte? Es liegt an Ihnen, die Rituale und Traditionen zu würdigen, die es vielleicht noch in Ihrem Leben gibt. Es liegt auch an Ihnen, neue Rituale und Traditionen hinzuzufügen. Dabei braucht es sich nicht um großartig ausgeklügelte und pompöse Veranstaltungen zu handeln, im Gegenteil. Solche Festlichkeiten machen im Grunde niemandem Spaß. Es sollten vielmehr einfache regelmäßige Wiederholungen kleiner, sogar nebensächlicher Ereignisse aus der Vergangenheit sein, die einzigartig schön waren und Ihnen unvergeßlich viel Freude machten.

Wir haben einen Bekannten, der jedes Jahr mit seiner Frau ein paar Tage in einem bestimmten kleinen Hotel verbringt. Der Grund? Als die beiden vor achtundzwanzig Jahren auf der Hochzeitsreise waren, konnten sie in diesem Hotel kein Zimmer mehr finden. Deshalb holen sie es heute einmal im Jahr nach. Sicher, dieses «Ritual» ist nicht von weltbewegender Bedeutung, aber die beiden finden es wichtig. Indem sie es befolgen, leben sie gewissermaßen in zwei Welten, in der Gegenwart und der Vergangenheit, und das Echo der Zeit bereichert ihr ganzes Leben.

Es ist natürlich nicht nötig, daß alle Traditionen einen langen Stammbaum haben oder würdevoll und bedeutsam sind. Jedes Ereignis, über das man sich in der Vergangenheit freute und das man heute regelmäßig feiert, wird von selbst zu einer Tradition. Wer zum Beispiel regelmäßig mit denselben Bekannten oder Freunden ins Theater, ins Konzert, in die Oper oder zu verschiedenen Sportveranstaltungen geht, befolgt eine Tradition. Das gleiche gilt, wenn Sie jedes Jahr zu Ostern, Pfingsten oder Weihnachten ein «Familienessen» geben oder daran teilnehmen. Vielleicht veranstalten Sie auch alljährlich ein Sommerfest oder eine Faschingsparty. Dann pflegen Sie ebenfalls eine Tradition.

Leider finden die Menschen vom A-Typ diese Dinge im Grunde oft lästig, obgleich sie sie weiterhin mitmachen, weil es zum guten Ton gehört. Geht es Ihnen auch so? Entgeht auch Ihnen der heimliche Zauber dieser geselligen Veranstaltungen, finden Sie sie gar unleidlich? Finden Sie auch, daß Sie dabei Ihre Zeit «vergeuden» und nichts «schaffen»? Wenn ja, nehmen Sie es als Warnung – je ärgerlicher Sie diese traditionellen Festlichkeiten finden, desto weiter ist Ihre emotionale und seelische Entwurzelung schon fortgeschritten.

Studieren Sie Ihre gesellschaftlichen Beziehungen zu Leuten, die in Ihrer Freizeit keine unmittelbare oder regelmäßige Rolle spielen. Wenn Sie dabei zu dem Ergebnis kommen, daß diese gesellschaftlichen Beziehungen noch nie richtig intakt waren, daß sie im Vergleich zu Ihren beruflichen Anliegen immer nur eine sehr nebensächliche und untergeordnete Rolle spielten und daß sie immer langweiliger und lästiger geworden sind, dann wissen Sie eines: Sie sind auf dem besten Weg, sich selbst zu entmenschlichen.

Gibt es einen Weg zurück? Erstens müssen Sie sich in Zukunft bei jeder geselligen Veranstaltung (ob traditionell oder nicht) *bewußt* an die Tatsache erinnern, daß Sie unter einer emotionalen Störung leiden, die den Menschen zum Sklaven des Leistungstriebs macht. Das wird bei den ersten Malen allerdings nicht viel nützen, weil Sie es dann im Grunde noch nicht glauben können.

Zweitens müssen Sie die Gesichter Ihrer Freunde und Verwandten studieren, um zu sehen, was Sie daraus über ihre Persönlichkeit ablesen können. Vielleicht finden Sie es auch interessant, sich an ihre Vergangenheit zu erinnern, die Sie noch miterlebt haben. Wie sahen sie damals aus, was hat das Leben inzwischen aus ihnen gemacht? Hätte es anders kommen können?

Drittens sollten Sie sich fragen, warum *diese Menschen* offenbar immer noch bereit sind, traditionelle Aktivitäten mit *Ihnen* zu teilen. Gehen sie mit Ihnen ins Theater oder in die Oper, weil sie Sie nett und interessant finden? Oder tun sie es, weil sie so gut wie niemanden kennen, den sie sonst darum bitten könnten?

Zum Schluß noch eine Warnung. Wir sind bis jetzt davon ausgegangen, daß Sie es sind, der seine Einstellung zu geselligen oder traditionellen Veranstaltungen ändern muß. Wahrscheinlich haben sich Ihre Freunde aber ebenso gegen die feineren Nuancen der Freundschaft versündigt, wissen also auch nicht mehr so recht, was der Sinn einer Freundschaft eigentlich ist. Wir betonen das, weil Menschen vom A-Typ instinktiv dazu neigen, sich auch privat nur Leuten mit einer ähnlichen Verhaltensstruktur anzuschließen. Sie tun es trotz der Tatsache, daß die geselligen Anlässe wegen der latenten Aggressivität und der unterschwelligen Rivalität auf beiden Seiten manchmal in Kriegsspiele ausarten.

Lohnt es sich, Ihre Freunde auch dann noch als Freunde zu betrachten, wenn sie ebenfalls vom «rechten Weg» abgekommen sind? Selbstverständlich! Menschen vom A-Typ haben zwar die ernsten emotionalen Schwierigkeiten, die wir in diesem Buch schildern, aber sie haben auch faszinierende und bewundernswerte Eigenschaften. Offenheit, Loyalität und die Fähigkeit, unverfälschte Zuneigung zu schenken, sind Charakterzüge, die den A-Menschen ebensooft – möglicherweise noch öfter – auszeichnen wie den B-Menschen. Wir wären sehr ungerecht, wenn wir nicht darauf hinwiesen, daß Menschen vom A-Typ häufig ein Temperament besitzen, das sie zu interessanten und anregenden Gesellschaftern macht.

Wir wollen auch nicht bestreiten, daß A-Menschen oft – besonders am Anfang ihrer Laufbahn – erstaunlich kreativ sein können. Sie bringen es meist sehr geschickt fertig, die geistigen Reserven zu erschließen und zu dirigieren, die ihre schöpferischen Ideen in reale Leistungen verwandeln. Erst später, wenn sie von den quantitativen Elementen ihres Lebens verführt worden sind und die Lebensqualität immer mehr vernachlässigen, werden sie hundertprozentige A-Persönlichkeiten. Aber auch dann können sie noch gute Freunde sein.

Wenn die meisten von Ihren Freunden zum A-Typ gehören, werden Sie unweigerlich erkennen, daß sie großenteils dieselben Charakterzüge haben wie Sie. Warum Sie das nicht schon längst erkannten? Weil Sie diese Charaktermerkmale erst jetzt bei sich selbst diagnostiziert haben. Unangenehme Angewohnheiten lassen sich aber am leichtesten und schnellsten abstellen, wenn man sie plötzlich auch bei Freunden oder Bekannten bemerkt. Bei diesen Beobachtungen werden Sie ganz automatisch lernen, Verständnis, Toleranz und Mitgefühl zu entwickeln. Im Gegensatz zu Ihnen wissen Ihre Freunde nämlich noch nicht, daß sie eine Verhaltensstruktur haben, die sie ins Unglück stürzen kann.

Tun Sie nie wieder etwas mit der rechten Hand, das Sie ebensogut «mit links» erledigen können!

Es wird in Zukunft eine ganze Reihe von wichtigen, vielleicht sogar lebenswichtigen Entwicklungen und Vorhaben geben, die Ihre ganze Aufmerksamkeit erfordern. Außerdem werden Sie noch zahllose relativ unbedeutende Dinge schaffen müssen. Diese nebensächlichen und mehr oder weniger belanglosen Angelegenheiten kann und muß man «mit links erledigen». Leider sind A-Menschen oft nicht imstande, zwischen den beiden Kategorien zu unterscheiden. Sie bringen es fertig, für unwichtige Arbeiten genausoviel – oder noch mehr – Energie zu opfern wie für die echten Probleme.

Ein Freund von uns, der gerade Verwaltungsratsvorsitzender geworden war, ertappte sich zum Beispiel kürzlich dabei, wie er seinen Nachfolger, den jetzigen Generaldirektor des Unternehmens, «schulmeisterte». Der neue Generaldirektor war ein A-

Typ, unser Freund nicht. Wir waren nicht sehr überrascht, als er ärgerlich darauf hinwies, sein Nachfolger verbringe viel zuviel Zeit damit, grammatische Fehler in den Hausmitteilungen zu verbessern. «Er muß lernen, die Spreu vom Weizen zu trennen», klagte unser Freund.

Wir hoffen natürlich, daß der neue Boss eines Tages lernen wird, daß man grammatische Fehler höchstens mit links verbessert, keinesfalls aber «mit rechts». Bis er das lernt, wird er jedoch fortfahren, sich unbewußt selbst zu zermürben.

Man braucht nicht unbedingt Generaldirektor zu sein, um diesen Fehler zu begehen. Der Installateur, der Maurer und der Elektriker, der Abend für Abend über seinem Lohnsteuerjahresausgleich brütet, statt einen Termin beim Steuerberater zu vereinbaren und ein paar Mark (die er im nächsten Jahr wieder absetzen kann) auszugeben, tut im Grunde genau dasselbe.

Daß es dem A-Menschen so schwer fällt, Arbeit an andere zu delegieren, geht nur zum Teil auf seine «Zeitkrankheit» zurück. Es beruht auch auf seiner Annahme, er brauche für *alle* Aufgaben die rechte Hand, und zwar *seine* rechte Hand. Anderen könne er nichts anvertrauen. Diese Einstellung wurzelt in der grundlegenden Unsicherheit des A-Typs. Er fürchtet, schon der kleinste Fehler bei einer Arbeit könnte das gesamte Gebäude seiner bisherigen Leistungen zum Einsturz bringen. Ihm kommt jede Sache, die erledigt werden muß, so wichtig vor, daß er keinesfalls einen Fehlschlag riskieren darf – und wenn er sie einem Mitarbeiter oder Kollegen anvertraut, meint er dieses Risiko in unverantwortlichem Maße zu vergrößern.

Die Mittel müssen den Zweck heiligen

In seiner Tragödie *Elektra* läßt Sophokles den Orest bemerken, «der Zweck heiligt jedes Mittel», und die Jesuiten nahmen diesen Grundsatz in ihre Moraltheologie auf – allerdings mit gewissen Einschränkungen, wie der Gerechtigkeit halber gesagt werden muß. Viele Leute neigen dazu, ihre faulen Tricks mit dem Hinweis auf irgendeinen guten Zweck zu rechtfertigen.

Nun, die meisten Menschen vom A-Typ sind nicht schlechter

als andere, haben aber die besondere Fähigkeit entwickelt, viele Irrtümer und Fehler ihres Lebens zu entschuldigen, indem sie auf das angestrebte Ziel verweisen. Das schlimme ist natürlich, daß der A-Mensch gewöhnlich zu unreif ist, um zwei Grundwahrheiten zu erkennen: Erstens bleibt sich das «Ziel» des Menschen immer gleich, ob der Betreffende nun ein Galeerensträfling oder ein maurischer Prinz ist, und zweitens ist das Leben keine Anhäufung von Tagen, die einem pyramidenartigen Höhepunkt entgegenstreben. Das Leben ist vielmehr eine lange Reihe von einzelnen Tagen. Bestimmte Tage sind natürlich wichtiger als andere. Aber der A-Mensch erkennt die wahre Natur seines Lebens nicht und läßt Tausende von Tagen verstreichen, ohne sie wahrzunehmen und, was noch schlimmer ist, ohne sie zu genießen. Er tut es, weil er ständig denkt, es gäbe irgendeinen «Zweck», ein Ziel, das sein irdisches Dasein schließlich erklären und rechtfertigen würde.

Wenn er es schafft, 65 Jahre alt zu werden, ohne einen Herzinfarkt oder Krebs zu bekommen, fragt er sich vielleicht langsam, wo dieses wunderbare Ziel sei und wann es seine zur Neige gehende Zeit auf Erden endlich vergolden werde. Dann überfällt ihn die vernichtende Wahrheit. Es gibt kein großes Ziel, sondern nur noch ein langsames Abklingen, eine Periode, in der er zusehen muß, wie seine geistigen und physischen Kräfte allmählich dahinschwinden. Er lernt, daß Leiden und Enttäuschungen nicht mehr entfernte Verwandte sind; sie werden seine Hausgenossen. Erst jetzt, so spät, bemerkt er, daß sein wahres Leben aus vielen einzelnen Tagen bestand, die inzwischen längst vergangen sind.

Wer noch jung genug ist, muß sich von der Illusion freimachen, daß irgendwo in weiter Ferne ein «Zweck» liegt, der alles rechtfertigt, was man heute falsch macht – das Verschwenden kostbarer Tage, die man wie welke Blätter achtlos zertrampelt und hinter sich läßt.

Wenn Sie Ihr Leben also genießen wollen, müssen Sie zuerst jeden einzelnen Tag genießen. Und um die Tage zu genießen, brauchen Sie auch schöne Dinge und Ereignisse, an die Sie denken können – obgleich diese Dinge und Ereignisse Ihren Freunden oder Kollegen albern vorkommen mögen. Sie brauchen ihnen schließlich nicht alles zu erklären, was Sie denken. Wir kennen einen sehr geschäftstüchtigen Bankier, der fast jeden Tag im Golden Gate Park von San Francisco spazierengeht und sich mit Betrachtungen darüber amüsiert, ob die Blumen träumen können und – wenn ja – was sie träumen. Sicher, er wäre vielleicht nicht wieder in den Vorstand gewählt worden, wenn seine Kollegen diesen Zeitvertreib gekannt hätten. Aber er hütete sich, seine innersten Gedanken preiszugeben.

Um sicherzugehen, daß Sie das Leben jeden Tag genießen, sollten Sie den Mut aufbringen, sich dann und wann hinzusetzen und Ihren eigenen Nachruf zu schreiben. Dann können Sie besser beurteilen, was Sie in der letzten Zeit gewesen sind und getan haben. Vielleicht werden Sie dabei auch feststellen, daß Sie noch verschiedene Dinge in Ihrem Leben ändern können, ehe es zu spät ist.

Ein erfolgreiches Leben ist immer unvollendet

Niemand mag es, wenn alle seine Angelegenheiten «in Fluß» sind. Wir träumen sicher alle von der Zeit, in der alle unsere Bemühungen vom Erfolg gekrönt sein werden. Die meisten von uns sehnen sich, realistischer ausgedrückt, nach dem Tag, an dem sie ihr Auto bezahlt und die Hypothek für ihr Haus oder ihre Wohnung abgetragen haben werden. Wir sehnen auch unwillkürlich den Tag herbei, an dem unsere Kinder – die jetzt noch zur Schule gehen – endlich das Universitätsdiplom in der Tasche haben werden. Als Menschen sind wir seit unserer Geburt nicht nur mit der Erbsünde, sondern auch mit dem unerklärlichen Verlangen geschlagen, alles, was wir anfangen, so schnell wie möglich zu beenden. Wenn Sie ein A-Typ sind, ist dieses Verlangen leider sehr ausgeprägt. Sobald Sie irgendeine Sache anfassen, werden Sie förmlich von Raserei gepackt und müssen diese Sache so schnell wie möglich zu Ende bringen, wobei Sie jede Strapaze auf sich nehmen. Wenn dieser Leistungstrieb mit Ihrer «Zeitkrankheit» zusammenfällt, zermürben Sie sich früher oder später unweigerlich selbst, denn Sie stehen unablässig vor Dutzenden – oder sogar noch mehr – Vorhaben, die auf Vollendung warten. Und nur die Vollendung kann Sie befriedigen oder beglücken. Sie bemühen sich geradezu,

Situationen herbeizuführen, in denen Sie sich zurücklehnen und im stillen sagen können: «Gott sei Dank, jetzt ist alles geschafft.»

Da das eigentliche Leben jedoch eine Reihe von unvollendeten Ereignissen ist, läßt sich Ihr Traum, ein Stadium zu erreichen, in dem alles zu Ihrer Befriedigung vollendet ist, niemals erfüllen. Mehr noch, in Ihrem Fall ist der Traum besonders unerfüllbar, weil Sie als A-Mensch die Angewohnheit haben, sich weit mehr Dinge aufzuladen, als man allein schaffen kann.

Wenn Sie sich von der Tyrannei des A-Typ-Verhaltens befreien wollen, müssen Sie unter anderem die Tatsache begreifen und akzeptieren, daß sich Ihr Leben in unvollendete Vorhaben, Arbeiten und Ereignisse gliedert. Das ist vielleicht nur ein schwacher Trost. Trotzdem müssen Sie beginnen, Ihr Leben gewissermaßen als einen großen Schmelztiegel von Prozessen zu sehen, die nur zum Teil abgeschlossen werden. Und Sie dürfen sich nicht darüber ärgern, daß die meisten Dinge, die Sie irgendwann anpacken, in Fluß zu sein scheinen – Sie müssen im Gegenteil stolz darauf sein. Erst dann gewinnen Sie die innere Sicherheit, die das Leben lebenswert macht. «Das Leben ist etwas Unvollendetes» – wiederholen Sie diese Feststellung so lange, bis Sie von der Wahrheit überzeugt sind.

Wenn Sie eine Sache nicht so schnell geschafft haben, wie Sie wollten, nehmen Sie es als Warnzeichen: Sie waren in einen Wettlauf mit dem Tod verstrickt. Bedenken Sie, daß ein weiser Mann einmal sagte, nur ein Leichnam sei vollendet!

Kapitel 16

Was soll man tun,
wenn man ein A-Typ ist?
Die Umstellung

Im letzten Kapitel gaben wir Ihnen einige allgemeine, mehr oder weniger philosophische Richtlinien, die Sie unserer Ansicht nach befolgen müssen, wenn Sie Ihr A-Verhalten abbauen wollen. In diesem Kapitel schlagen wir einige praktische Methoden vor, Techniken, mit denen Sie ihr tägliches Leben umstellen können; das folgende Kapitel enthält regelrechte «Trainingsprogramme», die Ihnen helfen, alte, schädliche Gewohnheiten loszuwerden. Es wäre unfair von uns, wenn wir behaupteten, die Umstellung sei ein leichter oder schmerzloser Prozeß. Er erfordert nämlich einige Jahre, in denen Sie sich immer wieder unsere philosophischen Richtlinien vor Augen führen müssen, damit Ihre Willenskraft nicht nachläßt. Sie werden feststellen, daß Sie mehr Ausdauer als Mut brauchen; die Maßnahmen, die Sie treffen müssen, widersprechen oft Impulsen, die Ihnen schon zur zweiten Natur geworden sind. Despotische Gewohnheiten, die Sie seit Jahrzehnten beherrscht haben, werden nicht von guten Vorsätzen vertrieben, die man im Lehnstuhl faßt. Wir haben die Erfahrung gemacht, daß der Kampf zwischen den neuen und den alten Gewohnheiten unter Umständen nie aufhört.

Die unten beschriebenen Methoden wurden der Bequemlichkeit halber für Männer abgefaßt, die im Büro arbeiten, also für die Mehrzahl der A-Persönlichkeiten. Wir möchten aber noch einmal betonen, daß die A-Verhaltensstruktur in allen Berufen und Schichten anzutreffen ist. Sie wurzelt in der Persönlichkeit, nicht in der Umwelt, und muß auf heimatlichem Boden bekämpft werden.

Heilung von der «Zeitkrankheit»

Wenn Sie sich von der «Zeitkrankheit» befreien könnten, wäre Ihr A-Verhalten bereits zu 50 Prozent oder mehr abgebaut. Wir haben in diesem Buch wiederholt unterstrichen, daß der A-Mensch zwar häufig gegen die verschiedenen Herausforderungen der Umwelt kämpft, daß sein Verhaltensmuster aber im Grunde auf seinem ständigen Kampf gegen die natürlichen Zwänge der Zeit beruht.

Zuerst müssen Sie Ihren normalen Tagesablauf revidieren und möglichst viele Tätigkeiten und Beschäftigungen einstellen, die nicht unmittelbar zu Ihrem beruflichen oder privaten Wohlergehen beitragen. Bisher arbeiteten Sie, um möglichst viel um die Ohren zu haben; jetzt müssen Sie versuchen, möglichst viel abzuschütteln, selbst wenn es eng mit Ihrem Beruf oder Ihrer Stellung verbunden zu sein scheint.

Angenommen, Sie sind Zahnarzt und programmierten sich bisher darauf, alle dreißig Minuten einen Patienten zu schaffen und alle paar Stunden eine Pause von fünf bis zehn Minuten einzulegen (eine solche Pause kommt den meisten Zahnärzten vom A-Typ übrigens schon viel zu lang vor). Nach Ihrem neuen Anti-A-Programm sollten Sie sich vornehmen, alle fünfundvierzig Minuten einen Patienten zu behandeln – auch dann, wenn die eigentliche Behandlung nur fünfundzwanzig bis dreißig Minuten erfordert. Welche Veränderung wird das in Ihrem Leben bewirken? Nur diese: Sie verdienen vielleicht etwas weniger und fühlen sich nicht nur in der Arbeitszeit, sondern auch während Ihres ganzen zukünftigen Berufslebens eigenartig entspannt und von innerem Druck befreit.

Wenn Sie leitender Angestellter sind, sollten Sie Ihren Terminkalender nicht mehr so vollstopfen, daß Sie unweigerlich ins Hintertreffen geraten und ab mittags alle Besucher oder Kollegen warten lassen müssen. Der Stress des A-Verhaltens läßt sich nämlich durch nichts so gut verschärfen wie durch die Gewißheit, daß man jemanden warten läßt. Kalkulieren Sie für alle Arbeiten etwas mehr Zeit ein, als Sie Ihrer Ansicht nach brauchen werden. Was können Sie schon verlieren? Schlimmstenfalls haben Sie gelegentlich ein paar Minuten, in denen Sie sich zurücklehnen und ein wenig träumen können. Oder Sie denken an einen glücklichen Augenblick aus der Vergangenheit. Vielleicht haben Sie sogar Zeit, um ein besonders hartnäckiges Problem neu zu überdenken und unter Umständen zu lösen.

Zunächst werden Sie – ob Sie nun Zahnarzt, Rechtsanwalt, Architekt, Arzt oder Angestellter sind – vielleicht mit Ihrer Sekretärin zu kämpfen haben, weil sie sich weigert, bei dieser Tempodrosselung mitzumachen. Aller Wahrscheinlichkeit nach ist sie ebenfalls ein A-Typ, da sie von Ihnen angestellt wurde. Als A-Typ liebt sie «Betrieb» im Büro, und «Betrieb» bedeutet für sie ein Terminkalender, der vor Patienten, Klienten oder Kunden strotzt. Keine Sekretärin vom A-Typ erlaubt ihrem Chef gern, einen B-Kurs zu steuern. Wenn sie aber absolut nicht in einem B-Büro leben kann, müssen Sie sich eine neue Vorzimmerdame suchen.

Wenn Sie Ihre «Zeitkrankheit» loswerden wollen, müssen Sie sicher noch andere Dinge in Ihrem Tageslauf ändern. Sie gehören vielleicht zu den vielen Berufstätigen, die in einem Vorort wohnen und jahrelang *gerade noch rechtzeitig* aufgestanden sind, um sich anzukleiden, hastig zu frühstücken, die Zeitung durchzublättern, den Bahnhof oder die Bushaltestelle zu erreichen und Ihren Zug oder Bus zu erwischen. Eine solche Tageseinteilung, bei der man nie Zeit hat, noch einen Gang durch den Garten zu machen, gelegentlich ein paar Worte mit dem Nachbarn zu wechseln oder auch nur ein anderes Oberhemd anzuziehen, wenn man das erste mit Kaffee bekleckert hat, läuft letzten Endes auf Kasernenhofdrill hinaus, ob Sie es nun zugeben oder nicht. Obgleich der Tag gerade erst begonnen hat, kämpfen Sie schon mit der Zeit!

Warum stehen Sie nicht eine Viertelstunde früher auf als gewöhnlich? Wenn Sie gern noch eine zweite Tasse Kaffee trinken oder die Zeitung etwas gründlicher lesen möchten, werden Sie es schon fertigbringen, etwas früher aus den Federn zu steigen. Dann können Sie ruhig noch kurz durch den Garten oder Vorgarten gehen oder ein bißchen mit Ihrem Nachbarn reden, ohne ständig auf die Uhr sehen zu müssen. Dabei sollten wir Sie noch einmal erinnern, daß sich der Grad Ihrer «Zeitkrankheit» danach richtet, wie oft Sie am Tag auf dieses Ungeheuer blicken.

Wenn Sie im Büro oder Geschäft jederzeit telefonisch erreichbar sind, ganz gleich, mit wem Sie gerade sprechen oder was Sie gerade tun, müssen Sie auch Ihre Telefongewohnheiten umstellen. Leider geben die meisten A-Männer ihren Sekretärinnen oder Mitarbeitern gewöhnlich die Anweisung, sämtliche Anrufe durchzustellen.

A-Menschen lassen sich nur deshalb jederzeit unterbrechen, weil sie innerlich unsicher sind. Sie befürchten dauernd, daß ein schrecklich wichtiger Klient oder Kunde anrufen und wütend werden könnte, wenn er nicht sofort weiterverbunden wird. Wenn Sie das befürchten und erlauben, daß man Sie fortwährend stört, verschlimmern Sie Ihre «Zeitkrankheit». Wahrscheinlich neigen Sie bereits unbewußt dazu, bei Besprechungen mit Kollegen möglichst schnell zu reden, weil Sie ständig damit rechnen, ein Telefongespräch annehmen zu müssen.

Wenn Sie zulassen, daß man alle Anrufe durchstellt, können Sie es nicht vermeiden, Besucher manchmal untätig und unbeschäftigt herumsitzen zu lassen, während Sie telefonieren. Der Anrufer mag Ihr bester Freund sein, meist ist es aber nur jemand, der versucht, Ihnen etwas zu verkaufen, zum Beispiel eine Versicherungspolice oder Aktien. Sie geraten in jedem Fall unter Stress, weil Sie unwillkürlich versuchen, ihn möglichst schnell abzuwimmeln, um den wartenden Besucher nicht unnötig zu verärgern. Wahrscheinlich hat der Besucher aber schon ein bißchen den Respekt vor Ihnen verloren, weil Sie so unmögliche Arbeitsmethoden haben.

Mit diesem Unsinn sollten Sie sofort aufhören. Sie müssen Ihre Mitarbeiter instruieren, daß Sie ohne Ihre ausdrückliche Erlaubnis von niemandem gestört werden möchten, selbst wenn Sie allein im Zimmer sind. Und wenn Sie gerade einen Besucher oder einen Kollegen empfangen, sollte man Ihnen noch nicht einmal mitteilen dürfen, daß ein Anruf gekommen ist – es sei denn, der Anruf ist von allergrößter Bedeutung oder kommt von einem Vorgesetzten, der Sie umgehend sprechen will. Man kann jeden Anrufer höflich darauf hinweisen, daß Sie gerade eine Besprechung haben oder anderweitig beschäftigt sind und so schnell wie möglich zurückrufen werden. Wenn der Betreffende unter diesen Umständen verärgert ist, leidet er wahrscheinlich selbst unter ausgeprägtem A-Verhalten.

Erst wenn diese Telefonabschirmung einige Wochen oder länger gedauert hat, werden Sie die wohltuende Wirkung bemerken. Sie werden gelöster sein und nicht mehr nervös darauf warten, vom Telefon aus Ihrem Gedankengang gerissen zu werden. Ihr Bürozimmer kann ein Refugium werden, in dem Sie vor unerwünschten Störungen sicher sind und vielleicht sogar mal ein paar Minuten Gelegenheit zum Träumen oder Nachdenken haben.

Versuchen Sie, in einer friedlichen Atmosphäre zu arbeiten!

Wenn Sie ein typischer A-Mensch sind, ist es Ihnen mehr oder weniger gleichgültig, in welcher Umgebung Sie täglich arbeiten müssen. Diese Umgebung kann aber mit ihrer Unordnung oder Hektik die «Zeitkrankheit» verschlimmern – ohne daß Sie sich darüber klar sind.

Jeder unbeantwortete Brief auf Ihrem Schreibtisch, jede unerledigte Aktennotiz, jeder Prospekt und jeder herumliegende Merkzettel kann Ihr Gefühl, ständig unter Zeitdruck zu stehen, verstärken. Alle diese Dinge haben ein gemeinsames Merkmal – sie erinnern Sie ständig an die Tatsache, daß Sie im Rückstand sind. Es spielt keine Rolle, wie interessant oder wichtig ein Besucher sein mag – wenn Ihre Augen von diesem «Schreibtischmüll» immer wieder magisch angezogen werden, wird der vermeintliche Zeitdruck noch größer.

Seltsamerweise ließ gerade dieses Gefühl den Wust von Papieren entstehen, der wiederum den Zeitdruck verstärkt: ein Teufelskreis. Ihr eingleisiger, zielorientierter Leistungstrieb verleitet Sie dazu, bestimmte Dinge mit unglaublicher Geschwindigkeit zu erledigen und weniger dringende Sachen fürs erste liegenzulassen. Da liegen sie nun, an allen vier Ecken des Schreibtisches, breiten sich immer mehr aus und überschwemmen schließlich die ganze Arbeitsfläche.

Zuerst sollten Sie sich wenigstens davon überzeugen, daß es auch anders geht. Zu diesem Zweck empfehlen wir Ihnen, zur Mittagszeit einmal die Büros leitender Angestellter von Banken oder anderen größeren Unternehmen zu besuchen. Schauen Sie nach, wie ordentlich und aufgeräumt die Schreibtische dort sind. Meist sind überhaupt keine Papiere oder Broschüren darauf verstreut, und sie glänzen förmlich vor Sauberkeit. Auf diesen Schreibtischen stehen gewöhnlich nur ein Aschenbecher und eine Schreibgarnitur, manchmal noch ein Familienfoto. Die Briefe und Hausmitteilungen, die am Morgen eingegangen sind, wurden zum größten Teil schon beantwortet, und die unerledigten Sachen warten wahrscheinlich in den betreffenden Ordnern. Hier dürfen sie nicht zu Haufen anwachsen.

Wenn die Führungskräfte von Großunternehmen ihren Schreibtisch den größten Teil des Tages betrachten können, ohne sogleich an alles erinnert zu werden, was sie um die Ohren haben, können Sie es auch. Sie brauchen die eingegangenen Briefe und Mitteilungen nur jeden Morgen in drei Gruppen einzuteilen – Sachen, die sofort beantwortet werden müssen, Sachen, die einen Tag warten können, und Sachen, auf die man nicht zu reagieren braucht.

Nach diesem Sortieren beantworten Sie sofort die Briefe und Mitteilungen der ersten Kategorie. Wenn Sie eine Sekretärin haben, geben Sie ihr die diktierten oder konzipierten Antworten. Die Briefe der zweiten Kategorie lassen Sie sich später vorlegen, und die Schriftstücke der dritten Gruppe lassen Sie sofort ablegen – oder zerreißen und in den Papierkorb werfen, wenn sie so unwichtig sind, daß Sie sie später garantiert nie benötigen werden. Sobald die Vorzimmerdame gegangen ist, blitzt der Schreibtisch wieder vor Ordnung.

Denken Sie auch an die Grundregel, Dinge, die Sie mit links machen können, nie mit der rechten Hand zu erledigen. Vergeuden Sie also nie Zeit damit, einen Brief zu beantworten, den Ihre Sekretärin oder jemand anders ebensogut beantworten könnte. Wenn Sie Briefe von Bittstellern oder Schmeichlern bekommen, werfen Sie sie am besten unbeantwortet in den Papierkorb. Sie haben es nicht nötig, sich zum Sklaven solcher Post zu machen. Es wäre eine Kapitulation vor ihrem zwanghaften Wunsch, sich bei allen Leuten beliebt zu machen.

Noch ein Rat für die Beantwortung persönlicher Schreiben. Wenn Sie nicht genug Zeit haben, um die getippten Antworten zu lesen und zu unterschreiben, diktieren Sie sie bitte erst gar nicht. Es gibt nichts Unhöflicheres und Dümmeres, als der Sekretärin zu erlauben, mit dem Namen des Chefs zu unterzeichnen oder – noch schlimmer – Briefe mit dem albernen Vermerk «nach Diktat verreist» oder gar «diktiert, aber nicht gelesen» abgehen zu lassen. Kürzlich schickte uns ein Museumskurator einen Brief mit der Bitte, ihm für eine geplante Ausstellung ein Bild zu überlassen. Das Schreiben trug an Stelle der Unterschrift die Worte «diktiert, aber nicht gelesen». Glauben Sie, daß wir das Bild hinschickten?

Geben Sie sich nicht schon deshalb mit einem neuen Arbeitsplatz zufrieden, weil er die «Zeitkrankheit» nicht fördert. Tun Sie etwas, um ihn mit hübschen Dingen, künstlerischen Gegenständen und persönlichen Erinnerungsstücken menschlicher und angenehmer zu machen. Sie haben wahrscheinlich schon genug Kollegen – und Vorgesetzte – besucht, um zu wissen, daß eine echte Brücke oder ein abstraktes Gemälde der beruflichen Leistung nicht schaden können!

Wägen Sie Ihre Worte

Wenn Sie ein typischer A-Mensch sind, sprechen Sie nicht nur viel zu schnell, sondern reden auch viel zu oft über sich selbst und über Ihre wenigen Interessen. Bei Besprechungen mit Kollegen reden Sie die meiste Zeit. Das ist gut und schön, solange Sie Sachen sagen, die Ihre Zuhörer fesseln oder konkrete Maßnahmen betreffen. Oft ist das viele Reden aber nur ein Ventil, mit dem man die inneren Spannungen ablassen will, die man in letzter Zeit nicht bewältigt hat.

Wenn Sie der Chef oder Vorgesetzte sind, versuchen Sie, das Reden größtenteils den anderen zu überlassen. Sie müssen nur diesen oder jenen Mitarbeiter auffordern, seine Gedankengänge vorzutragen oder eine Unterhaltung weiterzuführen. Ein Lächeln, ein Stirnrunzeln oder ein Achselzucken wird Ihre Meinung ebenso deutlich machen wie ein Dutzend Worte. Denken Sie daran, daß die A-Krankheit auch darin besteht, längst bekannte Dinge ständig zu wiederholen.

Leider reden A-Menschen auch oft soviel über ihre eigenen Interessen, daß sie bei der Arbeit hoffnungslos in Rückstand kommen. Sie verstärken das Gefühl, unter Zeitdruck zu stehen, indem sie einen großen Teil der Arbeitszeit durch unnützes Gerede vergeuden. Sie reden sich buchstäblich selbst in Zeitnot.

Das Problem liegt allerdings nicht nur in Ihrer eigenen Gesprächigkeit. Da Sie wahrscheinlich jeden Tag mit Leuten zusammentreffen, die mit Ihnen kommunizieren möchten, müssen Sie die schwere Kunst lernen, schnell und genau diejenigen herauszufinden, die Ihnen im Grunde nichts zu sagen haben. Solche Menschen verschwenden natürlich Ihre kostbaren Minuten und tragen nur dazu bei, den vermeintlichen Zeitdruck zu vergrößern.

Vielleicht versuchen Sie verzweifelt, diese Leute abzuwimmeln, aber Sie besitzen kaum die Kaltblütigkeit, mit der der typische B-Mensch nutzlose Unterhaltungen schnell beendet. Und warum wagen Sie es selbst dann nicht, solche Unterhaltungen abzubrechen, wenn Sie förmlich fühlen, wie Ihre Ungeduld und Spannung astronomische Höhen erreichen? Sie haben selber feine Antennen und glauben, der Betreffende wäre verletzt, wenn Sie die Unterredung ohne weiteres beendeten. Dabei erkennen Sie noch nicht einmal, daß man Ihre Ungeduld und Gereiztheit bereits aus Ihrer Stimme heraushören kann. Wenn Sie Ihr Leben «umstellen» wollen, müssen Sie Leute, die nur Ihre Zeit verschwenden, möglichst schnell abblitzen lassen. Anschließend können Sie versuchen, all den Leuten mehr Zeit zu schenken, die Ihnen im Beruf oder im Privatleben nützlich sein können und werden.

Versuchen Sie, sich jeden Tag in der Mittagspause wiederzufinden!

Wenn Sie ein besonders ausgeprägter A-Mensch sind, neigen Sie dazu, in der Mittagspause den Restaurant- oder Kantinentisch mit Ihrem Arbeitsplatz zu verwechseln. Manchmal kritzeln Sie sogar Zahlen auf die Serviette oder Speisekarte, als handele es sich um

Ihren Notizblock. Nur der Martini oder das Bier signalisiert Ihnen noch, daß eine kleine Veränderung Ihrer Tätigkeit stattgefunden hat, obgleich diese Veränderung rein geographischer Natur ist. Die Mittagspause, erklären uns manche Patienten, läßt sich oft in «Arbeitsessen» umfunktionieren, die den gleichen Zweck erfüllen wie die «Arbeitssitzungen» im Büro. Oft dient der Mittagstisch auch als Ort, wo A-Menschen ihre Feldzüge gegen Rivalen starten.

Was für ein schreckliches Schauspiel bietet sich an Werktagen in Restaurants und Lokalen, die hauptsächlich von Angestellten besucht werden! An allen Tischen sieht man Herren, die sich, die Zigarette noch qualmend, hastig auf das Essen stürzen (30 Minuten Mittagspause!), Gabeln mit Fleisch und Bratensoße in den Mund schieben, zwischendurch schnell einen Schluck Bier trinken und es trotzdem noch wie durch ein Wunder fertigbringen, sich abgehackte Sätze zuzurufen, wobei sie die Köpfe möglichst dicht zusammenstecken müssen, um den allgemeinen Lärm zu übertönen. Ihre Gesichter sind dabei eigenartig gespannt und grimassenhaft verzogen – hoffentlich haben ihre Mütter sie nie so gesehen.

Wenn Sie Ihr Leben umstellen, sollten Sie derartige «Arbeitsessen» vermeiden, in der Mittagspause also nicht die gleichen Dinge tun, mit denen Sie sich im Dienst beschäftigen. Manchmal wird es Ihnen natürlich nicht erspart bleiben, Essen und Arbeiten zu kombinieren, aber bis jetzt haben Sie Ihre Mittagspause wahrscheinlich immer als Fortsetzung der Bürotätigkeit betrachtet, und das muß aufhören.

Wir haben bereits betont, daß Sie anfangen müssen, sich selbst zu entdecken, wenn Sie sich von den Zwängen des A-Verhaltens befreien wollen. Planen Sie etwas Zeit für diese Selbsterkundung ein! Das Mittagessen bietet vielleicht die erste echte Gelegenheit, sich selbst objektiv zu betrachten.

Wenn Sie mittags das Büro verlassen, können Sie vielleicht in einem Park spazierengehen, sich in eine Kirche setzen, die um diese Zeit menschenleer ist, ein Museum besuchen, in einem Buchladen herumstöbern oder auch nur die Passanten beobachten. Sie können mittags mit einem alten Freund oder ehemaligen

Klassenkameraden essen gehen; wir haben bereits betont, was für eine wichtige Rolle Freundschaften bei der Bekämpfung des A-Verhaltens spielen. In der Mittagspause haben Sie wahrscheinlich auch zum erstenmal am Tag die Möglichkeit, sich körperlich zu betätigen oder irgendwelche Fitnessübungen zu machen. Bewegung ist natürlich eine wichtige flankierende Maßnahme zur Verhütung von koronaren Herzkrankheiten.

Lassen Sie uns aber noch einmal sagen, daß Sie Ihre Mittagszeit als Chance betrachten müssen, wieder zu sich zu finden und sich wiederzufinden. Solange Sie nicht ernsthaft versuchen, den *Kern* Ihres Daseins zu entdecken und von dem täglichen Einerlei zu lösen, wird Ihre *Seele* keinen Frieden und Ihr *Herz* (buchstäblich) keine Ruhe finden.

Vergessen Sie die Hetze vor Feierabend!

Viele A-Männer sind besonders stolz darauf, daß sie ihr Tagespensum fast immer bis halb fünf oder fünf Uhr – also bis Feierabend – geschafft haben, eine Leistung, die sie oft nur deshalb erreichen, weil sie sich ab drei oder vier Uhr erbarmungslos antreiben und einen hektischen Endspurt beginnen. Schon dieser Endspurt kann das Gefühl des Zeitdrucks, das ja ohnehin in starkem Maß vorhanden ist, gefährlich verschärfen. Natürlich gibt es Anlässe, wo es außerordentlich wichtig ist, eine Arbeit bis Feierabend zu erledigen, aber die A-Menschen tun es oft nur deshalb, weil es ihnen Spaß macht. Sie sind ja stolz darauf, irgend etwas geschafft zu haben! Dieser Stolz erklärt auch, weshalb sie der chronische Kampf gegen die Zeit förmlich fasziniert.

Wir möchten Sie bitten, nicht jedesmal «fliegende Hitze» zu bekommen, wenn der Feierabend naht. Es wird Ihnen nicht viel schaden, wenn Sie das Büro etwas später als sonst verlassen. Es ist auch gar nicht nötig, sich jeden Tag in überfüllte Busse oder Untergrundbahnen zu drängen, um in Rekordzeit nach Haus zu kommen; auch wenn Sie mit dem Auto fahren, sollten Sie warten, bis der schlimmste Feierabendverkehr nachgelassen hat. Oder gibt es daheim etwas, das die Hektik und das Gedränge rechtfertigt? Können Sie es wirklich nicht abwarten, Ihre Frau, Ihre

Kinder, den Hund oder die Katze wiederzusehen?

Damit wollen wir natürlich nicht sagen, daß Sie Ihrer Familie möglichst lange fernbleiben sollen. Wir wollen nur andeuten, daß der Heimweg kein Gewaltmarsch sein muß.

Alleinsein

Wir haben schon betont, daß Sie Ihre ganze Persönlichkeit wiederaufbauen müssen, wenn Sie das A-Verhalten besiegen wollen. Sie müssen die Dinge suchen, die das Leben lebenswert machen, eine Suche, die Sie bisher vernachlässigten, weil Sie nur nach den Dingen jagten, die das Leben bequem oder angenehm machen, also nach den materiellen Gütern.

Die Dinge, die das Leben lebenswert machen, sind natürlich nicht für alle Menschen gleich. Für den einen wäre es zum Beispiel eine große Bereicherung, moderne französische Gedichte lesen zu können, während sich der andere wünscht, Bücher in schönes Leder zu binden. Eines haben die beiden aber gemeinsam: Sie müssen ihre Energie in eine ganz neue Richtung lenken, um neue Gedankengänge und Gewohnheiten zu entwickeln.

Eine Gewohnheit beruht schließlich nur auf einem verschlüsselten Signal Ihres Gehirns. Dieses Signal löst automatisch einen komplizierten Prozeß aus, für den man nur noch ein Minimum an gedanklicher Arbeit benötigt. Um eine Gewohnheit zu ändern, braucht man unter Umständen Wochen, Monate oder sogar Jahre. Wenn Ihr Gehirn dem Gehirn der meisten anderen Menschen gleicht, wird es sich gegen diese mühselige Arbeit wehren – es ist ihm lästig, neue verschlüsselte Signale zu entwickeln. Wenn Sie aber etwas erreichen wollen, das Ihr Leben lebenswert macht, dürfen Sie keine Anstrengungen scheuen, bestimmte Gewohnheiten abzubauen und sich dafür neue zuzulegen.

Die lebenswerten Dinge unterscheiden sich insofern von den materiellen Gütern, als man lange Perioden des Alleinseins braucht, um sie zu bekommen. Wenn man nicht allein ist, ist es beinahe unmöglich, sich neue Fakten zu merken oder in neuen Bahnen zu denken, zu meditieren oder zu philosophieren. Diese Regel wird höchstens dann umgestoßen, wenn Sie einen Lehrer brauchen. Aber auch in diesem Fall müssen Sie viel allein sein, und sei es nur, um sich die Ratschläge des Lehrers einzuprägen und ihnen zu folgen. Sie sollten deshalb schon jeden Sonntag überlegen, wann Sie in der kommenden Woche ein bißchen Zeit erübrigen können, um allein zu sein. Wir haben bereits gesagt, daß Sie Ihre «Zahlensucht» etwas beschneiden müssen, wenn Sie sich diese Stunden oder Minuten reservieren wollen; wenn Sie auch weiterhin bei so vielen Sachen mitmachen wie jetzt und die neue Beschäftigung gewaltsam irgendwo hineinquetschen, werden Sie die «Zeitkrankheit» nur verschlimmern.

Sie sollten die neue Freizeit auch deshalb einplanen, weil Sie allein sein müssen und nicht gestört werden dürfen, wenn Sie Ihre Persönlichkeit analysieren. Diese Art von Selbstkritik kann man nicht üben, wenn andere Menschen dabei sind.

Wenn man allein sein möchte, braucht man einen Ort, an dem man allein sein kann: eigentlich eine Binsenweisheit. Es ist jedoch eigenartig, daß so wenige Leute – selbst unglaublich reiche Leute – ein Zimmer haben, das nur ihnen gehört. Wir haben einen guten Bekannten in Texas, der in einem höchst geräumigen und luxuriösen Büro arbeitet und in einem Haus wohnt, das selbst für texanische Begriffe fabelhaft ist. Wenn er jedoch allein sein will, geht er jedesmal in das Mausoleum, das er schon zu Lebzeiten für sich und seine Frau erbauen ließ. «Ich gehe eben gern dorthin und denke lange über meine Probleme nach, bis ich sie gelöst habe», erklärt er. «Da kann mich niemand stören, noch nicht einmal das Telefon.»

Sie sollten es nicht nötig haben, ein Mausoleum zu errichten, um allein sein zu können. Vielleicht haben Sie ein Zimmer oder eine Zimmerecke oder auch nur einen Teil des Gartens ganz für sich, wohin Sie sich zurückziehen können und wissen, daß Sie niemand stört.

Wie Sie Ihre feindselige Grundhaltung
abbauen können

Es werden zwar nicht alle A-Menschen von latenter Aggressivität geplagt, doch bei den meisten läßt sich diese destruktive Emotion in einem mehr oder weniger ausgeprägten Grade diagnostizieren. Wir haben A-Menschen kennengelernt, die so sehr mit ihrer feindseligen Grundhaltung geschlagen waren, daß sie keinen ruhigen Augenblick mehr genießen konnten. Schon wenn sie nach der Uhrzeit fragen, sieht man förmlich, wie ihre Augen haßerfüllt und kampflustig glitzern. Man sieht auch, daß ihr Mund eigenartig zuckt, wenn sie lachen – als koste es sie gewaltige Anstrengungen.

Diese Menschen werden so sehr von ihrer inneren Aggressivität beherrscht, daß sie mehr oder weniger davon überzeugt sind, unsere Gesellschaft sei im Grunde böse. Man kann ihnen einfach nicht klarmachen, daß es auch noch das wahre Gute gibt. Glücklicherweise bilden Menschen mit einer solchen superaggressiven Grundhaltung nur einen winzigen Bruchteil der Gesamtbevölkerung. Wir sagen glücklicherweise, weil es wahrscheinlich kein Mittel gibt, um sie grundlegend zu ändern. Wenn sie überhaupt zu etwas gut sind, dann als abschreckendes Beispiel für andere Menschen vom A-Typ, die eventuell dazu neigen, die bösen Folgen ihres Verhaltensmusters zu übersehen oder zu unterschätzen.

Wenn Sie Ihr Leben so umstellen möchten, daß Ihre bereits vorhandene innere Aggressivität gemeistert wird, müssen Sie zuerst verstehen, was diese Aggressivität überhaupt ist und was sie verstärken kann.

Erstens ist sie natürlich untrennbar mit dem Aggressionstrieb verbunden. Ein völlig passiver Mensch wird gewöhnlich nie bösartig. Es gibt natürlich einige Ausnahmen. Selbst Jesus verlor bei den Geldwechslern im Tempel die Beherrschung. Die innere Bösartigkeit hat auch ein Element der Furcht, Furcht vor dem, was andere Menschen tun könnten, um einen zu verletzen. Außerdem wird sie von dem unerfüllten Wunsch nach Liebe und Sympathie und von der Überzeugung genährt, daß andere Leute, die die Wahl zwischen Gut und Böse haben, gewöhnlich das Böse tun. Und dann ist sie auch noch ein Zeichen innerer Unreife.

Wenn diese allgemeine Beschreibung stimmt, wird selbst ein überdurchschnittlich aggressiver Mensch seine Aggressionen fast nie an einem Geschöpf auslassen, von dem er sich nicht bedroht fühlt, das keine Furcht verursacht, das ihm Liebe oder Zuneigung anbietet und dessen Motive über jeden Verdacht erhaben sind.

Wir möchten diese Hypothese prüfen. Ein zutraulicher junger Hund läuft schwanzwedelnd auf einen ausgesprochen bösartigen A-Typ zu und leckt ihm die Hand. Weist unser A-Mann das Tier zurück, schlägt oder tritt er es gar? Mitnichten. Er lächelt, wenn auch ein bißchen gezwungen, lacht vielleicht sogar stillvergnügt, wenn er den Hund streichelt, auf den Schoß nimmt und hätschelt. Kein A-Typ, sagen Sie? Irrtum. Selbst Adolf Hitler reagierte so, wenn sein Hund zu ihm kam, wie Albert Speer in seiner Autobiographie geschildert hat.

Angenommen, ein kleines Kind kommt lachend auf einen A-Mann zu, der vor unterdrückter Feindseligkeit strotzt, und legt ihm mit einer Geste lauterster Zuneigung die Arme ums Bein. Der A-Typ wird höchstens dann ungehalten reagieren, wenn er vermutet, das Kind sei von dem Wunsch nach irgendeiner Belohnung getrieben worden. Sollte er wirklich Grund zu dieser Annahme haben, kann seine Aggressivität allerdings durchbrechen.

Zutrauliche Hündchen und Kinder mit reinem Herzen sind gewiß nicht die einzigen Wesen, denen ein A-Typ begegnen kann, ohne daß sich seine innere Aggressivität Bahn bricht. Wer sich ihm mit offensichtlicher Sympathie und ohne egoistische Hintergedanken nähert, hat durchaus eine Chance, ebenfalls auf Sympathie und Wärme zu treffen.

Wenn ein Kollege jedoch die Nase über ihn rümpft oder ihn nur auf eine Weise neckt, die durchblicken läßt, daß er nicht gerade überwältigend viel Respekt vor ihm hat, bricht die latente Aggressivität des A-Typs aus, läßt sein Herz vor Haß schneller schlagen und seine Hände vor Wut zittern. Verschwunden ist die wohltuende Wirkung all jener Zeichen der Liebe, Sympathie, Achtung und Bewunderung, die er noch am selben Tag von seinem Hund, seinen Kindern, seinen Freunden oder der Natur selbst empfangen hat. In diesem Augenblick, in den Fesseln der Bösartigkeit, könnte er erkennen, daß ein «Haß» ein Dutzend «Lieben» zurückdrängen kann. Was ist die Kraft der Liebe im Vergleich mit der bösen Absicht seines Kollegen, der ihm beruflich wohl kaum Gutes wünschen kann?

Wir brauchen Sie sicher nicht daran zu erinnern, wie es zum

Beispiel war, als Sie im Restaurant endlos lange auf Bedienung warten mußten und zusahen, wie Gäste, die nach Ihnen gekommen waren, vorher bedient wurden. Ihr Zorn regte sich nicht nur wegen dieser offensichtlichen Ungerechtigkeit, sondern auch, weil der Kellner so wenig Respekt vor Ihnen hatte, daß er es wagte, Sie weiterhin zu «schneiden». Wenn die Kellner wüßten, wie viele Menschen vom A-Typ täglich ins Lokal kommen und wie viele davon ihre Angriffslust nur mühsam zügeln können, würden sie ihre Gunst vielleicht gerechter verteilen, und sei es nur, um folgenschwere seelische Schäden bei diesen Gästen zu verhüten.

Wie können Sie aber Ihr tägliches Leben so umstellen, daß die innere Aggressivität auf ein Minimum beschränkt bleibt? Erstens und vor allem müssen Sie begreifen, daß Sie Persönlichkeitsmerkmale haben, die keine Tugenden, sondern Laster sind. Menschen vom A-Typ können nicht leicht zugeben, daß in ihnen eine latente Aggressivität herrscht, obgleich einige von ihnen durchaus einräumen, daß sie «manchmal leicht aus der Haut fahren». Für unseren Zweck reicht es also, wenn wir davon ausgehen, daß alle «dünnhäutigen» Menschen eine mehr oder weniger feindselige Grundhaltung haben. Diese Aggressivität können Sie am besten dann erkennen und beim richtigen Namen nennen, wenn Sie nicht unter Stress stehen und es in Ihrer Nähe nichts gibt, was Sie zum Losschlagen reizt.

Wenn Sie sich erst einmal selbst eingestanden haben, daß Sie von diesem «inneren Schweinehund» gequält werden, können Sie zwei von Ihren anderen Eigenschaften benutzen, um ihn zu kontrollieren oder sogar abzutöten. Es gibt zwei Methoden. Erstens müssen Sie Ihre Neigung, jede Situation als Herausforderung zu betrachten, die Sie ärgern und aus der Fassung bringen soll, mit Ihrem Verstand und Ihrer Urteilskraft in Schach halten. Benutzen Sie zweitens Ihren Sinn für Humor. Selbst wenn ein provozierender oder ärgerlicher Vorfall Ihre vordersten Verteidigungslinien durchbrechen sollte, können Sie den entstehenden Zorn noch mit Ihrem Humor vertreiben. Wir sind fast alle imstande, über unsere Mitmenschen zu lachen, doch nur wenige von uns besitzen genügend Humor und Selbstironie, um über sich selbst zu lachen.

Wenn Sie Ihr Verhaltensmuster umgestellt haben, werden Sie Ihrer latenten Aggressivität erst dann freie Bahn lassen, wenn Ihre Urteilskraft entschieden hat, daß Sie auf den betreffenden Angriff reagieren müssen – und wenn auch Ihr Humor zustimmt.

Sie können sich bei der Bekämpfung Ihrer aggressiven Neigungen allerdings nicht nur auf Urteilskraft und Humor verlassen. Die Aggressivität wird allzu oft aufflammen, ehe der Verstand Sofortmaßnahmen ergreifen kann. Wir raten Ihnen deshalb, jeden näheren Kontakt mit Leuten zu meiden, die Sie früher bereits durch ihre Anwesenheit aus der Haut fahren ließen.

Sie haben sich zweifellos schon oft vorgenommen, zu diesen Leuten nett zu sein – trotz der Tatsache, daß es ihnen bisher jedesmal gelang, Sie rasend zu machen oder explodieren zu lassen. Sie konnten Ihren guten Vorsatz aber nie einhalten und werden es auch nie können. Die Betreffenden spürten die latente Aggressivität nämlich sofort, und das zündete ihre eigene Angriffslust.

Weshalb Sie anderen feindseligen Menschen fast immer feindselig entgegentreten? Der Grund liegt sicher darin, daß Sie plötzlich Ihr eigenes Spiegelbild erblicken, wenn Sie mit ihnen zusammenkommen. Dasselbe gilt umgekehrt. Jeder von Ihnen bemüht sich, der Redner zu sein und nicht der Zuhörer, jeder bemüht sich, nicht vom anderen zu lernen, sondern ihm etwas beizubringen und ihn zu «verbessern». Jeder kämpft so hart um den *verbalisierten* – also mit Worten ausgedrückten – Respekt des anderen, daß beide ganz vergessen, sich gegenseitig verbalisierten Respekt zu erweisen. Da Sie beide zum A-Typ gehören, besteht außerdem die Möglichkeit, daß Sie sich unbewußt gegenseitig reizen, indem Sie sich gegenseitig unterbrechen oder zum schnelleren Reden antreiben. Diese Unterhaltungen strotzen von Bemerkungen wie «Aber Sie hören mir ja gar nicht zu», «Ja, ja, das sagten Sie bereits» oder «Es wäre schön, wenn ich auch mal ein Wort sagen darf.» Das sind keine Gespräche, sondern Kämpfe – alberne, sinnlose Kämpfe.

Sie müssen alle Leute von Ihrer Bekanntenliste streichen, die praktisch bei jedem Zusammentreffen Ihren Zorn erregt haben. In geistiger Hinsicht haben sie Sie sicher noch nie bereichert und werden es wahrscheinlich auch nie tun, und nur wenige von ihnen werden Ihnen beim beruflichen Weiterkommen helfen. Nach einigen Jahren, wenn Sie die Flammen Ihrer inneren Aggressivität gelöscht und die besonders gefährlichen Lanzenspitzen Ihrer Verhaltensstruktur abgeschliffen haben, können Sie vielleicht versuchen, wieder mit diesen Spiegelbildern zu verkehren. Wenn sie Sie dann nicht mehr reizen, sondern Ihre Nachsicht und Sympathie wachrufen, haben Sie in Ihrem «Humanisierungsprogramm» wunderbare Fortschritte gemacht. Wenn aber sofort wieder die alte Feindseligkeit in Ihnen hochsteigt und Ihnen förmlich die Kehle zuschnürt, ist die Rehabilitation mehr oder weniger mißglückt. Wahrscheinlich sind Sie dann noch genauso infarktgefährdet wie vorher.

Zugegeben, mit manchen Leuten, die Ihre Feindseligkeit auslösen, müssen Sie trotzdem weiterhin verkehren: mit Schwägern und Schwägerinnen, Schwiegervätern und Schwiegermüttern oder auch Brüdern, Schwestern und Eltern. Vielleicht haben Sie auch Vorgesetzte, Kollegen, Mitarbeiter oder Angestellte, die Sie nicht vor den Kopf stoßen dürfen. Im Augenblick können wir Sie nur bitten, in solchen Fällen möglichst gar nicht zu reden. Lassen Sie sie ruhig verbal auf Ihnen herumtrampeln, aber hüten Sie Ihre Zunge – zumindest, bis sie gegangen sind. Seien Sie auch nicht allzu überrascht, wenn Ihnen diese Menschen allmählich immer mehr aus dem Weg gehen. Sie tun es, weil sie kein «Echo» mehr finden.

Gefährlicher wird es, wenn es zwischen Ehepartnern zu chronischer Aggressivität kommt. Was kann man in diesem Fall tun? Was kann der Eheberater, der Hausarzt, der Pfarrer oder der Psychiater zur Lösung eines solchen Konflikts beitragen? Nicht viel, obgleich diese Fachleute so stolz auf ihre mageren Erfolge sind.

Wir haben die Erfahrung gemacht, daß Feindseligkeiten zwischen Eheleuten mittleren Alters nicht zur Kapitulation eines Partners, sondern zu einer gewissen Gleichgültigkeit auf beiden Seiten führen. An diesem Punkt werden Sieg und Niederlage unwichtig, so sehr sind die ursprünglichen Streitfragen in den Hintergrund getreten; im Grunde haben ohnehin nur die beiden Persönlichkeiten miteinander gekämpft. Es ist vielleicht ein trauriges Ende, aber wir glauben, daß es Schlimmeres gibt.

Wenn Sie fast nur Menschen vom A-Typ in Ihren Freund-schaftskreis aufgenommen haben, denken Sie jetzt vielleicht, wir wollten Sie zu einem Einsiedlerleben verurteilen. Vielleicht sollte man sein Leben wirklich lieber als Einsiedler als in der Gesell-schaft von aggressionsgeladenen A-Menschen verbringen, aber es ist nicht unbedingt nötig. Die Heilung von der A-Krankheit besteht teilweise darin, daß man B-Menschen entdeckt und er-kennt, daß auch sie Vorzüge und interessante kleine Schwächen haben. Zumindest werden sie Ihnen zuhören, ohne von Ihnen das gleiche zu verlangen – was Ihren Bekannten vom A-Typ unwei-gerlich schwerfällt. Und wenn Sie sich manchmal weniger für den Kurs der IBM-Aktien als für die Kolibriarten interessieren, die im Sommer nach Kalifornien ziehen, schreiben Sie es ihrer Naivität und der Tatsache zu, daß Menschen mit gesunden Koronararteri-en tatsächlich eine besondere Vorliebe für die exotischen und nichtkommerziellen Seiten des Lebens haben.

Um diese neuen B-Freunde zu finden, müssen Sie alle Leute, die Sie kennen, daraufhin prüfen, ob sie es bei Gesprächen vorziehen zu schweigen und dem Partner zuzuhören – Sie sollten sich gerade die Menschen aussuchen, die Sie bisher langweilig fanden, weil sie so wenig darum kämpften, zu Wort zu kommen. Wenn Sie Be-kannte haben, die ihre vielen Bücher auch *lesen*, betrachten Sie sie einmal mit anderen Augen; einige von ihnen müssen einfach frei von inneren Aggressionen sein. Wenn Sie Bekannte haben, die beim Mittagessen oder Kartenspielen nicht nervös auf die Arm-banduhr schauen, werfen Sie auch Ihnen noch einen längeren Röntgenblick zu. Wir haben festgestellt, daß viele Direktoren von größeren Unternehmen (besonders Versorgungsbetrieben), Rich-ter, Patentanwälte, Fachautoren (besonders für historische The-men) und bildende Künstler, die noch nicht in die Mühlen des Galeriebetriebes geraten sind, zum B-Typ gehören. Vor einigen Jahrzehnten hätten wir Ihnen noch geraten, sich um die Gesell-schaft von Universitätsprofessoren zu bemühen, aber heute haben wir den Eindruck, daß zu viele von ihnen eine A-Persönlichkeit entwickelt haben.

Wie Sie die lebenswerten Dinge
erreichen können

Im Gegensatz zu den materiellen Gütern hängen die lebenswerten Dinge in erster Linie von Ihrem Charakter und von der Entwicklung und Reife Ihrer emotionalen und intellektuellen Fähigkeiten ab. Leider belohnt unsere «Alltagswelt» nicht immer die Menschen, die sich um Dinge bemühen, die das Leben lebenswert machen. Wir haben zum Beispiel nur wenige Kaufleute gekannt, die von der Welt schon deshalb geliebt wurden, weil sie sich ihren Kunden gegenüber um größere Offenheit bemühten oder zufällig wußten, in welchem Jahrhundert Shakespeare lebte oder welche Gesetze Newton entdeckte, als er das Sonnenlicht betrachtete, das sich in einem Prisma gebrochen hatte.

Junge Leute, die ins Berufsleben treten, erkennen schon nach wenigen Tagen, daß die «Alltagswelt» sie nicht dafür belohnen wird, daß sie nach den lebenswerten Dingen streben. Die meisten von ihnen wollen dann lernen, wie man die Welt zwingt, einem die materiellen Güter zu verschaffen. Dieser Prozeß stellt so unerbittliche Anforderungen, daß die meisten von ihnen beginnen, die Suche nach den lebenswerten Dingen immer mehr zu vernachlässigen. Schließlich beschäftigen sie sich nur noch mit der Jagd nach materiellen Gütern.

Wenn Sie diesen Fehler ebenfalls gemacht haben und etwas dagegen unternehmen möchten, müssen Sie sofort anfangen. Das sagen wir nicht, weil es uns in erster Linie um Ihre Seele oder Ihren Geist geht, sondern weil wir Ihr Herz schützen und retten wollen. Nichts kann der ungezügelten Jagd nach Zahlen so entscheidend entgegenwirken wie die Suche nach den Dingen, die das Leben lebenswert machen. Warum das so ist? Weil diese Dinge nichts mit Zahlen, also mit materiellen Werten, zu tun haben. Wer materielle Güter sammelt, spürt nur dann wahre Befriedigung, wenn er sie zählen kann. Wer Dinge besitzt, die das Leben lebenswert machen, ist innerlich zufrieden, wenn er merkt, wie seine Aufnahmefähigkeit und sein Empfindungsvermögen wachsen.

Sie müssen soviel gesunden Menschenverstand aufbringen, um ein für allemal zu begreifen, daß niemand Ihren Tod betrauern wird, wenn Sie weiterhin allen Dingen aus dem Wege gehen, die man früher als schön und menschlich betrachtete. Ihr gesunder Menschenverstand muß Ihnen dieses unglückliche Schicksal vor Augen führen. Ihr gesunder Menschenverstand muß Ihnen zeigen, zu welchem Leben Sie gezwungen sind, wenn Sie das Interesse an Ihren Freunden verlieren und immer weniger Grund finden, eine Bibliothek, ein Museum, eine Kunstgalerie, ein Konzert, ein Theater, einen schönen Park oder auch nur ein Stadion zu besuchen.

Sie werden allerdings eine ganz spezielle Art von Mut brauchen, um Ihren angeborenen gesunden Menschenverstand dahin zu bringen, daß er nach so vielen Jahren der Unterwerfung wieder die Oberhand über den Zahlentrieb gewinnt. Wenn Sie sich damit abfinden können, daß Ihr Tod keinen Menschen traurig – aber einige froh – machen wird, sind Sie sicher schon sehr vereinsamt. Aber noch ist Zeit, das zu ändern.

Zunächst müssen Sie sich einige gute «Lehrer» suchen, die Ihnen bei der Suche nach den lebenswerten Dingen helfen können. Diese «Lehrer» sind die großen Historiker, Philosophen, Romanciers, Dichter, Sozialwissenschaftler und Staatsmänner der westlichen Zivilisation. Und man findet sie alle in Büchern.

Wir möchten Sie natürlich nicht auffordern, sich in einen Bücherwurm zu verwandeln oder sich Kennntisse auf allen Gebieten zuzulegen. Ein Extrem durch das andere zu ersetzen, scheint uns therapeutisch nicht sehr sinnvoll. Wenn Sie schon in der Schule keine Gedichte mochten, werden Sie sich wahrscheinlich auch jetzt nicht richtig daran erfreuen können. Wenn Ihnen die Physik immer ein großes Rätsel war, läßt sich das kaum noch ändern. Wenn man seine «Bildung» jedoch total vernachlässigt, begeht man ein Verbrechen und korrumpiert seinen Geist. Es muß einfach einige Wissensgebiete und Errungenschaften geben, die Sie reizen. Welche es sind, fällt Ihnen vielleicht wieder ein, wenn Sie sich daran erinnern, was Sie früher, vor Ihrer ausschließlichen Beschäftigung mit Zahlen, interessiert hat.

Sie brauchen natürlich eine gewisse Ausdauer, um wieder Geschmack an Büchern zu finden. Es wird Ihnen oft schwerfallen, einem neuen Lehrer zu folgen, weil er Ihre *uneingeschränkte*

Aufmerksamkeit verlangt. Vielleicht bekommen Sie Minderwertigkeitskomplexe, wenn es Ihnen nicht gleich gelingt, sich in den Geist von Goethes ‹Werther› hineinzuversetzen. Und es wird Ihnen sicher nicht gefallen, immer wieder die Bedeutung von Wörtern nachzuschlagen, die Ihre neuen Lehrer benutzen.

Die glimmende Kampfbereitschaft kann erst recht aufflammen, wenn einer der Lehrer eines Ihrer Lieblingsvorurteile widerlegt! Auch dabei wird Ihre Ausdauer auf eine harte Probe gestellt. Wenn Sie nämlich zu den hartgesottenen A-Menschen gehören, die sich seit Jahren angewöhnt haben, faktisches Wissen über verschiedene Gebiete durch vorgefaßte Meinungen zu ersetzen, werden Sie feststellen, daß man schon sehr viel Mut braucht, um Haltung zu wahren, wenn ein langgeglaubtes und langgeliebtes Vorurteil plötzlich zum puren Unsinn degradiert wird.

Bücher sind natürlich nicht die einzigen Führer zu den Dingen, die das Leben lebenswert machen. Man braucht auch die Achtung und Anerkennung seiner Freunde. Machen Sie aber nicht den Fehler, Freunde mit Bekannten zu verwechseln. Glauben Sie nicht, daß Sie die geistige und seelische Unterstützung wahrer Freunde dadurch ersetzen können, daß Sie mit Ihren gewöhnlichen Bekannten täglich ein paar Nettigkeiten mehr austauschen als sonst. Eine Freundschaft bereichert das Leben auch deshalb, weil man einen Teil von sich selbst aufgeben muß, um den Freund achten und würdigen zu können.

Wir erwähnten bereits den subtilen Zauber, den Rituale und Traditionen auf menschliche Gemeinschaften ausübten, die an sie glaubten und sie befolgten. Auch Sie können diese Dinge benutzen, um Ihre Lebensqualität zu verbessern. Denken Sie daran, daß die Wiederholung schöner Erlebnisse letzten Endes mehr Freude bereiten kann als die eigentlichen Erlebnisse. Wenn Sie etwas Schönes nachvollziehen, das Sie früher erlebt haben, genießen Sie es nämlich nicht nur in der Gegenwart, sondern erinnern sich auch an die Freude, die es Ihnen damals bereitete. Wenn man sich als Erwachsener über den Heiligabend freut, dann teilweise deshalb, weil man schon so viele andere schöne Weihnachtsfeste erlebt hat.

Wenn dieses Buch vor einem Jahrhundert geschrieben worden wäre, hätte man bei den Dingen, die das Leben lebenswert machen, an erster Stelle den Glauben genannt. Wir können das nicht tun, weil es diesen Glauben nicht mehr im gleichen Maße gibt. Viele Menschen sehen natürlich noch heute den Sinn des Lebens in der Religion. Andere machen ihr Leben durch Hobbies, durch die Liebe zur Natur und durch die Freude an Kunst und Musik lebenswert.

Ganz gleich, womit man sein Leben «erfüllt» – man kann es nur schaffen, wenn man Zeit für sich selbst findet, und diese Zeit muß man sich einfach von den vielen Stunden nehmen, die man bisher für die Dinge aufwandte, die das Leben bequem oder angenehm machen: die materiellen Güter. Sie müssen sich also entscheiden, Ihre Zeit neu einzuteilen. Sie müssen sich fragen: «Wofür will ich meine Zeit hingeben?» Wenn Sie die Dinge erreichen wollen, die das Leben lebenswert machen, muß die Antwort lauten: «Ich möchte einen möglichst großen Teil meiner Zeit für meine Entwicklung als menschliches Wesen hingeben.» Diese Antwort zeigt Ihnen sicher einen Weg zu den Dingen, die Ihr Leben sinnvoller machen können.

Kapitel 17

Was soll man tun,
wenn man ein A-Typ ist?
Trainingsprogramme

Das A-Typ-Verhaltensmuster entsteht zwar ursprünglich aus dem mehr oder weniger natürlichen Verlangen heraus, möglichst viele Dinge in möglichst kurzer Zeit zu schaffen, erreicht dann aber schnell ein Stadium, in dem sich die zu diesem Zweck entwikkelten Gewohnheiten freimachen und alle Lebensbereiche beherrschen. Sie lassen den A-Menschen auch dann nicht los, wenn er gar nicht zu kämpfen oder zu hetzen braucht.

Wir kennen einen Zahnarzt, der zu Beginn seiner beruflichen Laufbahn sehr stolz darauf war, daß er Zähne geschickt und schnell plombieren konnte. Er pflegte alle drei bis fünf Minuten auf die Armbanduhr zu schauen, um sicher zu sein, daß seine Geschwindigkeit oder Zeiteinteilung stimmte. Heute, 32 Jahre später, praktiziert er zwar nicht mehr, blickt aber immer noch alle drei bis fünf Minuten auf die Uhr, ob er nun auf einer Party ist oder Karten spielt. Gewöhnlich nimmt er dabei gar nicht richtig wahr, wie spät es ist. Einer von uns beobachtete vor ein paar Monaten, wie er wieder einmal gewohnheitsmäßig auf die Uhr sah, und fragte ihn, wie spät es denn sei. Verwirrt und verlegen blickte er noch einmal hin, diesmal absichtlich und bewußt, und sagte uns dann die Zeit.

Wir kennen auch einen Arzt, der vor einem guten halben Jahr mit dem Pfeifenrauchen aufhörte. Trotzdem klopft er noch jeden Tag beim Verlassen seiner Wohnung oder seiner Praxis auf seine rechte Hosentasche, um festzustellen, ob er die Pfeife vergessen hat. Wie er zugibt, ist er noch heute ein bißchen enttäuscht darüber, daß sie nicht in der Tasche steckt.

Wenn Sie sich nicht neue Gewohnheiten zulegen, die die alten verdrängen und ersetzen, werden Sie sich nie von der A-Krankheit befreien können. Wir haben einige «Trainingsprogramme» erarbeitet, die Ihnen dabei helfen sollen.

Ein Trainingsprogramm gegen die «Zeitkrankheit»

1. Zuerst sollten Sie sich angewöhnen, mindestens einmal in der Woche die wahren Ursachen Ihrer «Zeitkrankheit» zu überdenken. Auch ein Arzt kann ein Leiden besser heilen, wenn er die Ursachen kennt. Sie werden Ihre «Zeitkrankheit» erst dann abbauen können, wenn Sie wissen, warum Sie von ihr befallen wurden.

2. Zweitens sollten Sie sich angewöhnen, regelmäßig die philosophischen Richtlinien durchzulesen, die wir in Kapitel 15 zur Bekämpfung Ihrer Verhaltensstruktur niedergelegt haben. Viele Leute trainieren in der ersten Woche ganz fabelhaft, beginnen in der zweiten Woche aber zu vergessen, was sie eigentlich trainieren, und lassen das Training deshalb in den nächsten Wochen ganz sein.

3. Sagen Sie sich jeden Morgen, Mittag und Nachmittag, daß das Leben immer etwas Unvollendetes ist. Tun Sie es am besten dann, wenn Sie gerade in den Spiegel schauen. Wir empfehlen diese Gewohnheit, weil Menschen, die unter vermeintlichem Zeitdruck leiden, so oft hartnäckig glauben, daß sie alle Dinge, die sie sich gerade vorgenommen haben, an dem betreffenden Tag «vollenden» können. In Wirklichkeit können Sie das natürlich nur mit einer Kugel, mit Gift oder einem Sprung aus dem zehnten Stock oder von einer Brücke. «Vollendet» ist man erst im Tod.

4. Gewöhnen Sie sich in der *Freizeit* an, den Gesprächen anderer Menschen zuzuhören. Versuchen Sie nie mehr, ihnen das Wort aus dem Mund zu nehmen. Unterbrechen Sie sie nie mehr mit antreibenden Bemerkungen wie «Ja, ja», «Hm, aber kommen wir zur Sache» oder «Ich weiß schon, worauf Sie hinauswollen.» Bleiben Sie ruhig und hören Sie zu. Wenn Sie bisher die Angewohnheit hatten, andere Leute beim Reden anzutreiben, trainieren Sie am besten mit einem Gesprächspartner, der stottert. Ver-

suchen Sie, ruhig zu bleiben! Halten Sie sich bei diesem Training immer vor Augen, daß Sie das Gefühl des Zeitdrucks besiegen wollen, indem Sie Ihr Tempo mit allen möglichen Tricks und Manövern drosseln.

5. Hören Sie auf, an mehrere Dinge gleichzeitig zu denken – lassen Sie also das «mehrphasige» Denken bleiben. Erinnern Sie sich daran, daß selbst Einstein in erster Linie an den Knoten dachte, wenn er sich die Schuhe anzog.

6. Wenn Sie sehen, daß jemand etwas langsamer macht, als Sie es machen könnten, unterbrechen Sie ihn erst dann, wenn Sie sicher sind, daß er die Arbeit nicht schaffen kann. Wenn er sie aber schaffen kann und vielleicht fünf Minuten länger braucht als Sie, nehmen Sie es als Fingerzeig: Nicht er leidet unter der «Zeitkrankheit», sondern Sie. Lassen Sie sich also nicht von seiner «Langsamkeit» verleiten, eine Aufgabe zu übernehmen, die Sie im Grunde nichts angeht – und Ihre Zeit verschwendet.

7. Vergessen Sie nie, sich folgende Fragen zu stellen, wenn Sie vor einer Aufgabe stehen: 1. Wird diese Sache in fünf Jahren noch irgendeine Bedeutung haben? 2. Muß ich es sofort in Angriff nehmen, oder kann ich mir erst noch überlegen, wie ich es am besten mache? Die Antworten sagen Ihnen erstens, ob die Aufgabe nebensächlich ist, ob sie delegiert werden kann, ob Sie sie «mit links» erledigen können oder ob Sie sie überhaupt nicht zu machen brauchen. Zweitens finden Sie heraus, ob Sie einen bestimmten Termin einhalten müssen. Der Zeitdruck, unter dem Sie ständig zu stehen glauben, läßt Sie natürlich von vornherein annehmen, daß Sie alles schon bis gestern geschafft haben müssen. Wenn Sie sich bei jeder Gelegenheit die obigen Fragen stellen, rücken Sie die Dinge wieder ins rechte Lot.

8. Wenn Sie nie reden, wird es Ihnen natürlich schwerfallen, Mitarbeiter zu führen. Wenn Sie aber pausenlos und zur unpassenden Zeit Unsinn reden, entwickeln Sie noch weniger Führungsqualitäten. Legen Sie sich deshalb folgende Fragen vor, ehe Sie den Mund aufmachen: 1. Habe ich wirklich etwas Wichtiges zu sagen? 2. Will es jemand hören? 3. Ist dies der richtige Zeitpunkt? Wenn Sie eine von diesen Fragen mit nein beantworten, halten Sie besser den Mund, und wenn Sie sich enttäuscht auf die

Lippen beißen müßten. Viele Menschen vom A-Typ müssen jedes Gespräch an sich reißen, wiederholen Dinge, die sie bereits gesagt haben, und reden viel zu lange, wodurch sie furchtbar in Rückstand geraten. Übrigens verschlimmert nichts die «Zeitkrankheit» so sehr wie das Gefühl, im Rückstand zu sein.

9. *Sagen Sie sich mindestens einmal am Tag, daß noch nie ein Vorhaben mißlang, weil es gut, aber zu langsam ausgeführt wurde.* Wenn es Ihnen schwerfällt, das zu glauben, machen Sie sich eine Liste der Männer, von denen Sie wissen, daß sie einen Mißerfolg hatten. Fragen Sie sich anschließend, ob der Mißerfolg darauf zurückging, daß sie etwas zu gut und zu langsam taten, oder ob er auf einer falschen Beurteilung oder Entscheidung beruhte. Sie werden fast unweigerlich feststellen, daß eine falsche Beurteilung oder Entscheidung schuld war. Fragen Sie sich dann: Kann man gute Urteile und richtige Entscheidungen unter Termindruck besser treffen als bei ruhigem Überlegen?

10. Treffen Sie möglichst wenig Verabredungen, bei denen Sie sich auf einen bestimmten Zeitpunkt festlegen müssen. Sicher, berufliche Termine müssen für bestimmte Zeiten vereinbart und eingehalten werden. Aber beim Feierabend und beim Nachhauskommen sollten Sie flexibel bleiben. Je mehr unnötige Termine Sie sich setzen, desto schlimmer wird die «Zeitkrankheit».

Nehmen Sie Lektüre mit, wenn Sie zum Flughafen fahren, zum Friseur gehen oder etwas anderes vorhaben, wobei Sie eventuell warten müssen. Dann können Sie sich beschäftigen und brauchen sich nicht zu ärgern. Und da es heute die meisten Klassiker als Taschenbuch gibt, besorgen Sie sich am besten ein Werk der Weltliteratur, das Sie schon immer lesen wollten, wenn Sie einmal «Zeit haben» sollten. Wenn Ihr Flugzeug das nächste Mal Verspätung hat, ist die Zeit für den Klassiker gekommen. Sie sitzen in einem bequemen Flughafensessel, neben sich eine Tasse Kaffee, und lesen Thukydides' *Geschichte des Peloponnesischen Kriegs* und stellen auf einmal fest, daß Ihnen auch eine weitere Stunde Verspätung nichts ausmachen würde – vor Ihrer Umstellung eine undenkbare Reaktion!

11. Vergessen Sie nicht, daß Ihnen niemand dabei hilft, Ihre neue Zeiteinteilung einzuhalten. Sie müssen sie selbst schützen. Je

älter Sie werden, desto wichtiger wird diese Grundregel. Wenn Sie sich mit Geld ein bißchen Zeit sparen können, tun Sie es. Seltsamerweise schienen die Menschen schon seit den frühesten Anfängen geradezu glücklich, wenn sie die begrenzte Zahl ihrer Tage auf Erden gegen Scheiben aus Kupfer, Bronze, Silber und Gold eintauschen konnten. Das Prägen, Handeln und Horten machte sie von jeher stolz und erregt. Wie viele Minuten oder Stunden waren hundert Gramm Münzgold zur Zeit des Pompejus wert? Und – wenn wir gerade bei dieser Frage sind – wie viele Sekunden oder Minuten ist eine Münze aus imitiertem Silber zur Zeit des Gerald Ford (oder Helmut Schmidt) wert?

12. Übertragen Sie den Zeitdruck, unter dem Sie zu stehen meinen, keinesfalls auf die Menschen, mit denen Sie in Berührung kommen! Die meisten Leute geraten nicht in Wut oder verlieren gar die Fassung, wenn sie ein bißchen auf Sie warten müssen, besonders dann nicht, wenn Sie ihnen den Grund der Verspätung oder Verzögerung erklärt haben. Die meisten Leute wollen nicht blitzschnell bedient werden, wenn sie einer Einladung in Ihre Wohnung, Ihren Club oder ein Restaurant gefolgt sind. Die meisten Leute leiden auch nicht unter einer so schweren Form der «Zeitkrankheit», daß sie ungeduldig werden, wenn Sie zu langsam reden oder eine Anekdote nicht schnell genug erzählen. Menschen vom A-Typ verschlimmern die eigene «Zeitkrankheit» nur zu oft durch die Annahme, alle ihre Freunde und Bekannten wären ebenso krankhaft ungeduldig wie Sie.

13. Gehen Sie mit Bekannten oder Freunden absichtlich in Restaurants und Theater, wo Sie aller Voraussicht nach eine Zeitlang warten müssen. Wenn Sie mit Ihrer Frau gehen, denken Sie daran, daß Sie zu Haus weit länger mit ihr allein sind, ohne nervös zu werden. Sollten Sie und Ihr Begleiter – oder Ihre Begleiterin – sich in der Wartezeit nicht genug zu sagen haben, wäre es am besten, sich anderweitig nach Gesellschaft umzusehen.

Dies ist ein wichtiger Punkt des Trainingsprogramms. Wenn Sie – ob allein oder in Gesellschaft – nicht warten können, ohne daß der vermeintliche Zeitdruck Symptome hervorzurufen beginnt, haben Sie das A-Verhalten noch lange nicht abgeschüttelt.

14. Wenn Sie sich dabei ertappen, daß Sie noch bei Gelb auf die

Tube drücken, um über eine Kreuzung zu kommen, bestrafen Sie sich, indem Sie an der nächsten Ecke sofort nach rechts abbiegen. Fahren Sie um den Block und überqueren Sie dieselbe Kreuzung noch einmal. Nach dieser Strafe werden Sie es vielleicht noch ein zweites Mal versuchen, bei Gelb Gas zu geben, öfter aber wahrscheinlich nicht. Wenn Sie hinter einem Auto fahren, das Ihnen zu langsam vorkommt, bestrafen Sie sich, indem Sie es auch dann nicht überholen, wenn Sie Gelegenheit dazu hätten. Und vergessen Sie nie, daß es zwar entschuldbar sein mag, morgens ins Büro zu rasen, daß es aber nicht die geringste Entschuldigung dafür gibt, auch noch während der Heimfahrt aufs Gaspedal zu treten.

Ihr Auto ist schließlich keine Rakete, die Sie möglichst mit Lichtgeschwindigkeit von Ort zu Ort befördern soll. Warum gewöhnen Sie sich nicht an, es als eine Art «Ersatz-Zuhause» zu betrachten? Die Autofabrikanten kommen Ihnen doch in dieser Hinsicht sehr entgegen. Die Sitze sind vielleicht sogar bequemer und körpergerechter als die Sessel in Ihrer Wohnung. Das Radio ist oft genauso gut. Und wenn Sie im Verkehrsgewühl steckenbleiben, kann Sie nichts daran hindern, die Szenerie zu genießen.

15. Wenn Sie von einer Zahl fasziniert sind, müssen Sie das als verräterisches Symptom Ihrer A-Typ-Verhaltensstruktur betrachten. Jedesmal, wenn Sie auf die Uhr blicken, die Börsenkurse überfliegen, die Dollar-, Pfund- oder Francangaben auf ausländischen Artikeln oder Speisekarten in DM-Kurse umrechnen, jedesmal, wenn Sie sich an der Bundesligatabelle berauschen, verschlimmern Sie vielleicht unbewußt den Zeitdruck, unter dem Sie zu stehen glauben. Dieser vermeintliche Zeitdruck würde im Nu verfliegen, wenn Sie sich von der Tyrannei der Zahlen freimachen könnten. Ein Mensch ohne «Zeitkrankheit» ist ein Mensch, der keinen Zahlen dient.

16. Lesen Sie zu Trainingszwecken Bücher, die nicht nur Ihre uneingeschränkte Aufmerksamkeit, sondern auch ein gewisses Maß an Geduld erfordern. Wir haben unseren A-Patienten wiederholt empfohlen, Prousts siebenbändige *Suche nach der verlorenen Zeit* zu lesen, weil sie erstens eines der großen klassischen Werke unserer Epoche ist und weil der Autor zweitens viele Seiten braucht, um einen Vorfall zu beschreiben, den die meisten

A-Menschen mit ein oder zwei Sätzen abtun würden. Proust läßt sich nicht antreiben. Wenn ein A-Mensch versucht, einige Seiten zu überspringen, wird er sich wahrscheinlich nicht mehr in der kunstvoll verschachtelten Gedankenwelt zurechtfinden. Prousts Werk kann man nur genießen, wenn man sich der Geschwindigkeit des Autors bewußt anpaßt, und diese bewußte Anpassung macht die Lektüre zum Training.

Es gibt natürlich auch andere Bücher, die vom A-Typ eine Tempodrosselung verlangen. Lesen Sie Fontanes *Wanderungen durch die Mark Brandenburg* oder ein mehrbändiges Werk zur Weltgeschichte!

Wir behaupten nicht, daß dieses Training besonders angenehm ist. Manchmal wird es Ihnen fast wie eine Folter vorkommen. Wenn Sie aber lange genug durchhalten, werden Sie der «Zeitkrankheit», die an der Wurzel Ihrer A-Verhaltensstruktur liegt, einen vernichtenden Schlag versetzen.

17. Gewöhnen Sie sich an, eine Pause bei allen Tätigkeiten einzulegen, die Sie nicht ohne innere Spannungen oder Stresserscheinungen beenden können. Dieser Stress entsteht vor allem, wenn man lange Aktennotizen, Berichte oder Aufstellungen schreiben muß. Er kann sich auch dann entwickeln, wenn man eine lange Reihe von schwierigen manuellen Arbeiten durchführt und dabei einen bestimmten Termin einhalten muß. Was Sie in diesen Pausen tun sollen? Nun, fast alles, was Ihnen gefällt, vorausgesetzt, Sie können sich dabei entspannen. Streicheln Sie einen Hund, gehen Sie durchs Gebäude, blättern Sie in einer Illustrierten, schauen Sie aus dem Fenster, um die Bäume, ein Flugzeug oder das Nachbarhaus zu betrachten. Es kommt nicht darauf an, was Sie tun, solange Sie es nur schaffen, Ihre innere Spannung zu lösen.

18. Planen Sie mehrmals täglich ein bißchen Zeit für totale körperliche und geistige Entspannung ein. Da viele Menschen steif und fest behaupten, dieses Ziel mit Yoga, autogenem Training, transzendentaler Meditation, Biofeedback oder ähnlichen Methoden zu erreichen, könnten Sie es ebenfalls damit versuchen.

Ein Trainingsprogramm gegen Aggressivität

1. Wenn Sie eine feindselige Grundhaltung haben, müssen Sie sich vor allem darauf trainieren, immer wieder an diese Tatsache zu denken. Dann sind Sie gewissermaßen vorgewarnt und neigen nicht mehr so sehr dazu, jedem aggressiven Impuls nachzugeben und die latente Feindseligkeit anderer Menschen anzustacheln.

Versuchen Sie ständig, sich über die Bedürfnisse und Wünsche Ihrer Freunde und Bekannten klarzuwerden und sich gleichzeitig ein dickes Fell gegen mögliche Herausforderungen zuzulegen. Wer innerlich sicher ist, hat es nicht nötig, die innere Sicherheit anderer zu untergraben. Bedenken Sie folgendes: Wenn Sie Ihre *Empfänglichkeit* entwickeln und Ihre *Empfindlichkeit* abbauen, wird die feindselige Grundhaltung allmählich verschwinden.

2. Nehmen Sie die Dienste anderer nicht ohne Dank oder Anerkennung entgegen. Begnügen Sie sich dabei nicht – wie viele A-Menschen – mit einem halb gegrunzten Dankeschön. Nehmen Sie sich die Zeit, dem, der etwas für Sie getan hat, in die Augen zu sehen und mit ein paar netten Sätzen zu sagen, wie dankbar Sie ihm (oder ihr) sind.

Dieser Punkt des Trainingsprogramms fällt Ihnen unter Umständen sehr schwer. Vielleicht sind Sie gar nicht dankbar für einen Gefallen – oder Sie sind zu «schüchtern», um ein Wort der Anerkennung zu sagen. Im letzteren Fall müssen Sie nach den Ursachen suchen. Vielleicht erkennen Sie dabei, daß Ihre feindselige Grundhaltung teilweise auf der Unfähigkeit beruht, an das Gute in Ihren Mitmenschen zu glauben. Wir haben in den vergangenen Jahren mit Hunderten von latent aggressiven A-Menschen gesprochen, und kein einziger von ihnen glaubte, daß die meisten Leute im allgemeinen altruistisch seien. Umgekehrt erklärte kein einziger von den vielen gutmütigen, innerlich friedfertigen Menschen, mit denen wir ebenfalls sprachen, daß manche Leute absolut böse seien.

3. Hören Sie auf, von Ihren Idealen zu sprechen und Ihre Enttäuschung darüber zu äußern, daß Sie bei anderen Menschen so wenig Ideale finden. Die meisten dieser «Idealisten» sind frustrierte und aggressive kleine Götter, die böse werden, wenn man

ihren persönlichen Lebensregeln nicht genügend Aufmerksamkeit schenkt. Wir haben immer wieder erlebt, daß A-Menschen ihre feindselige Grundhaltung mit der Enttäuschung darüber zu begründen suchen, daß ihre Freunde so wenig Ideale haben. Wir rieten ihnen jedesmal, sie sollten sich nicht mehr bemühen, «Idealisten» zu sein, weil sie in Wirklichkeit nur einen Grund dafür suchten, enttäuscht zu sein und sich deshalb feindselig gegen andere Menschen zu verhalten. Wenn Sie sich also etwas auf Ihre «Ideale» einbilden und andere Leute verurteilten, weil sie nicht die gleiche Art von Idealen haben, lesen Sie den ersten Punkt des Trainingsprogramms noch einmal. Wenn Sie danach immer noch finden, daß Ihre Lebensregeln nützlich sind, nennen Sie sie von nun an Prinzipien und hören Sie auf, bei anderen Leuten dieselben Prinzipien vorauszusetzen.

4. Gewöhnen Sie sich an, möglichst vielen Menschen möglichst oft zuzulächeln. Fangen Sie bei den Leuten an, denen Sie regelmäßig im Flur und im Fahrstuhl Ihres Wohn- oder Bürohauses begegnen. Lächeln Sie später auch den Personen zu, die Sie bei einem Spaziergang im Park oder in Ihrer Nachbarschaft treffen.

Vielleicht finden Sie, daß dieser Punkt des Trainingsprogramms an den Haaren herbeigezogen ist und auf Heuchelei hinausläuft, aber das ist nur dann der Fall, wenn es Ihnen nicht gelingt, bei anderen Menschen Eigenschaften zu entdecken, die Ihre Achtung, Bewunderung oder Sympathie erregen. Je öfter es Ihnen aber gelingt, desto mehr können Sie sich von der Tyrannei der eigenen Aggressivität befreien. Wir wissen nicht genau, weshalb ein offenes, aufrichtig empfundenes Lächeln die Aggressivität so vieler A-Menschen im Keim erstickt; wir wissen nur, daß es so ist.

Ein Trainingsprogramm für die Dinge, die das Leben lebenswert machen

1. Vielleicht gehörte es zu den unheimlichsten und unmerklichsten Veränderungen Ihres Lebens, daß der Kampf um materielle Güter immer mehr die Suche nach den lebenswerten Dingen verdrängte und schließlich ersetzte. Diese Veränderung ist meist derart unaufhaltsam, daß selbst ein so kluger und scharfsinniger

Mann wie Charles Darwin in seinen mittleren Jahren bitter darüber klagte, er sei nicht mehr imstande, sich an Dichtung, Malerei und Musik zu erfreuen:

> «Mein Geist scheint eine Art *Maschine* geworden zu sein, die große Faktensammlungen zu allgemeinen Gesetzen verarbeitet, aber weshalb das zur *Lähmung* des Gehirnteils geführt hat, von dem die höheren *Genüsse* abhängen, kann ich nicht begreifen.
> ... Der Verlust dieser Genüsse ist ein Verlust des Glücks und schadet möglicherweise dem Verstand, bestimmt aber dem *moralischen* Charakter, weil er den *emotionalen* Teil unseres Wesens schwächt.»

Wenn diese Katastrophe aber bei einem der größten Geister der westlichen Zivilisation eintreten konnte, brauchen Sie sich nicht zu schämen, von einem ähnlichen Unglück heimgesucht worden zu sein. Es sollte Sie vielmehr davon überzeugen, wie wichtig es ist, Ihre Persönlichkeit und Ihren Geist wiederzufinden, zu bereichern und zu entwickeln. Diese Bereicherung und Entwicklung wird Ihnen die Kraft geben, die hektische Jagd nach Zahlen zu bekämpfen.

Zuerst müssen Sie sich angewöhnen, jeden Tag einmal an folgendes zu denken: Wenn die Dinge, die ich erworben habe, nicht zu meiner seelischen oder geistigen Entwicklung beigetragen haben, bin ich lediglich ein besserer «Verwalter» der kreativen Arbeit anderer Menschen geworden. Es ist höchste Zeit, daß ich mich auf die Weiterentwicklung meiner eigenen Persönlichkeit konzentriere. Nach dieser Quintessenz müssen Sie sich richten, denn eine wichtigere Trainingsmaßnahme kann es gar nicht geben. Und halten Sie sich diese Quintessenz täglich vor Augen. Sonst laufen Sie Gefahr, sich von einem blitzenden neuen Auto, einem Motorboot oder einem brillantenbesetzten Smaragdring wieder zur Jagd nach materiellen Gütern verleiten zu lassen.

2. Lernen Sie besser sprechen. Bedenken Sie, daß die Zahl der verschiedenen Wörter, die Sie benutzen, wahrscheinlich noch nicht einmal dem DM-Betrag Ihres Monatsgehalts entspricht. Wenn Sie ein typischer A-Mensch sind, ist Ihr Vokabular seit

Verlassen der Schule oder Universität nicht etwa größer geworden, sondern zusammengeschrumpft, weil Sie die Skala Ihrer Wörter unter dem Druck der «Zeitkrankheit» verkleinerten, statt sie zu vergrößern. Wenn Sie beim Lesen auf ein Wort stießen, dessen Bedeutung Sie nicht kannten, waren Sie bestimmt oft der Meinung, Sie hätten «keine Zeit», es in einem Lexikon nachzuschlagen. «Wessen Rede verderbt ist, dessen Geist ist verderbt» – die meisten Menschen begreifen diesen Aphorismus des Seneca nicht. Lernen Sie neue Wörter, erweitern Sie Ihren Geist und Ihre Denkprozesse und achten Sie darauf, ob Ihnen dabei nicht ganz automatisch neue Ideen einfallen.

3. Trainieren Sie darauf, eigene und fremde Ansichten nicht überzubewerten. Betrachten Sie sie höchstens als *Halbwahrheiten*, besonders wenn sie politische, rassische oder religiöse Dinge betreffen. Und falls Sie wütend werden können, wenn andere Menschen Ihre Ansichten nicht teilen, wäre es sicher eine kluge Taktik, diese Ansichten selbst in Frage zu stellen. Versuchen Sie, Ihre Ansichten kritisch unter die Lupe zu nehmen, indem Sie feststellen, was anerkannte Fachleute über das betreffende Gebiet zu sagen haben.

Bedenken Sie, daß wahre Klugheit auch darauf beruht, Ansichten, die man bisher vertreten hat, *schnell und ohne viel Aufhebens zu den Akten zu legen*, wenn sie sich als falsch herausstellen.

4. Wenn Sie sich angewöhnt haben, Bemerkungen wie «Das habe ich Ihnen doch schon gesagt» fallenzulassen, hören Sie auf damit. Erstens sind sie nutzlos, und zweitens zeigen sie Ihren Charakter in einem schlechten Licht und können die latente Aggressivität des Gesprächspartners auslösen.

5. Fahren Sie fort, die «Einsamkeit» zu suchen. Da ein A-Mensch selten introvertiert ist, besteht kaum die Gefahr, daß Sie zu oft allein sein werden. Sie müssen aber etwas von der Zeit abzwacken, die Sie bisher für die Diktate des A-Verhaltensmusters opferten. Es lohnt sich, denn Sie benutzen sie ja für die Dinge, die das Leben lebenswert machen.

6. Sie müssen sich auch die Zeit nehmen, Ihre Beziehungen zu einigen guten Freunden oder Bekannten in wahre, produktive Freundschaften zu verwandeln. Echte Freude können nur lebende

Dinge bereiten, und Freude ist ein Gefühl, das man zum Leben braucht. Wenn die Freude getötet wird, stirbt auch der Mensch – diese Einsicht stammt nicht etwa von uns, sondern von Sophokles.

7. Nehmen Sie sich Zeit für Bücher, Museen, Galerien und Theater und – vor allem – für die neuen Hobbies, die Sie von nun an in der Freizeit treiben wollen. Sie brauchen auch Zeit, um sich an Ihre Vergangenheit zu erinnern. Dafür müssen Sie sich nicht gleich einen festen Terminplan machen. Beschäftigen Sie sich aber möglichst oft mit Ihrer Vergangenheit; eine wahre Lebensbereicherung ist wohl nur möglich, wenn man sich die Ereignisse und Gedanken aus seinem bisherigen Leben ins Gedächtnis zurückruft.

8. Trainieren Sie Ihren Geist auch darauf, daß Sie die neu erlernten Dinge nie restlos vergessen. Vieles wird Ihnen sicher entfallen, aber es muß eine Quintessenz zurückbleiben, die Ihre Persönlichkeit bereichert. Versuchen Sie also nicht, sich mit intellektuellen Dingen «vollzustopfen», als stünden Sie vor einem Examen. Versuchen Sie nicht, Ihren «Kulturbedarf» zu institutionalisieren, indem Sie zum Beispiel einer Büchergemeinschaft beitreten und regelmäßig das «Buch des Monats» lesen. Solche Versuche lenken Sie letzten Endes nur von Ihrem eigentlichen Ziel ab.

9. Fangen Sie noch einmal mit dem Training an, wenn Sie die ersten Trainingsversuche aufgegeben haben. Bedenken Sie, daß der Erfolg zum großen Teil auf der Fähigkeit beruht, einen Mißerfolg zu überstehen. Und gerade in den sechs bis acht Monaten nach Aufnahme der Trainingsprogramme werden sich die alten Gewohnheiten allmählich wieder melden. Prüfen Sie jedes halbe Jahr, welche Fortschritte das Training gemacht hat. Wenn Sie bemerken, daß tyrannische Gewohnheiten zurückgekehrt sind, rebellieren Sie von neuem dagegen und werfen Sie sich noch mehr auf das Training – und bleiben Sie hart! Halten Sie sich ständig folgende Tatsache vor Augen: Wenn Sie Ihre Verhaltensstruktur nicht ändern können, sind Sie auch nicht vor koronaren Herzkrankheiten geschützt, ganz gleich, wie wenig Cholesterin Sie jetzt essen, wie wenig Zigarettenrauch Sie inhalieren und wie viele Kilometer Sie jeden Tag gehen.

Kapitel 18

Wie man mit einer
koronaren Herzkrankheit fertig wird

Bisher haben wir uns fast nur mit den Maßnahmen beschäftigt, mit denen man verhindern kann, daß man eine akute Koronarkrankheit bekommt, bevor man siebzig Jahre alt ist. Voraussetzung ist natürlich, daß man früh genug mit diesen Maßnahmen beginnt. Leider gibt es jedoch Millionen von Menschen, die bereits zuviel und zu oft gegessen und geraucht haben, die sich körperlich nicht genug betätigten und schon seit vielen Jahren den Diktaten des A-Verhaltens gefolgt sind. Außerdem leiden Hunderttausende von Menschen unter den Störungen, die den Ausbruch koronarer Herzkrankheiten beschleunigen, wenn man sie nicht oder nur unzureichend behandeln läßt: erhöhter Blutdruck, Zuckerkrankheit, erbliche Hypercholesterinämie und Überfunktion der Schilddrüse.

Wegen falscher Gewohnheiten oder wegen einer der in Kapitel 9 erwähnten Störungen haben in Amerika wahrscheinlich schon fünf Millionen Menschen auf Grund ihres Koronararterienleidens eine Koronarerkrankung entwickelt. Die Verengung einer oder mehrerer Koronararterien ist bei ihnen also bereits so weit fortgeschritten, daß sie entweder akute Symptome – Angina pectoris, Kurzatmigkeit, unregelmäßigen Herzrhythmus, Erschöpfungszustände nach leichter körperlicher Tätigkeit – oder einen kranken Herzmuskel bekommen haben. Noch einmal: Koronare Herzkrankheiten sind fortgeschrittene Koronararterienleiden, die das Stadium erreicht haben, daß sie ernsthafte Symptome hervorrufen.

Wenn Sie zu den Menschen gehören, die schon einmal solche Symptome hatten, müssen Sie sich mit folgender Tatsache abfinden: Ihr Koronararterienleiden war so schwerwiegend geworden, daß eine oder mehrere Ihrer Koronararterien den Herzmuskel nicht mehr ausreichend mit Blut versorgen konnten. Diese kritische Störung des Blutkreislaufs ihrer Kranzgefäße wurde vielleicht durch die verstärkte Arbeit der gesünderen Teile des Koronarsystems mehr oder weniger behoben. Deshalb spüren Sie im Moment keine Symptome. Trotzdem müssen Sie sich für den Rest Ihres Lebens als Patienten betrachten, bei dem die Funktion einer der drei großen Herzkranzschlagadern ernsthaft beeinträchtigt ist; möglicherweise sind sogar zwei dieser Hauptkoronargefäße betroffen. Wir betonen das nicht, um Ihnen den Mut zu nehmen, sondern um Ihnen begreiflich zu machen, daß Sie einen Plan befolgen müssen, damit die früheren Symptome erst möglichst spät oder überhaupt nicht wiederkehren.

Fast jeder von uns hat schon einmal etwas von den Statistiken über die Lebenserwartung von Koronarpatienten gehört – und fand die Zahlen darin beängstigend. Aus diesen Statistiken geht meist hervor, daß etwa ein Drittel aller Patienten mit koronaren Herzkrankheiten innerhalb von fünf Jahren nach Ausbruch der Krankheit sterben wird. Wir erwähnen diese Statistiken nicht, weil wir ihre bisherige Gültigkeit widerlegen wollen, sondern weil wir zeigen möchten, daß sie für künftige prognostische Zwecke wertlos sind.

Die Statistiken sind überholt, weil sie bei Koronarpatienten erhoben wurden, die noch nicht in den Genuß von zwei neueren medizinischen Entdeckungen gekommen waren. Die erste Entdeckung war die wichtige Rolle des A-Verhaltensmusters bei der Verschlimmerung von Koronarleiden und Koronarkrankheiten. Die meisten – wenn nicht alle – Statistiken, die wir im Augenblick haben, beziehen sich ausschließlich auf Koronarpatienten, deren A-Typ-Verhalten zu keiner Zeit ihrer Krankheit diagnostiziert oder gar behandelt wurde. Dieses Verhalten war aber wahrscheinlich die Hauptursache. Wenn man erst einmal versucht, das A-Typ-Verhalten zu behandeln oder zu heilen, wird zwischen den zukünftigen und jetzigen Statistiken über die Lebenserwartung von Koronarpatienten vielleicht ein ebenso großer Unterschied bestehen wie zwischen den jetzigen und früheren Zahlen für die

Lebenserwartung von Tbc-, Typhus- oder Meningitispatienten.

Der zweite Fortschritt, der in den letzten sechs oder sieben Jahren gemacht wurde und ebenfalls dazu beitragen kann, die jetzigen Überlebensstatistiken wertlos zu machen, besteht aus verschiedenen neuen Operationstechniken. Chirurgen können ihren Koronarpatienten heute ein Stück aus der Beinvene nehmen und damit das blockierte Gebiet einer Koronararterie umgehen; dieser Eingriff heißt aortokoronare Bypass-Operation (engl. *to bypass* = umgehen). Bei einem zweiten neuartigen Eingriff wird eine der Arterien, die ursprünglich die Brust versorgen, nach unten geführt und unmittelbar unter der blockierten Stelle an die Koronarterie genäht. Mit diesen raffinierten Manövern, die im Grunde genial einfach sind, aber die Hand eines sehr geschickten Chirurgen erfordern, versorgt man die Teile des Herzmuskels, die nicht mehr genügend durchblutet wurden, wieder mit ausreichend frischem Blut.

Da diese Operationen heute täglich an Hunderten von Koronarpatienten vorgenommen werden, können Tausende von Menschen, die noch vor einem Jahr unfähig waren, ihr Schlafzimmer zu verlassen, nicht nur aus dem Haus gehen und laufen, sondern auch arbeiten und an Spielen teilnehmen, die ein gewisses Maß an körperlicher Anstrengung erfordern.

Wer von Ihnen unter einer koronaren Herzkrankheit leidet, hat also in den meisten Fällen keinen Grund zu Pessimismus und braucht nicht mit Bangen in die Zukunft zu sehen. Wenn Sie aber ein A-Verhaltensmuster haben und nichts *unternehmen*, um es zu ändern, oder wenn Ihre Koronararterien schon so stark geschädigt sind, daß sich eine Operation nicht mehr lohnt, ist Ihre Lebenserwartung nicht größer als bei einem Koronarpatienten der Jahrhundertwende. Wenn Sie wirklich die bestmögliche medizinische Hilfe haben wollen, um zu verhindern, daß sich der Zustand Ihrer Herzkrankgefäße und Ihres Herzmuskels weiter verschlechtert, kommt es auch auf Ihre eigene Mitarbeit an. Wir kennen keine andere Krankheit, deren Verlauf so wenig davon abhängt, was *für* den Patienten getan wird. Bei Koronarerkrankungen spielt es nämlich eine größere Rolle, was *vom* Patienten getan wird.

1. Erstens und vor allem müssen Sie sich den richtigen Arzt suchen.

2. Wenn Sie sich von diesem Arzt behandeln lassen, müssen Sie zu allen diagnostischen Prozeduren bereit sein, mit denen man das Ausmaß Ihres Koronararterienleidens herausfinden und geeignete therapeutische Maßnahmen bestimmen will.

3. Wenn der Arzt eine Operation empfiehlt, sollten Sie der Empfehlung folgen.

4. Sie müssen alle Leiden und Beschwerden behandeln oder beseitigen lassen, die Sie für Koronararterienleiden disponieren (siehe Kapitel 9 und 10).

5. Sie sollten sich in bezug auf Eßgewohnheiten, Zigarettenkonsum und körperliche Betätigung nach den Empfehlungen richten, die wir bereits zur Verhütung von Koronarleiden und Koronarkrankheiten ausgesprochen haben.

6. *Es ist unbedingt notwendig, daß Sie alle oder fast alle Merkmale der A-Typ-Verhaltensstruktur abbauen.*

Sie müssen sich den richtigen Arzt suchen

Wenn Sie schon eine koronare Herzkrankheit haben, suchen Sie sich am besten einen Arzt aus, der nicht nur Ihre Eßgewohnheiten, Ihren Zigarettenkonsum und Ihre körperliche Betätigung überwacht und Ihnen verschiedene Medikamente zur Senkung des Cholesterinspiegels verschreibt (falls dieser erhöht ist), sondern auch alles in seiner Macht Stehende tun wird, um Ihre Verhaltensstruktur zu ändern.

Wir haben schon gesagt, daß es im Augenblick – in dem wir diese Sätze schreiben – auch in den USA erst wenige Ärzte gibt, die sich *systematisch und konsequent* bemühen, ihre Koronarpatienten vom A-Verhalten zu befreien. Dafür sind mehrere Gründe verantwortlich. Viele der Ärzte, die von den verheerenden Folgen des A-Verhaltens überzeugt sind, zweifeln ernstlich, ob man das Verhalten überhaupt ändern kann. Die meisten von ihnen sind auch der Ansicht, sie hätten nicht genug Zeit, um es zu ändern; immerhin braucht man für eine solche Behandlung viele Wochen oder Monate. Wir sind aber fast hundertprozentig sicher, daß sich diese Situation ändern wird. Deshalb haben wir übrigens das vorliegende Buch geschrieben. Wenn unsere Kollegen es lesen und zunächst sehr skeptisch reagieren, wird uns das nichts ausmachen. Wir hoffen nur, daß sie trotz aller Skepsis beginnen werden, ihre Koronarpatienten immerhin mit anderen Augen zu betrachten.

Wir wissen, was geschehen wird! Viele dieser Ärzte werden ihre Patienten in einem neuen Licht sehen, wie auch wir es taten. Sie werden ihre Hast, ihren abnormen Leistungstrieb und sogar ihre latente Aggressivität bemerken. Wir sind sicher, daß sie dann von dem Zusammenhang zwischen dem Verhaltensmuster und der Koronarkrankheit überzeugt sind und anfangen werden, ihre Patienten entsprechend zu behandeln.

Sie müssen also einen Arzt suchen, der weit mehr tun wird als sich mit Ihrem Essen, Ihren Lungenzügen und vielleicht noch mit Ihrem Innenleben zu befassen. Wenn Sie zum Beispiel unter Angina pectoris oder unregelmäßiger Herztätigkeit leiden, muß Ihr Arzt einen Spezialisten auftreiben, der (ohne Gefahr für Sie) ein Koronar-Arteriogramm macht, um genau festzustellen, wie krank Ihre drei Herzkranzschlagadern sind. Wenn das Arteriogramm schwerwiegende Verengungen zeigt, die lebensgefährlich werden können, muß Ihr Arzt Sie zu einem erstklassigen Herzchirurgen schicken, um herauszufinden, ob man eine der oben beschriebenen Operationen vornehmen sollte.

Wenn die Koronar-Arteriographie oder die Bypass-Operation von erfahrenen und geschickten Ärzten gemacht werden, braucht man übrigens keine Schmerzen oder übermäßige Beschwerden zu befürchten. Das ist jedenfalls die Erfahrung, die wir und unsere Patienten gemacht haben. Wir hatten natürlich erstklassige Herzdiagnostiker und einen ebensoguten Herzchirurgen zur Verfügung.

Ihr Arzt sollte Ihnen also nicht nur Ratschläge über Eßgewohnheiten, Zigarettenkonsum und körperliche Betätigung geben; er sollte auch bereit und imstande sein, das Problem Ihrer Verhaltensstruktur anzupacken; wenn keine schwerwiegenden medizinischen Gründe dagegen sprechen, sollte er Sie an einen Spezialisten überweisen, der Ihre Koronararterien *ohne Risiko für Sie* durchleuchtet und Lage und Ausmaß der krankhaften Veränderungen feststellt.

Schließlich hat Ihr Arzt noch die Pflicht, Sie vollständig über alle diagnostischen und therapeutischen Maßnahmen aufzuklären, die er und seine Kollegen erwägen. Er sollte Sie nicht nur über die Vorteile, sondern auch über die möglichen Gefahren informieren. Er würde Ihnen einen sehr schlechten Dienst leisten, wenn er Sie dabei nicht auch über die Gefahren unterrichtete, die Ihnen drohen, falls Sie eine bestimmte Maßnahme ablehnen.

Am besten ist natürlich ein Arzt, der Ihnen auch bei der Änderung Ihrer Verhaltensstruktur hilft – vorausgesetzt, Sie können einen solchen Mann auftreiben. Es muß ein Arzt sein, dessen Prinzipien und Anschauungen Sie respektieren. Sie können keinen Arzt respektieren, für den Sie nur ein Patient und nicht gleichzeitig ein Mensch sind. Sie müssen wissen, daß er Sie wirklich sieht, wenn er Sie betrachtet, und daß er Sie wirklich hört, wenn Sie reden.

Sie brauchen also einen Arzt, der Ihnen sympathisch ist und den Sie achten. Wenn Sie feststellen, daß Ihnen sein Auftreten und sein Verhalten zuwider sind, ist er wahrscheinlich nicht der richtige Arzt für Sie.

Wie man nach einer Bypass-Operation mit koronaren Herzkrankheiten fertig wird

Wenn Sie eine Bypass-Operation hinter sich haben, besteht die größte Gefahr in übertriebener Zuversicht. Es ist eine sehr reale Gefahr. Sicher, wenn Sie vorher noch nicht einmal ein Stück gehen oder sechs Stufen besteigen konnten, ohne stechende Brustschmerzen zu bekommen, und jetzt plötzlich imstande sind, längere Strecken zu gehen, kürzere Strecken zu laufen, Tennis zu spielen oder zu schwimmen, ohne die geringsten Beschwerden zu spüren, ist das beinahe wie ein Wunder. Sie werden unwillkürlich glauben, Sie hätten ein «neues» Herz und brauchten sich nicht mehr nach den Eß- und Rauchvorschriften zu richten, die Sie vor der Operation widerwillig befolgten. Und wenn Sie sich vor der Operation auch bemühten, Ihr Verhaltensmuster zu ändern, kommen Sie jetzt sicher in Versuchung, wieder mit den alten Gewohnheiten anzufangen. *Sie müssen aber genauso weiterleben wie vor dem Eingriff.* Die einzige Ausnahme besteht vielleicht darin, daß Sie einige der früheren Medikamente absetzen können.

Sie müssen die bisherigen medizinischen Maßnahmen aus verschiedenen Gründen weiterhin befolgen. Erstens kann sich auch das Segment aus der Beinvene oder der inneren Brustarterie, mit dem der Arzt die blockierten Herzkranzgefäße umgangen hat, ebenfalls verengen und schließen. Wir haben sehr stichhaltige experimentelle Indizien dafür, daß das Venenstück in den ersten Wochen nach der Bypass-Operation – wenn seine Wände sich wegen des ungewohnten Arterienblutdrucks verdicken – außerordentlich anfällig gegen Cholesterinablagerungen ist. Das gilt besonders dann, wenn das im Blut enthaltene Cholesterin in erster Linie aus dem Nahrungscholesterin absorbiert wurde. Solche Cholesterinablagerungen im Venen-Bypass verengen leider das Lumen dieses «Ersatz-Kranzgefäßes». *Deshalb raten wir jedem Patienten, der eine Bypass-Operation mit der Oberschenkelvene hinter sich hat, mindestens in den ersten zehn Wochen nach dem Eingriff keine Speisen zu essen, die auch nur winzige Mengen von Cholesterin enthalten.* Unsere eigenen Laboruntersuchungen von Venentransplantaten bei Kaninchen weisen darauf hin, daß die Wände des eingesetzten Venenstücks nach dieser Zeit ebenso wenig Nahrungscholesterin durchlassen wie die gesunden Venen oder Arterien. Wahrscheinlich sollte diese Eßvorschrift auch von Patienten befolgt werden, die kein Venen-, sondern ein Arterientransplantat bekommen haben.

Es genügt allerdings nicht, daß Sie in diesen zehn Wochen keinerlei Cholesterin essen. Sie müssen sich außerdem für den Rest Ihres Lebens mit cholesterinarmen Speisen begnügen. Ob man Ihnen nun eine oder mehrere Venen- oder Arterienumgehungen eingesetzt hat – auch diese Ersatzgefäße müssen ihren Inhalt schließlich in die ursprünglichen Koronararterien leeren. Und diese Arterien waren bei der Operation schon zu mindestens 20 bis 50 Prozent blockiert. Wenn sie sich weiterhin verengen, kommt abermals die Zeit, da Ihr Herzmuskel nicht ausreichend mit Blut versorgt wird.

Sie sollten Ihren Cholesterinkonsum auch deshalb stark einschränken, weil die Möglichkeit besteht, daß Ihre anderen Koronargefäße weiterhin enger werden. Dann müßten Sie sich noch einmal ein Venenstück transplantieren lassen, um eine etwaige neue Blockierung zu umgehen. Ihr Körper hat außer den Herzkranzschlagadern noch andere wichtige Arterien, die sich nicht verengen dürfen.

Praktisch aus den gleichen Gründen sollten Sie auch nicht wieder anfangen zu rauchen. Wie schon gesagt, ist es durchaus wahrscheinlich, daß starkes Zigarettenrauchen (mehr als zehn am Tag) die Geschwindigkeit beschleunigt, mit der sich die Herzkranzgefäße verengen, und es trägt gewiß nicht zum guten Zustand der Venentransplantate bei. Außerdem wäre es schade, jetzt wieder zu rauchen, wo Sie die Entzugserscheinungen schon einmal mitgemacht – und überstanden – haben.

Wer sich vor der Bypass-Operation regelmäßig körperlich betätigte, hört nach dem Eingriff oft damit auf. Wenn Bewegung und Sport tatsächlich die Entwicklung neuer Kranzgefäße fördern, sollte man nach der Operation weitermachen, aber *angemessen*. Das neue Blut, das zum Herzen befördert wird, muß die Randzonen des Herzens gleichmäßig erreichen. Fahren Sie also fort, sich täglich eine Stunde oder mehr *mäßige* Bewegung zu verschaffen.

Noch einmal: Sie dürfen nie wieder ein anstrengendes Fitness-Programm aufnehmen, und wenn Sie sich noch so gut fühlen. Selbst wenn die Operation nur mittelmäßigen Erfolg hatte, sichert sie Ihnen eine bessere Blutversorgung, als zehntausend Stunden Dauerlauf es könnten. Geben Sie sich damit zufrieden. Sie dürfen spazierengehen, schwimmen, angeln, gärtnern, *gemütlich* Tennis oder Boccia spielen, kegeln und fast alle anderen Sportarten betreiben, die Ihr Herz nicht schneller schlagen lassen und Ihnen nicht den Atem rauben.

Wenn man bei Ihnen eine Bypass-Operation macht, ehe Sie überhaupt Gelegenheit hatten, verschiedene Merkmale Ihrer A-Typ-Verhaltensstruktur zu bekämpfen und zu ändern, neigen Sie jetzt natürlich dazu, überhaupt nicht mehr an Ihr Verhalten zu denken, geschweige denn es zu ändern. Und je erfolgreicher die

Operation war, desto stärker werden Sie versucht sein, das «emotionale Rehabilitationsprogramm» ganz aufzugeben.

Wenn Sie aber nicht versuchen, Ihr Verhaltensmuster zu ändern, leben Sie gefährlich. Sie sind jedenfalls mehr vom Herztod bedroht als *ohne* die Operation und *mit* geändertem Verhalten. Wenn wir mit der Annahme recht haben, daß die A-Typ-Verhaltensstruktur die gefährlichste Einzelursache für koronare Herzkrankheiten und Koronartod ist, wäre es unverantwortlich, sich die Herzkranzgefäße – und möglicherweise auch die Blutgefäße des Gehirns – weiterhin von seinen Angewohnheiten ruinieren zu lassen.

Wir erinnern uns an den Fall eines Mannes, der eine Bypass-Operation am unteren Ast der linken Koronararterie hatte. Nach dem Eingriff ging es ihm so gut, daß er sich nicht bemühte, sein A-Verhalten abzubauen. Ein halbes Jahr später starb er plötzlich an einem Thrombus, der eine andere, schon vorher schwer angegriffene Koronarterie blockiert hatte. Eine Venen- oder Arterienumgehung kann nichts gegen den kontinuierlichen Verengungsprozeß ausrichten, den verschiedene pathogene Faktoren in vielen Teilen der drei größten Herzkranzgefäße auslösen. Das schafft man auch nicht mit einer ganzen Serie von Transplantationen. Leider weist alles darauf hin, daß die A-Verhaltensstruktur bei diesem Verengungsprozeß eine große, wenn nicht die größte Rolle spielt.

Wenn es einem Koronarpatienten dagegen gelungen ist, sein A-Verhaltensmuster schon *vor* der koronaren Bypass-Operation entscheidend zu ändern, setzt er seine diesbezüglichen Bemühungen nach dem Eingriff wahrscheinlich mit verstärktem Eifer fort. Diese Erfahrung haben wir jedenfalls gemacht. Er begreift, in welchem Ausmaß sein früheres Verhalten zu der Krankheit beitrug, und weiß, daß es fortfahren könnte, seine anderen Arterien anzugreifen, wenn er es wieder aufflackern ließe.

Er setzt den Kampf gegen das A-Verhalten aber noch aus einem anderen Grund fort: Nachdem er sich *teilweise* von der Tyrannei des Zeitdrucks, der latenten Aggressivität und der Zahlenjagd befreit hat, wird ihm klar, in welchen Ketten er so viele Jahre gefangen war. «Lieber an einem Herzanfall sterben als in eine solche sinnlose Sklaverei zurückkehren», erklärte uns kürzlich ein koronarkranker Kollege, und es war ihm sehr ernst damit. Wir kennen keinen einzigen Menschen, der einen Totalrückfall ins A-Verhalten hatte und sich wieder davon beherrschen ließ, nachdem es ihm einmal gelungen war, sich großenteils davon zu befreien.

Lassen Sie schließlich alle krankhaften Störungen – also erhöhten Blutdruck, Zuckerkrankheit, erbliche Hypercholesterinämie und Überfunktion der Schilddrüse – behandeln, die zu Koronarkrankheiten führen. Sonst wird Ihnen auch die erfolgreichste Bypass-Operation nichts nützen.

Wie man mit einer koronaren Herzkrankheit fertig wird, wenn man keine Operation gehabt hat

Es gibt verhältnismäßig wenige Patienten mit akuten Koronarkrankheiten, bei denen man eine Bypass-Operation vornimmt. Hunderte von Kardiologen und sogar anerkannte Herzchirurgen halten nicht übermäßig viel von diesem Eingriff. Bei Patienten, die unter schwerer oder gefährlicher Angina pectoris leiden, hat die Operation jedoch meist ein befriedigendes Ergebnis. Ob Bypass-Operationen allerdings die schrecklichen – meist völlig unvermittelten oder ganz plötzlichen – Todesfälle verhindern, die bei Koronarkrankheiten auftreten können, bleibt abzuwarten. Unserer Meinung nach wird sich in einiger Zeit herausstellen, daß diese Eingriffe die Koronarsterblichkeit senken. Wir wären fast hundertprozentig davon überzeugt, *wenn die Patienten fortführen, ihre A-Verhaltensstruktur zu ändern und nicht mehr zu rauchen.*

Lassen Sie andere Leiden regelmäßig vom Arzt kontrollieren

Viele Menschen verlieren verständlicherweise den Mut, wenn sie die ärztlichen Ratschläge zur Behandlung ihres erhöhten Blutdrucks, ihrer Zuckerkrankheit, erblichen Hypercholesterinämie oder Hyperthyreose genauestens befolgt haben und trotzdem einen Herzanfall bekommen. «Was hat es mir genützt, über zehn Jahre lang diese Pillen einzunehmen, um meinen Blutdruck (oder Cholesterinspiegel) normal zu halten, wenn ich jetzt mit einem Herzanfall daliege?» argumentieren sie. Und da sie völlig niedergeschlagen sind, hören sie vielleicht auf, diese Leiden regelmäßig überwachen zu lassen.

Wenn bei Ihnen die ersten Herzsymptome auftauchten, nachdem Sie jahrelang versucht hatten, eines dieser «Vorläuferleiden» der koronaren Herzkrankheiten unter Kontrolle zu halten, sind Sie vielleicht ebenfalls in Versuchung gekommen, die Behandlung einzustellen. Wenn ja, widerstehen Sie der Versuchung mit allen Kräften. Sie müssen sich über zwei Dinge klar werden. Hätten Sie sich erstens nicht bemüht, jene krankhaften Störungen zu kontrollieren, wäre der Herzanfall wahrscheinlich schon Jahre früher gekommen – und er hätte weit schwerer sein können. Zweitens hat Ihnen trotz Ihrer Bemühungen niemand gesagt, daß die A-Verhaltensstruktur koronare Herzkrankheiten begünstigt, wenn nicht verursacht. Sie unternahmen also nichts, um Ihr Verhalten zu bekämpfen. Und dieses Verhalten kann schon dann zu einem Herzanfall führen, wenn keines der Vorläuferleiden besteht. Es kann selbst dann einen Herzanfall herbeiführen, wenn Sie wenig Cholesterin und tierische Fette essen, nicht rauchen und sich jeden Tag ausgiebig körperlich betätigen.

Befolgen Sie diese Vorschriften für Essen, Rauchen und Trinken

Patienten, die unter einer koronaren Herzkrankheit leiden, sollten bereits eine Nahrung mit wenig Cholesterin und viel ungesättigten Fettsäuren zu sich nehmen, wie wir sie in Kapitel 11 empfohlen haben. Es gibt bestenfalls nur ermutigende Indizien dafür, daß eine solche Ernährung den Verlauf eines Koronarleidens, das sich bereits zur Koronarkrankheit entwickelt hat, erheblich oder effektiv verzögern kann. Warum raten wir dann allen Koronarpatienten, diese Vorschriften genau einzuhalten? Weil wir wissen, daß sie ihnen nicht schaden werden, und weil sie nicht nur ihnen, den Patienten, sondern auch uns, den Ärzten, das Gefühl gibt, daß wir wenigstens etwas tun, um die Krankheit zu bekämpfen.

Es gibt jedoch eine Grundregel, die über Leben und Tod entscheiden kann. Essen Sie in einem Zeitraum von zwei Stunden vor dem Schlafengehen nie eine Mahlzeit, die reich an Proteinen oder Fetten ist – ob es sich nun um ungesättigte oder gesättigte Fette handelt. Osler hatte recht, als er schrieb: «Späte Abendessen sollten unterbleiben – bei Angina-Patienten lauert ‹der Tod im Kochtopf›, und ein Übermaß [an Essen] kann genauso tödlich sein wie Gift.» Seitdem er diese Worte geschrieben hat, sind mehr als 75 Jahre vergangen, und wir wissen immer noch nicht, warum sie wahr sind. Wenn Sie aber ganz sicher gehen wollen, die Sonne auch noch am morgigen Tag zu erblicken, gehen Sie am besten mit einem einigermaßen leeren Magen zu Bett. Sie müssen das Abendbrot also früher essen – und es darf nicht mehr die Hauptmahlzeit des Tages sein.

Diese Regel gilt auch für Mahlzeiten, die man vor mäßiger körperlicher Betätigung oder vor dem Sport einnimmt. Wenn Sie arbeiten, spielen oder schlafen wollen, tun Sie es nie mit vollem Magen! Warten Sie nach einer mittleren oder schweren Mahlzeit mindestens drei Stunden, ehe Sie sich körperlich betätigen. Wir haben schon gesagt, daß es auch für kerngesunde Menschen ratsam wäre, die tägliche Nahrungsmenge auf fünf oder sechs Mahlzeiten zu verteilen. Koronarpatienten würde diese Einteilung noch weniger schaden.

Ratsuchenden, die keine Koronarkrankheit bekommen möchten, haben wir außerdem empfohlen, nur soviel zu essen, daß das Körpergewicht gehalten wird, das sie mit 18 Jahren hatten (vorausgesetzt, es war damals normal). Wenn Sie bereits koronarkrank sind, ist es nicht nur wünschenswert, sondern unumgänglich, dieses Gewicht zu halten. Warum? Sie brauchen nur einmal das folgende kleine Experiment zu machen. Gehen Sie zuerst zwanzig oder mehr Treppenstufen hoch, und besteigen Sie dieselben Stufen anschließend mit einer 12 Kilo schweren Last! Wir glauben, daß Sie nach der Übung selbst merken, warum wir darauf bestehen, daß Sie schlank bleiben. Außerdem können schlanke Menschen ihren Cholesterinspiegel leichter niedrig halten.

Als Koronarpatient wagen Sie es nicht mehr, Zigaretten zu rauchen. Sicher, in einem der vorigen Kapitel haben wir zugegeben, daß man bisher noch keinen eindeutigen Kausalzusammenhang zwischen Zigarettenrauchen und koronaren Herzkrankheiten nachweisen konnte, aber die Symptome einer solchen Krankheit – besonders Angina pectoris und Kurzatmigkeit – können durch Zigarettenrauchen verschlimmert werden. Dafür gibt es Beweise. Einige Herzspezialisten – die wir sehr schätzen – weigern sich übrigens, Koronarpatienten, die das Rauchen nicht aufgeben, weiter zu behandeln. Und wenn Sie schon einmal dabei sind, sich den Tabak abzugewöhnen, sollten Sie gar nicht erst versuchen, auf die Zigarre oder Pfeife umzusteigen. Wir haben die Erfahrung gemacht, daß fast alle Zigarettenraucher, die sich auf die Pfeife oder auf Zigarren umstellen, den ungeheuer gehaltvollen und nikotinreichen Zigarren- oder Pfeifenrauch ebenfalls inhalieren. Das ist natürlich noch viel schlimmer als Zigarettenrauchen.

Wie steht es mit dem Whisky? Nun, es vergeht kaum ein Monat, ohne daß irgendein Bericht veröffentlicht wird, in dem der Autor zu dem Schluß kommt, schon ein Gläschen Alkohol könnte den angegriffenen – oder gar den gesunden – Herzmuskel- oder Leberzellen schaden. Unsere Labor- und Klinikerfahrungen lassen allerdings vermuten, daß diese Autoren eher Schwarzseher als Ärzte oder Wissenschaftler sind. Wenn ein oder zwei Drinks – aber zwei sind die Höchstgrenze, denken Sie daran – imstande sind, Ihnen die düsteren Ereignisse des Tages abends in rosigem Licht erscheinen zu lassen, dann greifen Sie ruhig zur Flasche. Zwei Gläschen Schnaps werden Ihren Arterien gewiß nicht schaden, obgleich natürlich auch nicht gesagt ist, daß sie die Schmach im Büro in einen Sieg verwandeln werden.

Wie steht es schließlich mit Lecithin, Vitamin E, Vitamin C und den anderen Substanzen, die Sie aus Zeitungsanzeigen und Reformhäusern kennen? Könnten sie etwas nützen? Bei solchen Dingen haben wir in unserer Praxis immer ein bestimmtes Prinzip befolgt. Wir fragen uns nur: «Wird eine dieser Substanzen dem Patienten schaden?» Wenn die Antwort nein lautet, sagen wir: in Ordnung, nur zu. Es wäre gut, wenn sich alle Ärzte nach diesem

Grundsatz richteten. Wir haben nämlich nur in wenigen Fällen unumstäßliche Beweise dafür, daß die Medikamente, die wir unseren Patienten verschreiben, wirksamer sind als die Mittel, mit denen es die Kranken von sich aus versuchen möchten. Diese Mittel sind auch meist viel billiger als die möglicherweise erfolglose Medizin, die wir verschreiben würden.

Schließlich gibt es noch die spezifischen Medikamente, die Ihre Nerven beruhigen, Ihren Cholesterinspiegel senken, das Kontraktionsvermögen Ihres Herzens stärken und lebensgefährliche Arrhythmien verhindern. Ein Buch ist nicht der geeignete Ort, um Empfehlungen darüber zu erteilen. Über diese Mittel muß Ihr Arzt entscheiden. Bedenken Sie aber, daß Sie ihm sofort Bescheid sagen müssen, wenn Sie nach einem bestimmten Medikament irgendwelche neuen Phänomene bemerken – ob Ausschlag, Gelenkschmerzen, Schwierigkeiten beim Geschlechtsverkehr oder andere Anomalien.

Befolgen Sie diese Vorschriften für körperliche Betätigung

Als Koronarpatient sind Sie nicht deshalb gefährdet, weil Ihr Herzmuskel unfähig ist, sich gut zusammenzuziehen oder dem Blut, das an ihm vorbeifließt, genügend Sauerstoff zu entziehen. Bei Ihnen liegt die Gefahr in den harten, verkalkten Vernarbungen, die die inneren Teile Ihrer Koronararterien verstopfen. Stark verengte oder völlig blockierte Koronararterien kann man auch dann nicht mehr erweitern, wenn man zehn Jahre lang zwölfmal täglich im Dauerlauftempo die Cheopspyramide bei Gizeh besteigt. Man würde sich höchstens den Hals brechen oder wegen einer Arrhythmie auf der Stelle tot umfallen.

Wir können gar nicht genug davon abraten, daß sich Koronarpatienten körperlich anstrengen. Wie wir bereits erklärten, sind wir noch nicht einmal damit einverstanden, daß ein offenbar gesunder Mann mittleren Alters anstrengende Sportarten oder Hobbies betreibt, denn wir haben zu oft miterlebt, wie solche Menschen beim Dauerlauf oder Handball oder Tennis an anomaler Herztätigkeit (zum Beispiel Herzkammerflimmern) starben.

Trotzdem sehen wir immer wieder ganze Gruppen von Koronarpatienten, die in Sporthallen herumtoben oder auf Aschenbahnen dahinlaufen, als wollten sie sich für eine Olympiade der reiferen Jugend qualifizieren. Sie können uns nur leid tun, aber ihre medizinischen oder pseudomedizinischen Lehrmeister müßte man ohrfeigen.

Kürzlich kritisierte uns ein solcher sportbegeisterter Arzt, weil wir gesagt hatten, Dauerlaufen könne eine Form des Massenmords sein. Der Kollege fand, wir hätten diese Äußerung belegen müssen. Er erklärte, es stimme zwar, daß Dauerlaufen zu Herzstillstand – und Tod – führen könne, aber man sei sogar imstande, Dauerläufer wieder zum Leben zu erwecken, die «wie tot» umgefallen seien – vorausgesetzt, es stünden immer ein elektrischer Defibrillator und ein Fachmann zur Verfügung, der dieses komplizierte, sehr teure Gerät umgehend an die Brust eines Menschen mit Herzstillstand legen könne.

Dieser Arzt war sehr stolz auf die Tatsache, daß sechs seiner dauerlaufenden Patienten tatsächlich «wie tot umgefallen» und ins Leben zurückgerufen worden waren. Außerdem hatte er sie in den folgenden Wochen alle überredet, wieder mit dem Dauerlaufen anzufangen. Natürlich hat er – wie alle diese Enthusiasten – noch nie die Koronararterien von Patienten untersucht, die sich an einem solchen Russischen Roulette unter ärztlicher Aufsicht beteiligten. Er hat ihre Kranzgefäße noch nie mit den betreffenden Arterien einer Gruppe verglichen, die diesem Zeitvertreib nicht frönte, und kann deshalb gar nicht wissen, ob anstrengende körperliche Betätigung überhaupt einen Einfluß auf die Herzkranzschlagadern hat. Kann man uns übelnehmen, wenn wir die Praktiken unseres Kollegen beängstigend finden?

Wir raten Ihnen trotzdem, sich mindestens eine Stunde täglich körperlich zu betätigen. Wenn bei einem Spaziergang Anginasymptome auftreten, gehen Sie nicht weiter, sondern bleiben Sie sofort stehen, ruhen Sie sich aus und nehmen Sie, wenn nötig, Ihr Nitroglycerin. Wie Sie sich Bewegung verschaffen, ist gleich, Hauptsache es macht Ihnen Spaß und ist niemals so anstrengend, daß Sie Anginaschmerzen bekommen, unter Kurzatmigkeit,

Herzklopfen oder unregelmäßigem Herzrhythmus leiden oder plötzlich in Schweiß ausbrechen. Und denken Sie immer daran, daß Ihr Geist und ihr ganzer Körper – aber nicht unbedingt Ihr Herz – von der körperlichen Betätigung profitieren.

Und noch etwas. Nehmen Sie nie eine Armbanduhr oder Stoppuhr mit, wenn Sie Ihre Fitness-Übungen machen. Da Koronarpatienten meist A-Menschen sind, neigen sie dazu, alles an der Zeit zu messen. Diese unglückliche Nebenerscheinung des Zahlentriebs und der «Zeitkrankheit» gehört zu den besonders tragischen und gefährlichen Charaktermerkmalen einiger Dauerläufer vom A-Typ.

Sie müssen Ihre sexuelle Betätigung steuern

Wir haben in den letzten Jahrzehnten viele hundert Koronarpatienten behandelt, doch seltsamerweise baten uns kaum zwanzig Männer und keine einzige Frau von sich aus um sexuelle Ratschläge.

Vielleicht waren viele unserer Patienten zu schüchtern. Vielleicht hatten die sexuellen Fähigkeiten und der Geschlechtstrieb bei einigen Patienten schon vor Ausbruch der Herzkrankheit entscheidend nachgelassen. Wir vermuten jedoch, daß unsere Patienten hauptsächlich deshalb so selten um «sexuelle Lebenshilfe» baten, weil sie bewußt oder unbewußt zu dem Schluß gekommen waren, sie könnten ihre sexuellen Probleme selbst lösen. Sie haben selbst herausgefunden, wieweit sie sich körperlich anstrengen dürfen, ohne unter Anginaschmerzen oder Atemnot zu leiden, und wissen einigermaßen genau, wieviel körperliche Energie sie vor der Herzkrankheit für den Geschlechtsakt brauchten. Dementsprechend fiel ihre Entscheidung über die künftige sexuelle Betätigung aus. Wir sehen in dieser Bewältigung des Problems keinen grundlegenden Fehler.

Wenn uns ein männlicher Patient direkt um sexuellen Rat fragt, versuchen wir festzustellen, ob er den Wunsch hat, seine sexuelle Betätigung wiederaufzunehmen, oder ob er glaubt, daß seine Frau seine sexuelle Aufmerksamkeit spürt und braucht. Nun kommt es aber bei Ehepaaren über 50 nicht selten vor, daß beide Partner sich nicht mehr viel aus dem Geschlechtsakt machen und nur deshalb fortfahren, weil jeder glaubt, der andere wünsche es. Wenn einer der beiden eine Koronarkrankheit bekommt, sollte man diese Selbsttäuschung abstellen.

Wenn Ihnen der Geschlechtsakt aber vor dem Herzanfall Spaß machte, besteht durchaus die Wahrscheinlichkeit, daß Sie ihn ein paar Monate nach den Anfangsstadien der Krankheit wieder mit Genuß ausüben können. Und Sie sollten ihn wieder ausüben, wenn er Ihnen Spaß macht und wenn Ihre Angina oder Atemnot nicht zu schlimm wird. Bedenken Sie jedoch, daß die ersten drei Stunden nach einer größeren und getränkehaltigen – besonders weinhaltigen – Mahlzeit die schlechteste und gefährlichste Zeit für Intimbeziehungen sind.

Wenn Sie Ihr Verhaltensmuster nicht ändern, werden Sie nicht mit der Herzkrankheit fertig

Auch auf die Gefahr hin, von anderen Ärzten als unseriös betrachtet zu werden, haben wir Ihnen in diesem Buch immer wieder einzuhämmern versucht, daß wohl kein Einzelfaktor und keine Faktorengruppe so sehr zu der Entstehung von Koronarkrankheiten beiträgt wie die biochemischen Einflüsse, die von der A-Typ-Verhaltensstruktur ausgelöst werden. Ein Behandlungsprogramm, das einen zweiten Herzanfall verhindern soll, kann also nur dann Erfolg haben, wenn es Maßnahmen zur Bekämpfung dieser Verhaltensstruktur enthält. Auch wenn Sie Ihr Leben lang keine cholesterinhaltige Speise mehr anrühren, keine Zigarette mehr rauchen und sich täglich mehrere Stunden körperlich betätigen, Ihr Verhaltensmuster aber unverändert beibehalten, ist die Wahrscheinlichkeit, daß Sie einen zweiten Herzanfall bekommen, ungefähr ebensogroß wie bei einem Koronarpatienten, der noch genauso ißt, raucht und sich körperlich betätigt wie vor den Symptomen.

Sie müssen sich deshalb unbedingt noch einmal mit den Kapiteln 15, 16 und 17 beschäftigen, in denen genau erklärt wird, wie man sich von der «Zeitkrankheit», der latenten Aggressivität und dem Zahlentrieb befreien kann. Jetzt ist die Zeit gekommen, mit diesem Kampf zu beginnen. Vielleicht ist es die wichtigste Zeit in Ihrem Leben.

Wenn Sie sich von den Fesseln Ihrer Verhaltensstruktur lösen können, werden Ihre Koronararterien vielleicht zum erstenmal seit Jahrzehnten nicht mehr gezwungen sein, die heftigen, unablässigen biochemischen Angriffe zu ertragen, die Ihr ungezügeltes A-Verhalten bisher auslöste. Zweitens werden Sie die lästigen Symptome, die eine koronare Herzkrankheit so oft mit sich bringt, jetzt voraussichtlich viel seltener spüren. Drittens könnten Sie einen zweiten Infarkt oder eine zweite gefährliche Arrhythmie unbegrenzt hinausschieben. Am wichtigsten ist es jedoch, daß Sie ein Leben beginnen können, das Sie bereichert und erfüllt. Ihre Tage werden nicht mehr stereotyp verlaufen, sondern einem bunten Kaleidoskop gleichen.

Kapitel 19

Noch ein letztes Wort

Dieses Kapitel schreiben wir Mitte 1973. Wir können nicht umhin uns zu fragen, was wir 1983, also in einem Jahrzehnt, über koronare Herzkrankheiten schreiben würden!

Eines wissen wir mit Bestimmtheit. Die heutigen operativen Maßnahmen, mit denen wir die Folgen lebensgefährlicher Arterienverstopfungen teilweise beheben können, werden 1983 ziemlich ungeschickt oder gar plump wirken, obgleich sie uns heute so ungeheuer nützlich und fortschrittlich dünken. In einem Jahrzehnt gibt es vielleicht schon künstliche Herzen in verschiedener Ausführung und Größe, die in Hunderttausenden von Brustkörben ihre Pumparbeit verrichten. In einigen Großunternehmen wird man neue Abteilungen eingerichtet haben, um diese Herzen herzustellen und zu warten.

Wie die privaten Krankenversicherungen die enormen Kosten bewältigen wollen, die mit dem Kauf und dem Einsetzen der künstlichen Herzen verbunden sind, ist ein Problem, über das wir noch nicht einmal Vermutungen anstellen möchten. Wir glauben allerdings, daß sie Mittel und Wege finden werden, diese Kosten «auf vertretbare Weise» abzuwälzen. Das gleiche gilt für die gesetzlichen Krankenkassen.

Die Ärzte werden wahrscheinlich schon lange vor 1983 neue und sehr wirksame Medikamente haben, mit denen sie das tödliche Herzkammerflimmern verhindern können, das heute Hunderttausende von Koronaropfern fordert. Wenn unsere Pharmakonzerne ihre fabelhaft scharfsinnigen Forschungsteams erst einmal auf die Aufgabe ansetzen, Mittel gegen Arrhythmien zu finden, werden sie in den nächsten Jahren, vielleicht sogar

Monaten Erfolg haben.

Wird man aber 1983 weniger Koronarkranke behandeln müssen als heute? Wird es uns, anders ausgedrückt, gelungen sein, die Entwicklung von Koronararterienleiden zu koronaren Herzkrankheiten zu stoppen? Vielleicht wird man uns beschuldigen, die gegenwärtige katastrophale Lage durch die Aussicht auf ein ungewisses Happy-End zu beschönigen, aber wir sind tatsächlich der Meinung, daß sich die Zahl der Koronarkranken in den nächsten zehn Jahren verringern wird. Das gilt wenigstens für die USA.

Erstens werden sicher immer mehr Kinderärzte erkennen, daß Koronararterienleiden vielleicht die schlimmsten krankhaften Veränderungen sind, die ihre kleinen Patienten heimsuchen. Sie werden daraufhin die Stoffwechselvorgänge beim Cholesterin, Fett und Zucker untersuchen und therapeutische Maßnahmen ergreifen, um eventuelle Störungen zu beheben. Die Kinderärzte – und die Eltern – werden aber vor allem begreifen, daß die Kinderernährung, die heute in den Industriestaaten üblich ist, die Koronararterien besonders dann schädigen kann, wenn sich später noch ein A-Verhaltensmuster entwickelt und (oder) wenn der junge Mensch ein starker Zigarettenraucher wird. Wenn man das erkannt hat, werden nicht nur die Ärzte, sondern auch die Eltern und möglicherweise auch die Kinder etwas dagegen tun.

Zweitens glauben wir, daß der durchschnittliche Zigarettenkonsum in den nächsten zehn Jahren sinken wird, wodurch sich auch die Verbreitung der Koronarkrankheiten verringern dürfte. Noch nie hat es in den Industrienationen so viele Männer und Frauen mittleren Alters gegeben, die mit dem Rauchen aufhören. Dem Beispiel der Älteren werden die Jüngeren aber viel eher folgen als allen guten Ratschlägen und Predigten.

Aber die jüngeren Leute werden vor allem deshalb immer weniger rauchen, weil sie ebenfalls lesen und denken können. In Amerika muß schon heute auf jeder Zigarettenschachtel und in jeder Zigarettenwerbung ein Hinweis auf die schädlichen Folgen des Rauchens stehen, und diesem Beispiel werden hoffentlich auch die europäischen Industrieländer folgen. Außerdem berichten Fernsehen, Rundfunk und Zeitungen ständig über das Krebsrisiko, das starke Raucher automatisch auf sich nehmen. Eines Tages werden sich die Jugendlichen also bei jeder Zigarette unwillkürlich sagen: Du bemühst dich mit allen Kräften, schon früh an Lungenkrebs zu sterben. Die jungen Leute, die trotz dieser Warnungen noch rauchen, tun es teilweise deshalb, weil sie sich schwer vorstellen können, überhaupt einmal sterben zu müssen. Mit der Zeit werden Sie jedoch eines Besseren belehrt.

Wir haben aber noch einen dritten Grund für unsere Annahme, daß es in Zukunft nicht mehr so viele Koronarpatienten geben wird wie heute. Dieser Grund ist auch der wichtigste. Wir sind nämlich davon überzeugt, daß die besonders ausgeprägten Formen des A-Typ-Verhaltens in den nächsten Jahrzehnten allmählich seltener werden. Die amerikanischen Männer und Frauen sind nicht dumm, und sie haben auch keinen besonderen Hang zur Tyrannei geerbt. Selbst wenn diese Tyrannei von ihren eigenen Gewohnheiten, Bedürfnissen und Trieben ausgeübt wird, können sie dagegen revoltieren. Den Bewohnern der anderen Industriestaaten wird es sicher ähnlich ergehen, wenn sie sich über die Folgen des A-Verhaltens klargeworden sind.

Viele unserer jüngeren Bekannten haben uns bereits erklärt, daß sie sich nichts aus unserem Erwerbstrieb machen. Es liegt auf der Hand, daß viele von ihnen unter seelischen Mangelerscheinungen leiden, weil man sie nicht gelehrt hat, die Traditionen, Mythen und Rituale zu lieben, die für die älteren Generationen eine nicht zu unterschätzende Lebenshilfe darstellten. Ist es da ein Wunder, daß sie versucht haben, sich ihre eigenen Mythen, Rituale und Traditionen zu schaffen? Wohl kaum. Daran sollten wir denken, statt von vornherein über ihre Experimente mit Astrologie, psychedelischen Erlebnissen und Jesuskulten zu lachen. Es sind im Grunde Phänomene, die nur in einem seelischen Vakuum gedeihen können.

Wir glauben keineswegs, daß es ausgeprägten A-Menschen leichtfällt, sich aus den feinen, aber dichtgewebten Netzen ihrer Verhaltensstruktur loszureißen. Aber man kann es schaffen und hat es auch immer wieder geschafft. Gerade als wir dieses Kapitel schrieben, betrat ein Herr mittleren Alters, Redakteur bei einem bekannten US-Wirtschaftsmagazin, unsere Praxis. Wir hatten ihn seit einem Jahr nicht mehr gesehen. Damals war er ein typischer «A-Typ-New Yorker» gewesen und hatte sich ziemlich skeptisch über unsere Arbeit geäußert.

Als er sich nun setzte, völlig gelöst wirkte und ein Gespräch mit uns begann, konnten wir kaum glauben, daß es sich um denselben wachen, nervösen Zeitungsschreiber handelte, der uns vor einem Jahr interviewt hatte. Er steckte sich nicht mehr eine Zigarette an der anderen an; er rauchte überhaupt nicht mehr. Er lächelte und lachte, und der feindselige Funke in seinen Augen war einem gemütlichen Zwinkern gewichen. Er sprach nicht mehr schnell und abgehackt, sondern angenehm akzentuiert, fast weich, wie er wahrscheinlich gesprochen hatte, als er noch aufs College ging. Er versuchte auch kein einziges Mal, uns beim Reden anzutreiben oder zu unterbrechen. Er war, kurz gesagt, ein B-Typ geworden. Wie hatte er es geschafft, sich in einem einzigen Jahr völlig umzustellen? Lassen wir ihn selbst erzählen.

«Ich mußte den Mut haben, mein Leben in New York so zu sehen, wie es wirklich war. Ich mußte begreifen, daß wir praktisch aufgehört hatten, als Familie zu existieren, weil wir uns ständig an verschiedenen Orten aufhielten – in meiner Wohnung in der Stadt, in dem Haus in Connecticut und manchmal noch woanders. Der Artikel, den ich über Ihre Arbeit schrieb, hat mir geholfen, weil ich dafür zwei größere Preise bekam. Ich wußte, daß ich die Preise nicht bekommen hatte, weil ich den Artikel schnell geschrieben hatte oder weil ich es fertigbrachte, nebenbei noch ein Dutzend andere Dinge zu schaffen. Ich begriff, daß ich einen guten Artikel geschrieben hatte, weil er ein paar gute neue Ideen enthielt. Ich gewann die Preise also trotz meiner anderen Aktivitäten, die Sie als Ärzte auf die Sache mit der A-Struktur zurückführen.

Schon bevor ich die Preise bekam, mußte ich dauernd daran denken, was Sie mir letztes Jahr erzählt hatten. Ich dachte auch immer wieder an die Tonbandinterviews mit A-Menschen, die Sie mir damals vorgespielt hatten. Schließlich begann mir zu dämmern, daß ich mich genauso hektisch aufführte wie Ihre Versuchspersonen. Ich hatte einen Horror davor, Zeit zu vergeuden, und vergeudete deshalb mein Leben. Ich hatte keine Zeit, die Bücher zu lesen, die ich gern lesen wollte, ich hatte weder Zeit für meine Frau noch für meine Kinder noch für die Freunde, die meine Sprache redeten. Wofür habe ich denn überhaupt Zeit, fragte ich mich. Und Sie hatten recht – ich lebte nur noch für Zahlen und Termine.

Nun, ich besprach die Sache mit meiner Frau, und wir beschlossen beide, unser Leben zu ändern. Wir verkauften die teure Wohnung in New York und sparten noch an vielen anderen Dingen. Und was unsere Nachbarn von uns halten und wer sie überhaupt sind – also, wir haben festgestellt, daß uns das völlig kalt läßt. Am schwersten war es, mich selbst objektiv zu prüfen. Ich mußte mich damit abfinden, daß ich nie ein Proust oder ein Tocqueville sein würde.»

Unser Bekannter hielt inne und blickte uns ein paar Sekunden an. Dann zuckte er die Achseln und fuhr fort: «Aber ich weiß, daß ich immer noch ein guter Schreiber bin, und das wird reichen müssen. Für das nächste halbe Jahr habe ich unbezahlten Urlaub genommen. Ich weiß nicht genau, was ich in dieser Zeit machen werde, aber darauf kommt es nicht so sehr an. Ich weiß, daß ich mich zum erstenmal seit vielen, vielen Jahren frei fühlen werde, und das reicht.»

Wir gratulierten ihm und beglückwünschten ihn zu seiner Fähigkeit, sich von der Armbanduhr zu befreien. Vor einem Jahr hatte er dauernd darauf geguckt. Er lächelte und zog eine altmodische, flache Taschenuhr heraus. «Ich habe heute diese Uhr, aber ich brauche sie kaum. Ich trage Sie vor allem deshalb, weil sie ein Abiturgeschenk von meiner Mutter ist.»

Wir glauben beinahe, daß dieser begabte Autor in seinem unbezahlten Urlaub neue Mittel und Wege finden wird, seine A-Typ-Verhaltensstruktur noch mehr abzubauen. Und wir wären die überraschtesten Ärzte Amerikas, wenn er in dieser Zeit oder in den nächsten Jahrzehnten einen Herzanfall bekommen sollte – natürlich unter der Voraussetzung, daß er weiterhin ein B-Typ bleibt.

Wir könnten leicht noch andere Beispiele für A-Menschen nennen, die sich auf das B-Verhaltensmuster umstellten. Diese «Bekehrungen» finden weit öfter bei A-Menschen statt, die bereits unter einer koronaren Herzkrankheit leiden, als bei A-Menschen, die ein Koronararterienleiden ohne Symptome haben.

Wir könnten auch viele Beispiele für A-Menschen nennen, denen es völlig mißlang, ihre Verhaltensstruktur zu ändern. Der Hauptgrund für das Versagen lag natürlich nicht in der Persönlichkeit, sondern in den despotischen Gewohnheiten, die ihr die unablässige Jagd nach Zahlen aufzwangen. Diese von Hast und innerer Aggressivität diktierten Gewohnheiten nisten sich so tief ein, daß der betroffene Mensch zuletzt meint, sie seien untrennbar mit seiner Persönlichkeit verbunden.

Manchen A-Menschen mißlingt es auch deshalb, ihr Verhalten zu ändern, weil sie einfach nicht imstande sind, Bücher zu lesen oder mit Leuten zu kommunizieren, die einen breiten kulturellen Horizont haben. Wenn ein Teil der Umstellung darin besteht, sich um die lebenswerten Dinge, also die inneren Werte zu bemühen, müssen die A-Menschen selbstverständlich auch Neues lernen. Wenn sie aber nicht die Geduld aufbringen können, Bücher zu lesen, und wenn sie keine Lehrer haben, die ihnen kulturelle Phänomene nahebringen, wird ihr Bemühen um innere Werte schon nach den ersten Schritten fehlschlagen.

Zum Glück können die meisten Menschen vom A-Typ ihr Verhalten noch ändern. Sie haben sich größtenteils ein gewisses Maß an Humor bewahrt, und Humor ist ein unschätzbares Rehabilitationswerkzeug. Ein anderes Werkzeug ist der Mut. Man braucht Mut, um sein bisheriges Leben unter die Lupe zu nehmen und Fehler nicht zu beschönigen, sondern zu verurteilen. Man braucht Mut, um den Menschen, der man heute ist, kritisch zu betrachten. Die höchste Form intellektuellen Muts braucht man jedoch, um Zahlen als das zu sehen, was sie wirklich sind. Und das ist der große Prüfstein für so viele A-Menschen, die sofort B-Menschen werden würden, wenn sie es nur könnten, ohne ihren heißgeliebten «Zahlen» Lebewohl zu sagen.

Wir möchten noch einmal eine Mahnung an alle Leser aussprechen, die schon einen oder mehrere Herzanfälle hinter sich haben: Ganz gleich, wie Sie Ihre Eßgewohnheiten umgestellt haben, wie tapfer Sie sich von Zigaretten fernhalten und wieviel Sport Sie treiben – wenn Sie Ihr A-Typ-Verhalten nicht geändert haben, dann arbeitet der wahrscheinliche Hauptfaktor für Ihren ersten Herzanfall bereits daran, einen zweiten herbeizuführen.

Stichhaltige wissenschaftliche Indizien weisen darauf hin, daß die A-Typ-Verhaltensstruktur in den USA und sicher auch in den anderen Industrieländern die Hauptursache für vorzeitige Koronararterienleiden ist. Uns fehlen allerdings noch die wissenschaftlichen Beweise, daß ein Abbau dieses Verhaltens das Leiden verhindern oder hinauszögern kann, aber wir sind sicher, daß wir eines Tages auch diese Beweise in der Hand haben werden. Neuartige Experimentreihen müßten uns zum Beispiel zeigen, in welchem Ausmaß man vorhandene Schäden beheben kann; sie müßten uns den Zusammenhang zwischen der Dauer des Verhaltensmusters und den Gefäßschäden demonstrieren und uns sagen, wie sich ein Abbau des Verhaltens auf andere wahrscheinliche Ursachen der Koronarkrankheiten, zum Beispiel auf erhöhten Blutdruck und Hypercholesterinämie auswirkt.

Wir wissen nicht genau, was solche Experimente im einzelnen ergeben werden. Aber wir haben in unserer Praxis schon genug Patienten beobachtet, um mit einiger Sicherheit voraussagen zu können, was nach einer Änderung des A-Verhaltensmusters geschieht. Der erste bzw. zweite Herzanfall wird unbegrenzt hinausgeschoben. Das und nichts anderes! Man könnte unsere Indizien empirisch nennen, aber uns genügen sie. Und den Patienten auch.

Wenn es Ihnen gelingt, Ihre Verhaltensstruktur zu ändern, werden Sie vor der frühzeitigen Entstehung von koronaren Herzkrankheiten geschützt sein. Sie erreichen damit aber noch mehr – den Weg zu einem ausgeglichenen Leben, das dem alten griechischen Ideal der «goldenen Mitte» entspricht, zu einem erfüllten und sinnvollen Leben, wie es Boris Pasternak in folgenden Versen beschrieb:

> Denn das Leben ist nur ein Augenblick,
> nur die Auflösung
> unseres Ichs in den anderen,
> denen wir uns schenken.

Glossar

Adventitia: Die äußere der drei Bindegewebsschichten, aus denen die Arterienwände bestehen. Ihre Fasern sind relativ lose miteinander verbunden und teilweise sehr elastisch. Die Adventitia hat weniger die Aufgabe, die Arterie zu verstärken. Sie dient vielmehr als Schutzhülle der beiden anderen Wandschichten.

Angina pectoris: Im allgemeinen krampfartige Schmerzen, die im vorderen und mittleren Teil der Brust auftreten und oft in die Arme (meist in den linken) ausstrahlen oder sich im Hals bis zu den Kinnbacken fortsetzen. Man nimmt an, daß Angina pectoris auf einer Funktionsstörung der Herzkranzgefäße beruht, von denen die einzelnen Teile des Herzmuskels mit Blut versorgt werden.

Aorta: Die Hauptschlagader des Blutkreislaufsystems. Das gesamte Blut, das von der linken Herzkammer ausgepumpt wird, gelangt in die Aorta. Von der Aorta gehen die anderen Schlagadern ab, und zwar zuerst die rechte und die linke Koronararterie (siehe Zeichnung 1, Seite 17), die den Herzmuskel mit Blut versorgen, ihn also ernähren.

Aortokoronare Bypass-Operation: Eine neue Operation, die 1967 zum erstenmal durchgeführt wurde. Man benutzt Segmente von Venen aus dem Oberschenkel (Vena saphena), um neue Verbindungen zwischen der Aorta und den Koronararterien zu schaffen. Damit werden Verstopfungen und andere Hindernisse umgangen (engl. bypass), die den Blutzufluß stören. Ärzte nennen diesen Eingriff häufig nur Bypass-Operation.

Arrhythmie: Jede Abweichung vom normalen Herzrhythmus. Es gibt viele verschiedene Arrhythmien. Die häufigsten und wichtigsten sind: Extrasystole, Herzvorhofflattern, Herzkammertachykardie und Herzkammerflattern.

Arterienplaque oder arteriosklerotische Plaque: Eine narbenähnliche Substanz in Arterien, die unterschiedliche Mengen von Cholesterin, Fetten und wohl auch Kalk enthält und in das Arterienlumen hineinragt. Eine Arterienplaque ist im Grunde eine lokalisierte Arteriosklerose.

Arterienverkalkung: Siehe Arteriosklerose.

Arteriosklerose: Die anatomische Veränderung oder Störung, die unmittelbar zu Erkrankungen der Herzkranzgefäße und Koronararterien führt. Technisch gesehen, kommt es dabei zu Arterienablagerungen, die zunächst vor allem aus Cholesterin und Fett bestehen, später aber auch Kalk («Arterienverkalkung») enthalten und zu krankhaften Veränderungen der inneren Arterienwand führen. Die betroffenen Stellen werden häufig als arteriosklerotische Vernarbung oder Plaque bezeichnet.

Asymptomatisch: Ohne Symptome.

Atrium oder Vorhof: Eine Pumpkammer des Herzens. Das Herz hat einen rechten und einen linken Vorhof (siehe Zeichnung 1, Seite 17). Der rechte Vorhof nimmt das gesamte Venenblut auf, das aus den einzelnen Körperteilen zum Herzen zurückfließt, und pumpt dieses Blut gleichmäßig in die rechte Herzkammer. Der linke Vorhof empfängt das frische, mit Sauerstoff angereicherte Blut, das aus der Lunge zum Herzen kommt, und pumpt es gleichmäßig in die linke Herzkammer.

Atromid-S: Handelsname für den Wirkstoff Clofibrat, der den Cholesterinspiegel senkt.

Blutserum: Der flüssige Teil des Blutes, dem außer den roten und weißen Blutkörperchen auch die Blutplättchen oder Thrombozyten und alle anderen Blutbestandteile entzogen wurden, die zum Gerinnen führen. Blutserum kann also nie gerinnen oder Klumpen bzw. Thromben bilden.

Cholestyramin: Handelsname für eine Gruppe von Harzen, die den Cholesterinspiegel senken.

Choloxin: Handelsname für den Wirkstoff Dextrothyroxin, der den Cholesterinspiegel senkt.

Chylomikronen: Kleine Fettpartikel, die aus dem Fettanteil der Nahrung gebildet werden. Sie enthalten auch Cholesterin und andere Chemikalien. Das gesamte Fett, das der Körper aus dem Darmtrakt absorbiert, gelangt in Form von Chylomikronen ins Blut.

Clofibrat: Wahrscheinlich der verbreitetste Wirkstoff zur Senkung eines überhöhten Cholesterinspiegels. Er hat bei den einzelnen Formen der Hypercholesterinämie allerdings unterschiedliche Wirkung. Außerdem führt er zu weit mehr Nebenerscheinungen, als die meisten Patienten (und Ärzte) vermuten. Er kann beispielsweise die männliche Potenz verringern und hat auch Nebeneffekte, die sich erst nach längerer Zeit äußern. Deshalb ist Clofibrat keineswegs uneingeschränkt zur Kontrolle des Blutgehalts an Cholesterin zu empfehlen.

Dextrothyroxin: Ein Schilddrüsenhormon, das bei manchen Menschen den Cholesterinspiegel senken kann, ohne die lästigen Symptome herbeizuführen, die bei der Verabreichung des gewöhnlichen Schilddrüsenhormons meist auftreten.

Diastole: Die Periode der Herztätigkeit, in der beide Herzkammern Blut von ihren Vorhöfen empfangen, sich also nicht selbst zusammenziehen.

Dyspnoe: Atemnot oder Kurzatmigkeit.

Elektrokardiogramm (EKG): Graphische Aufzeichnung der Ströme, die der Herzmuskel kurz vor dem Zusammenziehen produziert. Elektrokardiogramme, die man bei Patienten mit asymptomatischen Koronararterienleiden (also keinen koronaren Herzkrankheiten) aufnimmt, sind leider fast immer normal, wenn sich die Betreffenden im Ruhezustand befinden. Auch bei Koronarkranken weichen sie nur in der Hälfte aller Fälle von der Norm ab.

Endothel: Das Gewebe, aus dem die Innenschicht der Arterienwände besteht. Die Zellen dieses Gewebes sind sehr flach und lassen das Blut mit den darin enthaltenen Blutzellen mit einem Minimum an Reibung durchfließen.

Epidemiologe: Ursprünglich ein Wissenschaftler, der den Zusammenhang der verschiedenen Faktoren studiert, die über Häufigkeit und Verteilung einzelner infektiöser Krankheiten in einer bestimmten Population entscheiden. Zur Epidemiologie oder Seuchenforschung gehört neuerdings auch die statistische Beschreibung von nichtinfektiösen Krankheiten (zum Beispiel Herzinfarkt und Diabetes).

Epinephrin oder Adrenalin: Ein Hormon aus der Gruppe der Katecholamine. Es wird von der Nebennierendrüse erzeugt und dient für «Noteinsätze», weil es den Herzrhythmus beschleunigen, den Blutdruck erhöhen und das Gehirn in Alarmbereitschaft versetzen kann.

Erhöhter Blutdruck: Siehe Hypertonie.

Extrasystolen: Zusätzliche Herzschläge, denen meist eine ausgleichende Pause folgt. Diese Form der Arrhythmie ist gewöhnlich harmlos. Wenn sie jedoch unvermittelt bei einem Erwachsenen auftritt, sollte sie vom Facharzt untersucht werden.

Fette: Ester des Glycerins mit ein bis drei Fettsäuremolekülen. Wenn diese Fettsäuren Kohlenstoffatome ohne den gewöhnlichen Anteil von zwei Wasserstoffatomen enthalten, heißen sie vielfach ungesättigte Fettsäuren. Fast alle Pflanzen und Früchte (Ausnahme: Kokosnüsse) enthalten nur vielfach ungesättigte Fettsäuren, während die Fette der meisten Tiere (Ausnahme: Fische) relativ gesättigt sind. Fette bezeichnet man auch als Glyceride.

Flattern oder Flimmern: Siehe Herzvorhofflattern und Herzkammerflattern.

Herzblock: Unterbrechung der normalen Reizleitung im Herzen. Der elektrische Impuls, der jeder Zusammenziehung des Herzmuskels vorausgeht und diese auslöst, kann nicht mehr vom Vorhof zu allen Teilen der Herzkammer gelangen. Bei vollständigem Herzblock schlagen die Vorhöfe mit einer anderen Geschwindigkeit (meist schneller) als die Herzkammern.

Herzinfarkt: Siehe Myokardinfarkt.

Herzkammerflattern und Herzkammerflimmern: Eine Arrhythmie, die innerhalb weniger Minuten unweigerlich zum Tod («Sekundenherztod») führt, wenn sie nicht mit einem elektrischen Defibrillator (einem Spezialgerät, das bestimmte Stromstöße erzeugt) sehr schnell wieder in einen normalen Herzrhythmus verwandelt wird. Herzkammerflattern kann zwar auch durch Extrasystolen oder Herzkammertachykardie angekündigt werden, entwickelt sich aber häufig ganz unvermittelt. Bei dieser tödlichen Arrhythmie ist die geordnete Tätigkeit der Herzmuskulatur nicht mehr möglich, da der grundlegende Herzschlag «verlorengeht» und die einzelnen Herzmuskelfasern sich ungleichmäßig und asynchron zusammenziehen oder «flattern». Das Herz kann infolgedessen kein Blut mehr pumpen.

Herzvorhofflattern und Herzvorhofflimmern: Eine Arrhythmie, bei der sich die Vorhöfe nicht mehr nach dem Leitrhythmus richten, der vom Sinusknoten im rechten Vorhof bestimmt wird. Sie kontrahieren sich dann hastig und ineffektiv mit einer Geschwindigkeit von etwa 300 Schlägen (Flattern) oder 300 bis 600 Schlägen pro Minute (Flimmern).

Hypercholesterinämie: Erhöhter Cholesterinspiegel im Blutserum. Manche Epidemiologen und Ärzte betrachten den Cholesterinspiegel nur dann als erhöht, wenn er über 270 mg/100 ml liegt. Wahrscheinlich ist der Blutgehalt an Cholesterin aber schon dann erhöht, wenn er konstant über 200 liegt.

Hypertonie: Erhöhter Blutdruck. Als erhöht kann jeder Blutdruck gelten, der beim Zusammenziehen des Herzens (systolischer Blutdruck) über 150 liegt und bei der Ausdehnung des Herzens (diastolischer Blutdruck) nicht unter 90 fällt.

Hypothalamus: Teil des Zwischenhirns, der zwischen dem Thalamus und der Hypophyse oder Hirnanhangdrüse liegt. Der Hypothalamus steuert alle Vorgänge des autonomen (vegetativen) Nervensystems und steht in engem Zusammenhang mit den emotionalen Phasen der Persönlichkeit. Kein anderer Gehirnteil wurde von der Medizin so sehr vernachlässigt wie er.

Intima: Die innere Schicht der Arterienwände. Sie besteht hauptsächlich aus Endothelzellen, weshalb Endothel und Intima auch fast gleichbedeutende Bezeichnungen sind.

Ischämie: Unzureichende Blutversorgung eines Körperteils, die fast immer auf die Verengung der Arterie (oder Arterien) zurückgeht, die ihn mit Blut versorgen. Ein vorübergehend ischämischer Herzmuskel wird meist von einer Angina pectoris signalisiert. Wenn die Ischämie nicht vorübergehend, sondern konstant ist, kommt es meist zu einem akuten Myokardinfarkt.

Ischämische Herzkrankheit: Genau dasselbe wie koronare Herzkrankheit; europäische Ärzte ziehen diese Bezeichnung vor.

Katecholamine: Eine Gruppe von Chemikalien, die mindestens eine gemeinsame Eigenschaft haben – sie können die Körperfunktionen anregen, die nicht bewußt von den Nerven gesteuert werden. Adrenalin (oder Epinephrin) gehört zu den Katecholaminen, die vom Körper gebildet werden.

Kollaterale Kranzgefäße: Wenn eine Koronararterie so verstopft ist, daß sie den Herzmuskel nicht mehr genügend mit Blut versorgen kann, entwickeln die übrigen Koronararterien neue Verzweigungen. Diese übernehmen die Aufgabe, den Teil des Herzmuskels zu versorgen, dessen Ernährung sonst in Frage gestellt wäre. Man nennt sie kollaterale Kranzgefäße oder Kollateralgefäße.

Koronararterienleiden: Eine anatomische Veränderung, die zunächst ohne Symptome verläuft. Bei einem Koronararterienleiden ist mindestens eine der drei Koronararterien ganz oder teilweise von arteriosklerotischen Vernarbungen oder Plaques verstopft. Wenn diese Plaques zu akuten Symptomen (zum Beispiel Angina pectoris oder Myokardinfarkt) führen, hat sich das Koronararterienleiden zu einer koronaren Herzkrankheit entwickelt.

Koronar-Arteriographie: Eine Methode, um Koronararterien mit Röntgenstrahlen sichtbar zu machen. Man spritzt Substanzen, die röntgenundurchlässig sind, in die rechte und linke Koronararterie und nimmt gleichzeitig eine Reihe von Röntgenbildern auf. Diese Technik macht die Koronargefäße gut sichtbar und muß angewendet werden, bevor man operative Methoden auch nur erwägen kann. Wenn sie jedoch nicht von einem erfahrenen Fachmann durchgeführt wird, kann sie gefährlich sein und sogar tödliche Folgen haben.

Koronarthrombose: Die Bildung eines Blutgerinnsels (Thrombus) in einem Herzkranzgefäß. Dieser Thrombus verhindert oder beschränkt den Blutdurchfluß. Myokardinfarkte (die man oft nur als Herzanfall bezeichnet) können zwar auch ohne Thrombenbildung auftreten, beruhen aber in den meisten Fällen auf Störungen der Blutzufuhr, die durch Blutgerinnsel verursacht werden.

Läsion: Verletzung eines Organs oder Körperteils durch Krankheit, äußere oder traumatische Einwirkung. Eine Verbrennung und eine Dolchwunde sind also beides Läsionen.

Lipoide (Blut): Die Fette und fettähnlichen Substanzen des Blutes. Dazu gehören Fette, freie Fettsäuren, Cholesterin und Phosphatide.

Lipoproteine: Die Blutproteine (Globuline), die alle Cholesterin-, Fett- und Phosphatinbestandteile des menschlichen Blutes tragen. Es gibt drei allgemeine Lipoprotein-Typen: (1) Alpha, (2) Beta, (3) Prä-Beta. Bei Menschen mit einem überhöhten Cholesterinspiegel wird das überschüssige Cholesterin gewöhnlich von den Beta- oder Prä-Beta-Lipoproteinen getragen.

Lumen: Der Hohlraum eines Blutgefäßes, durch den das Blut fließt.

Lungenödem: Entsteht beim Eindringen von Blutserum (ohne zellige Bestandteile) in die winzigen Luftbläschen oder in das Gewebe der Lunge. Lungenödeme können sich entwickeln, wenn die linke Herzkammer schlecht arbeitet und nicht verhindern kann, daß sich Blut in der Lunge «zurückstaut».

Media: Die mittlere Schicht der Arterienwände. Sie besteht aus Muskelzellen und zahllosen elastischen Fasern und erlaubt der Arterie damit, sich bei jedem Pumpstoß des Herzens (Systole) zu erweitern und bei der Herzdiastole zusammenzuziehen.

Myokardinfarkt: Absterben eines Herzmuskelteils, das auf Störungen der Blutversorgung zurückgeht. Zu solchen Störungen kommt es gewöhnlich erst, wenn zwei der drei Hauptkoronararterien völlig blockiert sind. Gleichbedeutend sind die Bezeichnungen Herzinfarkt, Herzanfall, Koronarverstopfung und Koronarthrombose.

Nekrose: Absterben von Gewebe, meist an relativ kleinen, begrenzten Stellen.

Norepinephrin oder Noradrenalin: Ein Katecholamin, das viel Ähnlichkeit mit Epinephrin hat, jedoch von den Enden aller Nerven des sympathischen Nervensystems abgesondert wird und damit über die Hälfte aller Körperfunktionen steuert, die nicht bewußt kontrolliert werden. Dazu gehören beispielsweise Darmkontraktionen, Herzkontraktionen und Schwitzen. Einige Wissenschaftler (auch die Autoren) haben den starken Verdacht, daß diese Substanz in erheblichem Maß an der Entstehung von hohem Blutdruck und koronaren Herzkrankheiten beteiligt ist.

Normotoner Blutdruck: Normaler Blutdruck.

Ödem (siehe auch Lungenödem): Ansammlung von überschüssiger Flüssigkeit in verschiedenen Gewebszwischenräumen des Körpers. Ödeme in der unteren Körperhälfte gehen meist auf Pumpdefekte der rechten Herzkammer zurück.

Okklusion: Siehe Koronarthrombose.

Pathogenese: Die Entwicklung oder Entstehung einer Krankheit oder krankhaften Störung.

Phosphatide: Eine lipoide Substanz aus Fettsäuren, Glycerin, Phosphor und einer komplizierten Stickstoffverbindung. Die Phosphatide zirkulieren meist als Bestandteil verschiedener Lipoproteine im Blut.

Plasma: Der flüssige Teil des Blutes (ohne die roten und weißen Blutkörperchen).

Questran: Handelsname für eine Gruppe von Harzen, die den Cholesterinspiegel senken.

Schrittmacher: Der normale oder natürliche Schrittmacher ist ein sehr kleiner Körperteil, der sogenannte Sinusknoten. Er liegt im rechten Vorhof und besteht aus hochspezialisierten Zellen, die den Herzrhythmus mit elektrischen Impulsen auslösen und steuern.

Der künstliche Schrittmacher ist ein elektrisches Gerät, das in regelmäßigen Abständen Millivolt-Stromstöße aussendet. Wenn diese Stromstöße zum Herzen geleitet werden, können sie synchrone Zusammenziehungen der Muskulatur dieses Organs auslösen und es zu normaler Pumptätigkeit veranlassen.

Septum: Die faserige Wand, die den rechten Vorhof und die rechte Herzkammer von dem linken Vorhof und der linken Herzkammer trennt.

Sympathisches Nervensystem: Das Nervennetz, das den größten Teil der Körperfunktionen steuert, die nicht bewußt reguliert werden.

Systole: Die Periode, in der sich das Herz zusammenzieht.

Tachykardie: Beschleunigte Herztätigkeit («Herzjagen»). Es gibt verschiedene Formen von Tachykardie, die meist nicht sehr gefährlich sind. Eine Ausnahme bildet die Herzkammertachykardie, die auf die Tätigkeit eines künstlichen Schrittmachers zurückgeht. Die neuen Impulse verdrängen und ersetzen dabei den Grundrhythmus, der von den normalen Schrittmacherzellen des Sinusknotens ausgelöst wurde. Bei der Herzkammertachykardie besteht die große Gefahr, daß der neue Rhythmus plötzlich in Herzkammerflattern oder -flimmern umschlägt.

Thrombus, Koronar-: Siehe Koronarthrombose.

Verfrühte Herzschläge: Extrasystolen.

Verkalkung: Verwandlung von Gewebsteilen in Knochen.

Psychologie des Alltags

Julius Fast
Körpersprache
Das Verhalten des Körpers verrät das Wesen des Menschen
304 Seiten. Geb.

Typisch Frau! Typisch Mann!
Warum Mann und Frau so verschieden sind und trotzdem harmonieren können
256 Seiten. Geb.

Stanley Milgram
Das Milgram-Experiment
Zur Aufdeckung der Gehorsamsbereitschaft gegenüber Autorität
260 Seiten mit 25 Abb. im Text und auf 4 Tafeln.

Franz Renggli
Angst und Geborgenheit
Soziokulturelle Folgen der Mutter-Kind-Beziehung im ersten Lebensjahr.
Ergebnisse aus Verhaltensforschung, Psychoanalyse und Ethnologie
290 Seiten und 12 Abb. auf 4 Tafeln. Geb.

Prof. Dr. med. Dr. phil. Horst-Eberhard Richter
Patient Familie
Entstehung, Struktur und Therapie von Konflikten in Ehe und Familie
256 Seiten. Geb.

Die Gruppe
Hoffnung auf einen neuen Weg, sich selbst und andere zu befreien.
Psychoanalyse in Kooperation mit Gruppeninitiativen
352 Seiten. Brosch.

Lernziel Solidarität
320 Seiten. Brosch.

Stefan Wieser
Isolation
Vom schwierigen Menschen zum hoffnungslosen Fall.
Die soziale Karriere des psychisch Kranken
224 Seiten. Brosch.

Rowohlt